梁啓超 著

飲冰室合集

文集

第十册

中華書局

飲冰室文集之二十五（下）

改用太陽曆法議

日本當明治初年。廢太陰曆而用太陽曆。吾昔嘗姍笑之。謂國家所務。自有其大者遠者。何必龂龂焉於正朔服色之間。舉一國人數千年所安習者。一旦舍棄而貿然以從人。毋乃太自輕而失爲治之體乎。由今思之。乃有以知其不然也。凡論一事議一制。不可先橫一彼我貴賤之成見於胸中。惟求其是而已。陽曆專以日躔爲標準。而陰曆則欲兼日月而整齊之。古昔疇人之術未精。以日月並稱二曜。其重視之也若一。則不能有所偏棄。亦無怪其然。然日與月之大小。既太不相侔。而一則爲地所繞。一則繞地。性質迥異。躔度斷無從脗合。欲兩利以俱存之。實理勢所必不可幾。而祇益其糾紛。且日之在地。譬則主也。月之在地。譬則臣也。既已上從主矣。而又復下從於其臣。果何爲也哉。然則定曆而日月雙繫。非惟繫難。抑且不必。就學理上論之。而陽曆之優於陰曆。既若是矣。然吾所以持改革之議者。顧不在此。亦曰陰曆不足以周今日之用而已。陰曆緣有朔望以爲之限。不得不有大建小建。而歸餘於終。則置閏以濟其窮。而閏月之爲物。則使國家行政及人民生計。生無量之窒礙者也。其最甚者莫如財政。夫欲整理財政。必先求預算決算之詳明正確。此稍有識者所能知矣。然欲求預算決算之詳明正確。其第一義在定會計年度。會計年度者。綜一年之出入而劃爲鴻溝。使與前後年各不相蒙者也。國家之歲入。其最大部分曰租稅。而租稅則除極少之間接稅。皆以年徵者也。歲出則異是。月計日計者什居七八。而年計者不過二三。故每逢閏年。則國費殆增什之一。而租稅所入。悉由法律所規定。不能臨時妄增。則閏年必告不足。若於平年多置預備金。以承閏年之乏。是乃治絲而棼之也。其於預算決算之本意。失之不亦遠乎。此不徒國家財政爲然。凡地方自治團體及其他公私法人。皆視此矣。又善理財者。其每年徵收租稅及償還公債本息。皆有定期。而所定之期。則斟酌於其國民農工商業投資穫實之先後。應乎金融之繁閑以爲之節。期既定。則歲歲同之。不復屢改以淆亂人民之觀聽。我國以農立國。則收穫季節。其影響於金融者最劇。而閏年之收穫。其月日與平年殊。則欲定此標準而迷所從也。若其他障礙於人民生計者。益更僕難數。彼職員之受一定俸給者。其最甚者也。我國今日之官吏。雖不恃廉俸以爲養。而別有資潤之道。若夫行政機關大加整頓以後。則舉國之奉公職者。勢不得不恃歲俸以爲事畜交際之資。每至閏年。所入不增。而所出加什一。其道不亦大觳耶。又各國之對於勞臣軍士。有所謂養老年金及遺族扶助年金者。又財政上有所謂年金公債者。凡此者。其賦之皆以年。而受之之人。則恃以爲生計唯一之源泉者也。平年僅足自給。則閏年必有啼饑者矣。此外全國民之自食其力者。除少數小職工計日授廩外。自餘高等職業若學校敎師公司職員等類。大率皆受年俸。則其厄於閏年者。亦與官吏等矣。以吾所聞。則學校敎師因閏月脩脯生紛議者。所在而有。雖言之可羞。然亦足見茲事之爲梗矣。其他若私人債權債務之關係。往往緣此起爭。其最不便者。則銀行存銀之週年利息。逢閏則勢必參差。凡此等事。驟視之若無足重輕。而處處影響於全國金融人民生計。非細故也。此外社會一切新事業。其與曆法有密切關係者尚至多。隨舉一端。卽如各學堂章程。皆規定每年爲若干學期。每學期每科占若干時間。舉國咸有恪遵之義務。顧一遇閏年。則奏定章程悉歸無效矣。今亦幸而未有國定敎科書耳。各國之例。凡國民敎育。皆學部定其日課。將遇閏之年。非使全國學子坐曠一月之功而不可也。茲事雖小。可以喻大矣。要之。法治之所以可貴者。在舉一國人之心思耳目而整齊畫一之。所謂秩序是也。而凡事業之性質爲年年循環相續者。則必年年若同出於一型。乃可以收秩序之效。而間年置閏。則非以理之。而以淆之也。吾之所以倡改曆之議者在是。其有以忤俗駭民爲疑者。吾將別著論解之。

說國風上

昔先王陳詩以觀民風。吳季札觀樂。一則曰。美哉淵乎。憂而不困。其衞風乎。再則曰。美哉泱泱乎。大風也哉。蓋旣積民以成國。則國內之民之品性趨向好尙習慣。必畫然有以異於他國。若此者謂之國風。國風之善惡。則國命之與替所攸繫也。故季札觀風以推知各國存亡之數短長之運。未或有忒。而中外古今之言治本者。亦罔不致謹於是。夫古代則邈矣。第弗深考。若並世犖犖數名國。蓋莫不各有其國風以矯然自異。而其國之所以能獨秀於世界者。恆必由此。英人尊閱歷。重實行。雖屢挫折。靡或退轉。而惟期成於厥終。其治事也。以爲事前而計慮之。毋寧事後而審察之。彼非先定一原理原則。乃始應用於實際。蓋行諸實際而有成之後。乃推求其所以獲成之原則而應用於第二次者也。故其遇事也。恆冒險以進取。而無或長慮卻顧於事前。以沮其邁往之氣。而旣已爲之。則雖累失敗。而決不肯廢於中道。惟案其失敗之所由。徐徐改作。以底厥成而已。故其保守之性。與其進取之性相引而俱強。他國雖有良法美意。苟非經英人實行而有效者。則不屑學也。其所實行而素習。雖他國人羣起而非笑之。不屑顧也。其國內箇人之相視也亦然。人人各自磨鍊於閱歷。而務實行。故不倚賴他人。不爲他人所阻撓惟其如是故亦不阻撓他人亦不恃人之倚賴我以自爲重惟其如是故並政府亦非所倚賴並政府亦不得妄干涉箇人而人人皆有軒軒獨立求其在我之槪惟其如是故其政治上之意見不輕相讓而亦不屑詭道以相爭常有兩大政黨堂堂正正互相督責互相補助以圖國家之進步此英國國風之大凡也德人反是德人蓋全世界最好學之國民也其性遲重而矜愼將有所興作則必先求其原則審之至當乃始從事故常於事前豫卜事後之成績常以先見防弊於未然其秩序常整齊嚴肅而決不許有一度之失敗以耗費其精力往往有期成於數十年後之事業而數十年前舉國已講求而播植之惟其然也故凡百皆仰先覺者之嚮導皆賴政府之指揮其人民不肯妄作聰明以致甚囂塵上而亦以學術政治皆務覈名實故一切矯誣浮夸之言行不能見容於社會惟其然也故有不學學則必能有不謀謀則必周有不戰戰則必克彼義務敎育之制全國皆兵之制皆自十九世紀之初率先他國以行之而收其成於六七十年以後以五旬之力而奪奧國之霸業以七月之力而使法國爲城下盟皆謀定後動而決勝遠在事前其他舉措無大無小無公無私莫不有然此德國國風之大凡也若夫法人則又與彼二者異法人凡事先求原理原則而常賴國家之指揮嚮導頗與德人相類顧無德人服從秩序沈毅負重之美其喜事而敢於進取視英爲近顧無英人百折不回之槪故其奮發也易其沮喪也亦易雖然法人有一特性爲全世界人所莫能逮者則其感覺之敏與願力之宏也法人之思想透明洞達而氣魄復能吞吐一世無論何種理論一入法人之意識則不旋踵而煽播徧於全歐中世十字軍之舉屢倡不成及法人被選爲敎皇遂能使十數國之君主人民咸集其麾下七興大軍以開歐洲一新局面法國大革命所倡三權鼎立說人民主權說自由平等博愛主義等英國則於十七世紀已疾呼之而實行之矣顧英人僅認爲本身固

有之權利。而法人則指爲人類自然之權利。故英國之革命。雖亦嘗放弒厥主。其跡大類法國。而他國未嘗一受其影響。法人衍之。則全歐風靡。更展轉簸蕩以及於全世界。蓋應用原理以現於事實。法人所最擅長也。而其病也在浮躁而騖於感情。故基礎不堅。而難以持久。此法國國風之大凡也。俄與美建國日淺。日本雖古國。然晚近僅乃統一。故之三國者。其國風皆未甚成熟。雖然。於菟生七日。而已有食牛之氣。其得力所在。固可察見也。美人本英所自出。其性之受於英者最多。然英人尊階級。務形式。美人則重平等。樂簡易。此其所以異也。美人蓋世界中最務實之國民也。故其學問之發明。雖視歐洲諸國瞠乎其後。及其應用科學於實際。則舉諸國未有能及之者。俄國於全歐最爲晚達。殆如豫章之木。生七年然後可識。若其堅忍强固。不汲汲於近功小利。取勢常甚遠。而得寸得尺。以期大成。則諸國所不逮也。日本人最長於模倣性。常以不若人爲恥。人之有善。則急起直追之。若不及。而凡有所效。必實事求是。以得其眞似。銳於進取。而勇於舍短。此美俄日三國國風之大凡也。之六强國者。雖其國風互有長短得失。然皆能善用其長。而有以自得。又有六國所同具之美風二焉。曰重名。曰愛國。彼其人非不好利。然好利不如其好名。苟於其名譽有所點汚。往往不惜犧牲身命以恢復之。若徇財而隳名。則社會所不齒也。其人非不愛身。然愛身不如其愛國。國家有難。爭匍匐以救之。居恆黨爭雖烈。一旦有事。常能蠲棄小忿。協同一致。以外禦其侮。此則六國者之所同也。彼其國惟有此美風。故能整飭其制度。滋長其學藝。濬發其富源。强勁其軍旅。內之人人各遂其生。而外之則舉其國以左右世界。世界列國雖百數。而爲重者不過六七。蓋有由也。若夫西班牙葡萄牙之國風。好虛榮而勇私鬬。故雖嘗雄霸宇內。及一蹶而不能復振。其殖民之建國於美洲者。雖號稱共和立憲。而日尋干戈。民不聊生。士耳其之國風。迷信而過於服從。蠻勇而疏於實務。故日蹙百里。不自振拔。猶太之國風。嗜利無恥。故國亡而永不克復。其民漂流四海。無寸土以託足。高麗之國風。惰而不事事。好小利而喜傾軋。常倚賴他國以求庇我。故數千年不克自立。而長爲人役。由此觀之。則國家之盛衰興亡。孰有不從其風者耶。我國積數千年之歷史。以有今日。而結集此最多數之國民。以享有此最形勝之國土。則我先王先民之遺風。其所以詒謀我者。當必有在。而今也我國國風。其有足以夸耀於天下者否耶。以視英德法美俄日則何如。以視西葡土猶太高麗則又何如。嗟乎。國於天地。必有與立。我國人安可不瞿焉以驚。蹶焉以興也。

說國風中

國之有風也。將一成而不變耶。抑因時而屢易耶。曰。天下變動不居之物。莫如風。夫既謂之風矣。則安有一成而不變者。吾徵諸史蹟。而有以明其然也。當十五六世紀。荷蘭葡萄牙人競出航海。其時英人猶蟄伏孤島。未嘗有一毫海事思想。不寧惟是。其賤視商業也。與我國古代無異。蓋自額里查白女皇卽世之後。英人始漸狎海而重商。今則以海與商爲其天性矣。日本當慶應之季。舉國以閉關攘夷爲言。僅閱數稔。迨明治十年前後。則國人之慕西風。若羣蟻之趨羶也。此其最切近而彰明較著者也。更徵諸遠。則古代希臘人。當與波斯戰爭時。舉國一致。同仇敵愾。一若寧聚族而殲。而決不肯臣虜於人者。乃不及二百年。而內鬨無虛日。羅馬軍至。百城迎降。望風而靡。羅馬當共和初政。其人以尚勤儉尊武俠愛自由聞天下。及其末葉。乃相率俯首帖耳於一二悍將驕主之下。爲之奴隸。迨帝政既衰。益復驕奢淫佚。文弱柔脆。以卽於亡。前後僅數百年間。而其品性習尚。一二皆適得其反。又如蒙古人當宋元明之世。驍勇摵大地。所至使歐人股慄。至舉其名以止兒啼。曾幾何時。其屈如蠖。其馴如羊。

今者舉世界不武之民。則蒙古其一也。此不過舉一二以爲例耳。若其他歷史上之陳跡。類此者殆更僕難盡。卽以我國言之。昔顧亭林日知錄著世風一篇。敍歷朝風俗變遷升降之跡。而歎息於春秋之美風。至戰國而掃地以盡。後漢之美風。至三國六朝而掃地以盡。言之有餘慨焉。今之距亭林。又三百餘年矣。變遷之劇。使人暗驚。有明之士大夫。尚氣誼。重名節。其內行常好矯矯自異。而視國事如其家事。有以爲不可者。則相率而爭之。雖廷杖瘐死不悔。而繼起者且相屬。及其亡也。而洛邑頑民。東海大老。猶徧山澤。自東漢以降。士風之美。未有若明代者也。雍乾而後。此風寖以陵夷衰微矣。昔人謂明人好名。本朝人好利。蓋俗之趨渝。其所由來者漸也。懸崖轉石之勢。至今日而愈速愈劇。其墮落乃不知所屆。自予之始與國中士大夫接也。不過二十年耳。而前後所覩聞。已如隔世。前此學子。雖什九溺於帖括。而京朝巖穴所至。猶往往有篤學老儒。終歲矻矻。以讀書著書爲事。尋常學子。釋褐以後。未嘗廢學。相見輒復論文譚藝。其所學致用與否勿具論。而要之不失士大夫之面目也。今也不然。舉國不悅學。三傳束閣。論語當薪矣。然彼方且曰。此舊學吾所不屑也。及叩其所謂新學者。又不過以求一卒業文憑。試業得第爲無上之希望。其內地中小學堂以下不必論。卽其曾受學位於外國大學者。一得官後。則棄所學若敝屣矣。彼蓋以學問爲手段。非以學問爲目的也。故以新學自炫者徧國中。而忠於學問者。無一人。學絕道喪一語。今日當之矣。然彼方且曰。吾將爲政治家。舉所學以措諸用。而豈屑埋頭伏案作一學者也。姑無論一國中雖有政治家。而亦不可無學者也。又無論政治家不可以廢學也。卽如彼言。政治家徧朝列矣。顧未聞爲國家立一救時之策。樹一宏遠之規。其敷衍因循。視疇昔所謂老朽更有甚焉。而其摭拾塗附。多立名目。以病民而肥己者。又往往出新學家之手也。然則所謂守舊者又如何。前此嫉新說若讎。甚或火其書。戮其人。雖然。不過闇於時勢耳。然其心口如一。猶不失爲光明磊落丈夫之行也。今則心之所是非者猶昔。而口則朝新政而夕立憲也。前此京朝士夫樸素如老儒。入署大率步行。宴客不過數簋。歲得俸廉數百金。卽足以自給。其名士往往敝衣破帽。蕭然自得。而舉國且仰其風采。今也全國國民富力視前此有日蹙而無日舒。而中流社會之人日相炫以豪華。雖以區區一曹郎。而一室之陳設耗中人十戶之賦。一席之飲宴値會典半年之俸。而其尤宦達者更無論也。前此偶有游戲。諱莫如深。今則樗蒱之博。以爲常課。狹邪之游。明張旗鼓。職務廢於叢脞。神志昏於醉飽。而舉國未或以爲非也。前此賄賂苞苴。行諸暮夜。餽者受者。咸有戒心。今則攫金於市。載寶於朝。按圖索驥。選樹論價。恬然不以爲恥。而且以此夸耀於其儕輩也。此不過略舉其一二。若悉數者則累數十紙而不能盡。繩之以仲尼墨翟之敎。則曰是我之所不屑爲。語之以英美德日之治。則曰是我之所已幾及。舍一身以外。不復知有職務。不復知有社會。不復知有國家。不復知有世界。卽以一身論。舍禽息獸慾外。不復知有美感。不復知有學藝。不復知有人道。不復知有將來。滔滔者天下皆是。以雷霆萬鈞之力。銷鑠一世。夫豈無節士。入此漩淵。而淘捲以去耳。孟子曰。上無道揆。下無法守。朝不信道。工不信度。君子犯義。小人犯刑。國之所存者幸也。又曰。上無禮。下無學。賊民興。喪無日矣。國風敗壞。一至此極。就使車書一尊。四郊不壘。辛有猶將覩野祭而識爲戎。范燮猶將命祝宗以祈速死。又況社鬼日謀於其內。而飛虎日眈於其外者哉。記曰。國之將亡。本必先顚。又曰。國家將亡。必有妖孼。嗚呼痛哉。吾壹不解今世之士大夫曷爲而忍自顚其本。而盈天下之妖孼。壹何其多也。夫人人亦知國家之必且無幸矣。而十年以前。呼號匍匐以思救之者。尚有其人。今則視爲固然。而漠乎不復以動於其中也。如處堂燕雀。明見火燎之及棟。而猶爭稻粱。如在釜游魚。亦識沸羹之剝膚。而姑戲蓮藻。人人懷且以喜樂。且以永日之心。人人作我躬不閱遑恤我後之想物理學所謂惰力兵法所謂暮氣醫家所謂鬼脈而今日中國之國風實兼備之嗚呼二十年前之人心世道有心人所私憂竊歎謂爲澆季者豈意每下愈況以至今日反望之若祥麟威鳳而不可復得見耶循此不變則希臘羅馬末葉之否運終無所逃而我國眞千古長夜矣悠悠萬事惟此爲大我國人其念之哉

說國風下

易曰風以動之又曰撓萬物者莫疾乎風論語曰君子之德風小人之德草草上之風必偃詩序曰關雎風之始也所以風天下也吾嘗參合此諸義而有以知風之體與其用也夫風之初起於蘋末則調調刁刁而已其稍進也則侵淫而盛於土囊之口及其卒也乃飄忽淜滂激揚熛怒蹶石伐木梢殺林莽夫國之有風民之有風世之有風亦若是則已耳其作始甚簡其將畢乃鉅其始也起於一二人心術之微及其既成則合千萬人而莫之能禦故自其成者言之則曰風俗曰風氣自其成之者言之則曰風化曰風教教化者氣與俗之所由生也此又考諸史而可徵也昔漢之風嘗大壞矣王莽盜國而獻符命者徧天下其寡廉鮮恥三代以來未嘗有也光武起而矯之尊經術禮獨行海內承風爭自濯磨人崇廉讓家重名節故東漢風俗之美冠絕今古中葉以降雖僻主相尋而大統無恙范蔚宗論之曰往車雖折而來軫方遒所以傾而未顛決而未潰豈非仁人君子心力之爲乎誠知言也及三國鼎峙以狙詐相尙而魏武復以驍雄之姿束縛馳驟天下士乃至下詔求負汚辱之名見笑之行不仁不孝而有治國用兵之術者天下靡然趨之東京懿爍掃地以盡典午承流益蕩閑檢卒至舉國心死以釀

五胡之亂。故干令升論之曰禮法刑政於此大壞。如室斯構而去其鑿契。如水斯積而決其隄防。如火斯畜而離其薪燎也。夫以哀平之世可以一變爲東京。以東京之世可以一變爲魏晉。則知乎樞機之發。轉圜之速。因果相繫之符。蓋有必至者矣。然又非必帝者之力然後能使然也。吾聞諸曾文正公之言矣。曰『先王之治天下。使賢者皆當路在勢。其風民也皆以義。故道一而俗同。世教既衰。所謂一二人者不盡在位。彼其心之所嚮。勢不能不騰爲口說。而播爲聲氣。而衆人者勢不能不聽命。而蒸爲習尚。於是乎徒黨蔚起。而一時之人才出焉。』吾又徵諸史。而有以明其然也。昔五季之俗至敗壞也。而宋振之。元之俗至敗壞也。而明振之。宋明之君未聞有能師光武者也。而其所以振之者。則文正所謂不在位之一二人者。播爲聲氣。而衆人蒸爲習尚也。夫衆人之往往聽命於一二人。蓋有之矣。而文正獨謂其勢不能不聽者何也。夫君子道長則小人必不見容。而無以自存。雖欲不勉爲君子焉而不可得也。小人道長則君子亦必不見容。而無以自存。雖欲不比諸小人而不可得也。此如冠帶之國有不衣褌而處者。人必望而卻走。被黻冕以入裸國。其相驚以異物。亦猶是也。是乃所謂勢也。而勢之消長。其機則在乎此一二人者。心力之强弱。此一二人者如在高位。則其勢最順。而其效最捷。此一二人者而不在高位。則其收效雖艱。而其勢亦未始不可以成。我朝聖祖仁皇帝身教言教。聖於光武。故康熙士習媲跡東都。而雍乾以還。其在下者未嘗有豪傑卓犖之士。能以道義風厲一世。故流風餘韻。寖以陵夷。至道咸間而甚敝。曾羅諸賢。幾振之矣。而適丁大難。精力耗於戎馬。其先所以切劘而相應求者。率皆早歲彫落。而軍旅之事。往往不能不使貪使詐。而跅弛之士。或反因此以得志於時。故中興以後之國風。非惟不進於前。而反若退焉。又繼之以海疆不靖。舉國搶攘。泰西政學。浸潤輸將。而祖述之者。大率一知半解。莫能究其本源。徒以其所表見於外者。多與我不類，則盡鄙棄吾之所固有，以爲不足齒錄，而數千年來所賴以立國之道，遂不復能維繫人心，舉國倀倀然以彷徨於歧路間，其險象固已不可思議矣，而最近十年來一二赫赫具瞻炙手可熱之當道，雖其才略足以經綸天下與否，吾不敢言，要其以先王之道爲不必學，以名節之防爲不必謹，則固其所未嘗自諱也，其所以風厲天下者，信有如魏武所謂負汚辱之名見笑之行不仁不孝而未或以爲病也，所異者，則魏武必以有治國用兵之術始爲及格，今則並此資格而豁去之耳，夫以醇樸久瀉之民，丁青黃不接之會，而復有居高明强有力者以身作則而納之於邪，則其禍之烈於洪水猛獸，又豈足怪哉，今也成王典學，周公負扆，天地清明之象已漸見端矣，所問者在下之君子能正其心之所嚮以播爲聲氣與否而已，古人有言物極必反，吾國歷史往往待蜩唐沸羹千鈞一髮之際，然後非常之業，乃出其間，而新氣運於以開焉，信如是也，則吾其或免於爲希臘羅馬末流之續也，抑詩序又曰上以風化下，下以風刺上，主文而譎諫，言之者無罪，聞之者足以戒，故曰風，是以自二南以迄曹鄶，皆以風名，而先王常使太史乘輶軒以采之，而資以爲美教化移風俗之具焉，本報同人學譾能薄，豈敢比於曾文正所謂騰爲口說而播爲聲氣者，顧竊自附於風人之旨，矢志必潔而稱物惟芳，託體雖卑而擇言近雅，此則本報命名之意也。

學與術

吾國向以學術二字相連屬爲一名辭，（禮記鄉飲酒義云古之學術道者，莊子天下篇云天下之治方術者多矣，又云古之所謂道術者惡乎在，凡此所謂術者即學也。）惟漢書霍光傳贊稱光不學無術，學與術對舉始此，近世泰西學問大盛，學者始將學與術之分野，釐然畫出，各勤厥職以前民用試語其概要則學也者觀察事物而發明其眞理者也術也者取所發明之眞理而致諸用者也例如以石投水則沈投以木則浮觀察此事實以證明水之有浮力此物理也應用此眞理以駕駛船舶則航海術也研究人體之組織辨别各器官之機能此生理學也應用此眞理以療治疾病則醫術也學與術之區分及其相關係凡百皆準此善夫生計學大家倭兒格之言也曰『科學(英 Science 德 Wissenschaft)也者以研索事物原因結果之關係爲職志者也事物之是非良否非所問彼其所務者則就一結果以探索其所由來就一原因以推斷其所究極而已術(英 Art 德 Kunst)則反是或有所欲焉者而欲致之或有所惡焉者而欲避之乃研究致之避之之策以何爲適當而利用科學上所發明之原理原則以施之於實際者也由此言之學者術之體術者學之用二者如輔車相依而不可離學而不足以應用於術者無益之學也術而不以科學上之眞理爲基礎者欺世誤人之術也』

倭氏之言如此讀此而中外得失之林可以見矣我國之敝其一則學與術相混其二則學與術相離學混於術則往往爲一時私見所蔽不能忠實以考求原理原則術混於學則往往因一事偶然之成敗而膠柱以用諸他事離術言學故有如考據帖括之學白首矻矻而絲毫不能爲世用也離學言術故有如今之言新政者徒襲取他人之名稱朝頒一章程暮設一局所曾不知其所應用者爲何原則徒治絲而棼之也知我國之受敝在是則所以救敝者其必有道矣

近十餘年來不悅學之風中於全國並前此所謂無用之學者今且絶響吾無取更爲糾正矣而當世名士之好談時務者往往輕視學問見人有援據學理者動斥爲書生之見此大不可也夫學者之職本在發明原理原則

以待人用耳。而用之與否。與夫某項原則宜適用於某時某事。此則存乎操術之人。必責治學者以兼之。甚無理也。然而操術者視學爲不足輕重。則其不智亦甚矣。今世各科學中每科莫不各有其至精至確之原則若干條。而此種原則大率皆經若干人之試驗。累若干次之失敗。然後有心人乃參伍錯綜以求其原因結果之關係苦思力索而乃得之者也。故遵之者則必安榮。犯之者則必彫悴。蓋有放諸四海而皆準俟諸百世而不惑者。試舉其一二例。如言貨幣者。有所謂格里森原則。謂惡貨幣與良貨幣並行。則良者必爲惡者所驅逐。此一定之理。凡稍治生計學者皆能知之。而各國之規定幣制者。蓋莫敢犯之也。而我國當局徒以乏此學識。乃至濫鑄銅元以痡毒至今矣。例如銀行不能發無準備金之紙幣。不能發無存款之空票放款與人。最忌以不動產爲抵押。此亦稍習銀行學者所能知而莫敢犯也。而我國以上下皆乏此學識。故大淸銀行及各私立銀行紛紛不支矣。例如租稅以負擔公平爲原則。苟稅目選擇不謹。或稅率輕重失宜。則必涸竭全國稅源。而國與民交受其敝。此亦凡稍治財政學者所能知而莫敢犯也。而我國當局徒以乏此學識。乃至雜稅煩苛。民不聊生。而國庫亦終不能得相當之收入矣。凡此不過略舉數端。而其他措施罔不例是。夫當局苟實心任事。則誤之於始者。雖未嘗不可以補救之於終。然及其經驗失敗而始謀補救。則中間之所損失不已多乎。而況乎其一敗塗地末從補救者。又往往而有也。又況乎其補救之策。亦未必遂得當。而或且累失敗以失敗也。實則此種失敗之跡。他國前史固已屢見。曾經無量數達人哲士考求其因果關係。知現在造某因者將來必產某果。爲事萬無可逃。見現在有某果知其必爲前此某因所演成。而欲補救之。則亦惟循一定之塗軌。絲毫不容假借。凡此者。在前人經幾許之歲月。耗幾許之精力。供幾許之犧牲。乃始發明之以著爲實論。後人則以極短之晷刻讀其書受其說。而按諸本國時勢。

求用其所宜而避其所忌則舉而措之裕如矣。此以視冥行躑躅再勞試驗再累挫敗然後悟其得失者。豈止事半功倍之比例而已哉。夫空談學理者。猶飽讀兵書而不臨陣。死守醫書而不臨症。其不足恃固也。然坐是而謂兵書醫書之可廢得乎。故吾甚望中年以上之士大夫現正立於社會上而擔任各要職者。稍分其繁忙之晷刻以從事乎與職務有關係之學科。吾豈欲勸人作博士哉。以爲非是則體用不備。而不學無術之譏。懼終不能免耳。

中俄交涉與時局之危機

(一)自由行動之文牒

宣統三年正月十八日。俄人藉光緒七年伊犂條約爲口實。肆種種無理之要挾。迫我覆答。其牒文中聲言苟不饜其欲。則彼將爲自由行動。我國受他國自由行動之文牒。此其第二次矣。昔日本爲安奉鐵路事。嘗以自由行動脅我。我無以拒也。而一切惟其所欲。爲坐是世界萬國。益有以窺我之不競。而相率以此道加諸我。俄人今玆之無狀。則亦師日本之故智而已。夫自由行動非他。卽絕交之謂也。國與國對立。各有其主權所及之領域。於他國領域內而欲有所行動。除條約所許之範圍外。絲毫不能自由。此國際之通義也。於他國領域內而自由行動。惟交戰時得行之。故自由行動之文牒。質言之則挑戰之文牒也。凡國家而被他人以此種文牒相加者。苟有血氣。則不能不出於一戰。而我國之決不能與人一戰。則普天下所共見也。此自由行動文牒之相加所以一再而未有已也。

（二）俄人最近對外政略之變遷

俄人之侵略主義受自大彼得歷二百餘年而至今未始有變而其進取之方嚮則其一在巴爾幹半島其二在中亞細亞其三在中國而在中國者復有二途東則滿洲西則新疆及蒙古其在巴爾幹半島者命之曰近東侵略其在中國者命之曰遠東侵略而俄國之近東侵略政策與遠東侵略政策恆迭相消長此最近歷史之所明示也俄人自俄土戰爭以來狡焉日思啓於巴爾幹半島及柏林會議以後而其鋒漸挫乃一轉而向於遠東西伯利亞鐵路與東清鐵路既成方當一舉奮飛而遽蹶於日俄戰役戰敗之後而其外交上生一大變動焉則親英政略是已俄與英本世仇其相疾視者垂百年比乃日相接近至一九〇七年遂有所謂英俄協約者出現舉數十年來相持不下之爭端互讓而解決之俄廷之主持此策最有力者則其外務大臣伊士倭爾奇也故數年以來俄人集其兵力於歐境將藉英助以再逞志於近東英人亦欲利用之以共敵方張之德意志於是歐洲外交之大局所謂三國協商（英法俄）與三國同盟（德奧意）對抗者為舉世之所注目而遠東問題反若藉以小康此一年前之形勢也及前年之末奧人突然蔑視柏林條約舉坡士尼亞赫斯戈維納二州以合併於己國俄人殫其力之所及欲以干涉之而伊士倭爾奇遂為奧相埃連達所賣袖手而末如之何夷考其實則奧人全恃德國同盟之後援當合併之議初起德皇親貽璽書於俄皇公然出以恫喝俄之屈屈於德非屈於奧也自茲以往俄人深有感於疏德之不利漸即而與之親而歐洲外交之大勢又將一變去年十一月（陽歷也下同）伊士倭爾奇忽免外務之職出為法國公使親英政策之張本人去識者固有以窺俄英國交之將變矣果也十二月而俄德兩皇會於

砵丹。俄人忽承認德人巴克達特鐵路之權利。且許其與俄之波斯鐵路相聯絡。於是俄德之新睦。益暴著於天下。徵諸史蹟凡俄德交驩之時。即俄人有事於東方之時也。況當俄日新協約方成俄人於滿洲方面不畏日人、之議其後。而巴爾幹方面今方漸收其鋒。波斯方面又爲英俄協約所束縛無大展布之餘地。以彼野心蓬勃之俄國。其必將更求奮飛於他方面既洞若觀火矣。故吾黨嘗論此事謂其影響行且及於我國。而遂不料其發之竟如是其驟也。參觀拙著將來百論論三國協商之將來俄德協商之將來諸條○編者案將來百論篇之原稿久寄到上海限於篇幅未能全文刊布今將此兩條提前登於本號可參觀

(三)　俄國在新疆蒙古方面之勢力

今茲之事發之雖驟。然所由來實甚遠。稍留心時事者。當知俄人之處心積慮非一日也。今得取俄國在新疆蒙古方面之勢力論其概略。

(一)　邊境鐵路　俄國以鐵路爲侵略遠東之武器。而疇昔之壓我東北部者。則西伯利鐵路及東淸鐵路也。今茲之壓我西北部者。則新中央亞細亞鐵路也。今請將新中央亞細亞鐵路示其形勢。

第一線　由西北利線之格爾幹驛起。(在多波爾河畔)東南行經厄摩靈士克及些米巴蘭丁士克兩州。以達於哥巴爾哥巴爾距伊犂僅二百啓羅邁當耳

第二線　由格爾幹迤東之阿謨士克驛起。沿伊爾的蘇河經些米巴蘭丁士克州。直達阿爾泰士克阿爾泰士克即與我蒙古西境緊接者也。

第三線　自額爾齊斯河畔設巴爾拿威支線。以東接於我境。復自巴爾拿威北行達阿北河。還接西伯利線。

此三線共延長八千啓羅邁當。而其東南端皆接於我國境。其用心所在。蓋路人皆見也。夫俄國在中亞細亞之屬地。厖大遼廓。築鐵路以便其交通。原屬統治政策上所當然。不足爲怪。（俄領中亞細亞北與西伯利亞及歐洲本境相接東鄰我蒙古及新疆南界阿富汗斯坦及波斯西濱裏海廣袤殆當德意志帝國之七倍人口僅八百萬全數皆奉回教與我回部之習俗大相類其行政區域則分爲七州云）所異者。彼其在此境內本已有一大鐵路。起阿倫布克經塔思干迄安集延。長一千九百啓羅邁當。於四年前方始告成。今忽築此新路。殆與舊路成平行線。曾不以疊床架屋爲病。而此新路所貫之域。乃在奇爾基士之大曠原。在該境中人煙最稱稀薄。然則此新路者。就政治上生計上論之。可謂絕無價值。而彼顧乃不惜糜重帑以急就之。其目的所在。豈不昭然若揭矣乎。故當此新路之議初起也。其最有力之報館「那威阿烏黎米亞報」（此報實俄國之半官報其所主張各國殆皆認爲即俄政府之意思）論之曰「若一旦有事於遠東。爲作戰上利便起見。此路實萬不可少」蓋已公言其目的所在。毫不自諱矣。所尤奇者。此新路自去年三月決議起工。而尅期以今年六月完成。一若專以伊犁條約期滿改訂之時日爲標準者然。（此次之事變全由改約問題制我機先下方別論之）使我當局而稍有人者。則於一年以前。必能早料有今日之事。此其徵兆之顯著。固不僅如月暈礎潤之於風雨而已。

（二）住民及商業　今茲爭論之地域。亘於天山南北路及外蒙古之全部。而在此諸地。我國雖於名義上有統治權。實則俄人之勢力。日駸駸駕我而上。試述其概。

其在新疆一帶。俄國領事館所在地。雖僅有伊犁塔爾巴哈臺烏魯木齊喀什噶爾四處。而其政治上生計之權力。實奄及全部。蓋俄國臣民。其移住於伊犁附近各地。土著以從事農業者。與夫游牧於天山北路各處者。其數雖不能確知。據專門地理學者所調查。謂最少亦當在十萬人以上。夫俄民則曷爲而相率移住於此地。

且曷爲而得自由雜居無所於閡乎蓋伊犁一帶在中亞細亞全部中稱最饒沃其與俄屬土耳其斯坦(即俄屬中亞細亞七州之總稱也)豐确相去不啻霄壤而彼地住民自始未嘗有國家觀念逐水草遷徙以爲常加以其種族宗敎言語習俗率皆同一國籍雖異而彼此雜居可以耦俱無猜(我新疆土民與俄屬土耳其斯坦人民大半皆回族回教)而據光緒七年伊犁條約所定則明許俄民以治外法權而於土地所有權又未嘗嚴立專條以爲限制(今茲俄人要索之六條件此即其二也)於是俄人乃利用之日獎厲其民之越境雜居且誘吾民使入俄籍而予之以同等之權利彼既置總領事以統轄凡有俄籍之民復頒自治制選其民爲村長里長等以資統攝以是天山諸路俄國式之村落星羅棊布我官吏惟利是視且以無動爲大以是爲固然莫或一過問也此俄人勢力所由滔滔侵入而莫知所屆也

其農民及游牧民則既若彼矣商民亦然於新疆省內各要鎭到處潛植其勢總數雖不可知最少亦當在一萬人以上蓋伊犁略占其半殆五千人塔爾巴哈臺次之約二千人喀什噶爾約千人烏魯木齊烏什各數百人其他各都會大率亦皆有數十人云我國商業上之智識本出人下而邊地商才缺乏更甚而彼多數之俄商率皆自歐洲本境來(與農民游牧民之由土耳其斯坦移住者不同)智識經驗悉優於我我與之遇蔑不敗矣以故全省商權殆盡握於彼輩之手彼輩所輸入本省之總額每年在一千萬兩以上(內一半經伊犁其他一半經塔爾巴哈臺及喀什噶爾)其主要品則更紗鐵器陶器等其所購致於本土者則家畜羊毛茶葉大率以製作品易我原料此商業情形之大概也

夫商業恆託命於金融機關此稍明斯道者所能知也我國在新疆省內公私之金融機關一無所有而俄人則於伊犁塔爾巴哈台烏魯木齊喀什噶爾四處皆有華俄銀行支店其他重要都會皆有代理店我國貨幣紊亂在省中曾無一畫一通用之交易媒介品故俄國之盧布與華俄銀行之鈔幣其效力之及於彼地者殆

與國幣同視故就政治上言之新疆雖儼然爲我領土就生計上言之其不全化爲俄國領土者抑幾希矣其他若郵政電報皆爲政治上生計上重要機關而俄人則在甯遠城有一電報總局線路直通其國境塔爾巴哈臺喀什噶爾皆有電報分局凡各都會皆有郵政局其設備之周密遠出我上又如境內道路大率皆由俄人手闢自蒙古至俄東南境自伊犂至土耳其斯坦疇昔僅有羊腸小徑足爲商家通行之路者今多成爲大道即如由塔城抵俄屬之些米巴蘭丁士克（俄屬土耳其斯坦七州之一與我接境者也）前此駱駝迺行不能成列今則炮車方軌綽然有餘實俄人所自爲也而所以致此者率皆由我官吏放棄權責使然試舉其一例前此由喀什噶爾西入俄境有喀喇鐵列克達坂其高實拔海一萬二千零七十尺險峻不度車馬俄人要求喀什噶爾道使迤北經圖魯噶爾特坂別闢一道我以費無所出向華俄銀行借三萬兩充之俄領事立與承諾且聲言此路彼此交利不敢索償以是市恩於我此前年事也則俄人所以攬取實權之術略可覩矣由此觀之俄人之在新疆直視之爲彼國領土而心目中殆無復中國主權蓋已久矣

其在蒙古一帶俄人農業商業上之勢力雖不如新疆之顯著然其處心積慮以圖進取則又甚焉俄本希臘敎國而以佛敎護法自居其於庫倫之哲布尊丹巴呼圖克圖（即所謂活佛也其勢力亞於達賴喇嘛）所以籠絡之者無所不至又愚弄達賴喇嘛而爲其國人德爾遮氏以重金運動得列職爲堪布（堪布者達賴部下之行政官也德爾遮氏俄屬中亞細亞布里逸州之人也）每年給以莫大之機密費其懷柔達賴非爲西藏也爲蒙古也彼蓋以宗敎上之權術深結蒙古王公之歡心而復以金錢之力隨其後比年以來蒙古王公之負債於俄國者其數蓋不知凡幾今所播殖其穫實蓋期於後也

俄商在外蒙古一帶之勢力其進步亦一日千里據昨年所調查其總數已在二萬人以外蓋烏里雅蘇臺千四十七人葛須七百人科布多千五百八十人其附近地方四千人庫倫二千八百人其附近地方五千六百人貝加爾州一帶二千五百人其他散在各墟落者尚二千餘人云此外尚有屯駐各地小部隊之兵士定期來往之隊商與夫探險游歷者每年總在五六萬人內外而蒙古人之入俄籍者且歲不計其數（我政府前年頒國籍法嘗譯之示俄吏其意卽以防此然收效僅矣）俄人之儼視蒙古爲懷中物固不異新疆矣

（三）兵力　俄人在新疆蒙古一帶之兵力其庬大實有足驚者其在西伯利亞一帶（卽德讃士克以東）本有十一鎮（一鎮凡一萬八千二百餘人）在土耳其斯坦一帶本有四鎮及去年日俄協約既成無復東顧之憂乃將原駐黑龍江北岸之六鎮調至貝加爾湖東岸合計俄兵之壓我西北境者其總數殆將及四十萬去冬且以兩鎮在我庫倫地方舉行大操矙然若忘領土主權之誰屬也而我國邊防言之實令人顏汗彼挾此以示威於我其如以千鈞之弩潰癰矣

（四）今茲威脅之動機

俄人在新疆蒙古各處之勢其瀰漫充實固若彼乃其忽發於今日且更不從容折衝而輒出於無理之要挾者其動機又可得言焉

第一　俄人在新疆蒙古其實際上旣擁有爾許勢力然名義上爲我領土則彼之施設仍不免種種障礙故特爲無理之要挾予我以不能受我若與抗則彼竟藉口開釁挾大軍深入占領諸地易其主權

第二　我若悉從其請、彼固無用兵之口實、然其既得權既緣此確保、未得權亦從此伸張、益可增大其實力、而收果於數年以後、

第三　光緒七年之伊犁條約、以今年七月二十五日滿期、照例欲有改訂、須於六個月前互相知照、據此約文則我之權利所損本多、俄人慮我提出改正條件、致費脣舌、乃爲先發制人之計、誣我以不守條約、使我無復要求改約之餘暇、

第四　前此安奉鐵路事件、日人加我以無禮、我受之而不能報、俄人有鑒於此、乃利用我茹柔吐剛之劣根性、悍然蹴踏之、無所假借、

第五　俄國哥士羅夫之蒙藏探險隊、與棱巴黎夫博士之蒙回探險隊、皆以去年末竣事歸國、其度支大臣哥哥福緇夫亦新巡閱極東而歸、其進取方針、於茲決定、

第六　俄人侵略之鋒、前此既挫於滿洲、今茲復頓於巴爾幹、憤懣無所洩、亟欲取償於他方面、

第七　新與日本締結協約、其在滿洲方面、無復東顧之憂、因得專力以謀肆其西封、

第八　俄德兩皇會合之際、殆有祕密之成言、俄人於波斯方面以權利予德、德人必有所以援俄者相酬報、俄人得此奧援、不復憚他國抗議、可以惟所欲爲、

（五）今次威脅之條件與其無理

今次俄國所藉口要脅之條件、吾所知者、僅據外報譯電、未嘗得見原文、要其崖略、則有六事、

一　關於增設領事者　於現有領事之外．更在恰克圖張家口烏里雅蘇臺哈密科布多古城烏拉圭庫車承化寺等處添設之．

二　關於課稅者　彼在我國境要求有徵課保護稅之權利．而謂我所頒茶葉專賣制度．有悖自由通商之約．

三　關於治外法權者　彼謂我地方官吏．對於有俄籍之人民．常拒絕其受混合裁判之權．

四　關於土地所有權者　彼以我對於彼．常限制其臣民購地建屋之權利．

五　關於領事權限者　彼謂我對於其領事應行之權．動加侮辱．

六　關於界務者　俄人以泰紐拉山爲滿俄分界．我則以伊西司克山爲分界．

此其大概也．就中界務一項．非有專門智識．不能斷其是非．吾誠不敢贊一辭．其他各項內中有關於事實者．其事實之有無．非可以空言武斷．吾亦非敢妄自袒護．今惟據條約原文．合以吾所知者．以證俄人要挾之無狀焉．

第一　關於添設領事者．

伊犁條約第十條云俄國照舊約在伊犁塔爾巴哈臺喀什噶爾庫倫設立領事官外亦准在肅州即嘉峪關及吐魯番兩城設立領事其餘如科布多烏里雅蘇臺哈密烏魯木齊古城五處俟商務興旺始由兩國陸續商議添設

此約文之要點有二（其一）則將來得添設領事之地．指定五處也．（其二）則應添設與否．俟商務興旺後．由兩國商議也．今俄人要求設領事之地有九處之多．全軼出於條約所指定範圍之外．背約之責．全在俄人．實天下所共見．即在遵約應設之處．仍必須以商務興旺爲前提．現在商務果已興旺與否．此屬於程度問題彼我各執一是固無足怪然約中明云商議則其間儘有商議之餘地若商議不決以付諸海牙之居間裁判亦所宜然今俄人乃突然藉此爲口實以自由行動相恫喝其蔑視國際上之禮法不亦甚耶

第二　關於課稅者

伊犂條約第十二條云俄國人民准在中國蒙古地方貿易照舊不納稅其蒙古各處及各盟設官與未設官之處均准貿易亦照舊不納稅幷准俄民在伊犂塔爾巴哈臺喀什噶爾烏魯木齊及關外天山南北兩路各城貿易暫不納稅俟將來商務興旺由兩國議定稅則即將免稅之例廢止

我國與列國所訂約稅率皆被限制其損我主權已甚此約所規定乃至並徵稅權而無之其吃虧之大固不待論但既有此約以我國官吏之巽懦何至敢公然背棄妄有所徵故俄人責我背約以事理推之可以斷其必無者也乃觀俄人之設辭則有深可詫者「那威阿烏黎米亞報」俄國之半官報也其論著常代表彼政府之意見今據本年陽歷正月廿八日該報所言云（該報此文發表後旬日即有今茲之事）

北京政府將伊犂及塔爾巴哈臺之茶專賣權專畀諸一新設之公司其結果使俄人運茶之業自然中止夫一八八一年之中俄條約（案即伊犂條約）明許俄商以在長城外貿易之權今該約第十二條儼然尚存淸政府乃悍然敢剝奪吾俄人之權利云云

嘻此即俄人所指爲我國悖約之論據乎其無狀亦甚矣凡一國政府賦與其國中一私人或一法人以某種特權此常有之事而他人之通權不能謂因此而遂剝奪也他勿具論即以茶業言之我國凡販茶者必須領有茶引此即數百年來相傳之一種特權專賣制度俄人疇昔之運茶者果能不轉販之於茶商而直向茶農採辦乎又能於領有茶引者之外而別得一種自由之茶商以資交易乎今之專賣公司亦茶引之變形而已前此販之於領有茶引之茶商今茲販之於領有專賣權之茶公司兩者亦何所擇而坐是欲以違約之責歸

我其亦詖辭而已矣。

此課稅問題所爭論者。不徒在我國之課稅權而已。即彼國之課稅權。亦其一也。此權限之根據。則在光緒七年改訂中俄陸路通商章程之第一條。其文曰。

兩國邊界百里之內准中俄兩國人民任便貿易均不納稅

據此約文則在邊界百里之內。不惟俄商對於我享有免稅之權利也。即我對於彼所享權利。亦應同等。乃俄政府蔑視約文。擅向我商民抽入口貨物之保護稅。我政府據約與爭。謂須俟今年改約後。乃能議及此實吾國重友讓守信義之明證。俄人既無可置辯。曖昧閣置。今無端乃謂我限制其自由課稅。損彼主權。曾亦思此非我之限制彼。實乃由彼全權大臣所訂之約。經彼君主畫諾而自設限制者乎。夫以條約上交讓之事項。而指爲友邦之侵我主權。則天下萬國之主權。亦安有一焉而不被侵者。人之相處。惟忠恕乃可久。國交亦何莫不然。則試問俄之所以施於我者。我還以施諸彼。其能受焉否也。

第三　關於治外法權者

此亦爲伊犂條約第十條所規定。我雖茹痛。固末如之何。俄人謂我侵害此權。其事實之有無。非吾輩所得以空言爭。然前此因國籍法未頒定。俄吏常誘我善民入彼籍。以骫法而抗長官。凡此等事。抑又有不能盡爲吾答者矣。

第四　關於土地所有權者。

伊犂條約第十條云按照一千八百六十年卽咸豐十年北京條約第五第六兩條應給予可蓋房屋牧放牲畜設立墳塋等地嘉峪關及吐

魯番亦一律照辦

又第十三條云俄國應設領事官及張家口准俄民建造鋪房行棧或在自置地方或照一千八百五十一年卽咸豐元年所定伊犁塔爾巴哈台通商章第十三條辦法由地方官給地蓋房亦可張家口無領事而准俄民建造鋪房行棧他處內地不得援以爲例

咸豐元年通商章程第十三條云俄商往來貿易存貨住人必須房屋卽在伊犁塔爾巴塔臺貿易亭就近由中國指一定區令俄商自行蓋造以便住人存貨

咸豐十年北京條約第六條云試行貿易喀什噶爾與伊犁塔爾巴哈台一律辦理在喀什噶爾中國給與可蓋房屋建造堆房聖堂等地以便俄商居住並給與設立墳塋之地並照伊犁塔爾巴哈臺給與空曠之地一塊以便牧放牲畜

又伊犁條約第四條云俄國人在伊犁地方置有田地者交收伊犁後仍准照舊管業其伊犁居民交收伊犁時入俄國籍者不得援此爲例

綜繹以上各條文其嚴正之解釋可得三端（其一）俄人得建造房屋住人存貨者以商民爲限其他若農民耕地約中未嘗許可（其二）俄國人蓋房屋用之地係由中國指定給與則凡非經指定給與者應不得擅行購置管業觀伊犁條約第四條聲明在交收前置有田地者得照舊管業然則除此例外其他應皆有待於指定給與（其三）卽從廣義解釋引伊犁條約第十三條中有「或在自置地方」一語作爲准其自置之據（此條中此一語實甚突兀無根因徧查前此各種條約從未有許俄人在中國境內自置田地之明文也若從狹義解釋則此語應專指本約第四條所規定之事項而言）則其範圍亦僅限於設有領事之地方且約文尚申言除張家口外他處內地不得援以爲例實已斬釘截鐵更無可容疑議之餘地今俄屬土耳其斯坦之農牧人民私圈田地耕住者以十萬計而商民在約定通商地段外（卽領事駐割地域外）復任意占地蓋房我國官吏瞢昧孱弱漠視不較殆同默認其罪誠不可勝誅而俄政府縱容其民使任意蹂躪條約且從而獎厲之曾是文明國對於友邦之義務而宜出此耶那威阿烏黎米亞報痛詆我新置阿爾泰州之州長謂其擅將俄民所建房屋拆毁指爲顯背條約吾誠不知該報所據者爲何種條約而俄民果以何種

根據而得有建造房屋於阿爾泰州之權利也。嘻。天下顚倒是非之論至是而極矣。

第五　關於領事權限者

俄人公牒有謂我國官吏不尊重其領事權限之一條。吾未見原文。不知所指者爲何事。其虛實是非。無自臆斷。顧以吾國近年官吏對外交際。惟事圓滑。謂其肯悍然侮辱外吏。殆爲情理所必無。據那威阿烏黎米亞報有一條。稱俄政府於去年派有承化寺領事就任。我國官吏以未奉公文。不肯待以外交官之禮。該報指爲暴慢不遜。吾不知俄政府今次所抗議者。是否卽指此事。諒未必荒唐至此耶如信然也。則吾以爲俄人心目中眞不復知有國際法爲何物也。夫卽在伊犂條約所許設立領事之諸地。猶必須俟兩國商議決定後。乃能設置。況承化寺始終未嘗有議設領事之事。而俄廷乃以單獨之意思突然派往。而責人以不接待。若是則國際條約皆成無用之長物矣。復何取僕僕締結爲哉。

第六　關於界務者　吾未經研究且無確實之資料供參考。不敢置議。

以上略舉俄人要挾之諸點。而就吾所知者以辨其誣罔。實則吾於此方面之事實。前此曾未能悉心研核。所能道者不逮萬一。其謬誤之多。更所難免。而要之俄人之顯然加我以無禮。則章章不可掩也。昔晉侯使呂相絕秦。舉凡晉人違信背義之事。悉反其辭以入秦罪。吾於今茲俄人之通牒見之矣。德故相俾士麥有言。天下安有公法。惟有黑鐵耳。赤血耳。始吾以爲過。今乃信之。

(六)　我國所以待之者如何

我國所以待之者如何。嗚呼。蓋難言之矣。夫人以橫逆加我。既至此極。彼其意凡以挑戰而已。不能一戰。則我固有正當之權利。終無術以瓦全。然此事顧爲我今日所敢齒及乎。現在屯駐蒙疆之舊軍。其數之寡單。其內容之窳敗。不足以當敵軍之一蹴。誠不俟論。而所謂新軍者。又未嘗有一鎮一協在邊境萬里調遣。云何能致。卽曰可致。而此有形式無精神之新軍。又可以一戰乎。是故以武力擁護權利。雖有國之天職。而吾國今日則非惟不敢有此言。且不敢出此言。非惟不敢出此言。且不敢動此念也。耗矣哀哉。

不能戰而思其次。則惟有提出於萬國保和會以求居間裁判。雖然是果能有效乎。列於保和會之國雖數十。然其對於遠東問題有發言權者。實僅六國。法則俄之同盟國也。英則對於遠東問題。與俄夙有協商者也。日本則與俄新爲協約者也。德則與俄交驩最新者也。夫俄日俄德之間。據道路所傳言。咸謂其別有密約。今茲俄之發難。其是否先與德日有成言。尚未可知。若英法者。宜若無他顧。何以適當俄人發難之時。而英法之在雲南。英之在西藏。乃先後迭起而乘我。謂其間無相互之關係。孰能信之。其超然立於局外。可望其稍存直道者。惟一美國。亦安見其肯出死力以衞我。藉曰能之。以一敵五。其效幾何。嗚呼。不能自振。而希他人之我庇。亦無往而不窮已耳。

然則我政府之所以待之者。豈待問矣。其必悉棄擲我正當之權利。而一切恣其所欲求也。卽稍進焉。亦不過於一二小節。勉與磋商。乞其於無關緊要之節目。略爲讓步。以還我體面於萬一也。夫如是也。則目前之暴風疾雨。固可休息。而政府亦得以偷安一年數月。無損其黷貨怙權酣嬉歌舞之本業。而俄人在西北之勢力。乃益深根固蒂。而不可復拔矣。而他國之效尤繼起者。又安知其所終極。詩曰。我生不辰。逢此鞠凶。又曰。夭之沃沃。樂子之

無知。嗚呼。吾尙何言。（宣統三年正月二十四日稿）

爲籌製宣統四年預算案事敬告部臣及疆吏

本年預算。以去年提出資政院。由院審查修正議決。會同度支部上奏。亦既得旨裁可公布矣。而內容鹵莽滅裂。貽薄海內外以笑柄。而且各部臣疆臣。視同無物。紛紛請變棄。似此情形。則擾擾焉爲此籌製議決。果何爲者。夫以今日國家財政基礎。危如累卵。破產之禍。即在目前。使非有正確共遵之預算出現。則前事何堪設想。夫籌製來年之預算。今其時矣。乃舉所懷欲陳者。爲當局一效忠告焉。

（第一）收支宜必求均衡也　此實至淺之理。不煩言而解。無論采量出爲入主義。采量入爲出主義。皆須度而後支。此度支部之所以得名也。夫安有如去年之案。歲入不足七千餘萬兩。而可以覥然提出於立法機關者哉。在理資政院得此種預算案。宜斷然拒絕。不以列於議事日程。惟劾政府之無常識不堪任事而已。去年院中以試辦伊始。不肯求全。姑以付議通過。其對於政府。實已爲非常之讓步。今年資政院若猶如是。則直可謂爲議員之溺職。而政府若猶如是。則亦太不知所以自處矣。

（第二）編製之事宜由行政官擔任也　去年政府所提出之案。不過各種雜亂無章之帳簿。萬不能名之曰預算。蓋預算必須爲有系統的編製故也。資政院之審查。雖不云完備。則庶幾近於編製矣。雖然。是無異以編製權讓諸資政院也。夫預算由立法部編製。各國雖非無成例。然亦惟共和政體如美國者乃行之耳。而談國聞者。猶共訾其失。豈有君主國如我者。而乃可效之乎。預算爲一切政務所從出。必以執行政務之人自負籌畫政費之責。然後進焉得以行其志。退焉無所諉其咎。美國制所以爲世詬病者。徒以其將此職務。截爲兩橛。不勝其敝也。即如去年資政院之審查修正。其所增減是否有當且勿論。然而各省共以爲不可行。蓋實有不可行者存也。今年政府而猶不改此度。則非徒放棄權利。抑重以自窘耳。

(第三)編製權宜集中於度支部也　立憲國之度支部大臣。其在內閣有特殊之地位。蓋他部惟筦支出。度支部則綜筦收入也。各部恆欲自擴張其本部政費。此人情所同然。苟非有一部爲之節制。則國費必增至無藝。蓋國庫所入。祇有此數。通盤籌算。以裒多益寡。此度臣之職也。夫在各國已舉中央集權之實者。猶且有然。況我國今日於各部要求政費之外。更有各省所要求之政費。而其數之鉅。且遠過於中央者乎。西人有言。度臣之狀。蓋如挾重金以適野。各部則如萑苻之盜。常思伺隙以殺越人於貨者也。雖云虐謔。亦洵妙喻。夫在他國則眈眈以視。咄咄以逼者。惟在各部。我國又重之以各省。度臣所處。抑更難矣。然苟不謀所以善處之。則置此職何爲者。夫吾非謂度臣宜徑行直遂。以威壓其僚。任意削減各部各省所要求而無憚也。果爾則督撫變爲下級官廳。而內閣非復合議制矣。惟其須以和衷之精神。行綜覈之手段。此各國度臣之所以難其選也。若如我國去年之預算案。度部徒取各部各省之帳簿。編輯成帙。則一意事小吏之職耳。安足以勞大臣哉。度臣而不肯負此責任。是使度部之權力日以落。而全政府之權力亦隨而落耳。

(第四)編製宜以春間著手也　言預算者。謂編製時期與執行時期宜相接近。此自是正論。然徵諸各國成例。雖以號稱立法最良之國如英普者。其編製時期。猶在會計年度開始前六箇月。日本則十箇月。法國乃至十五箇月。蓋編製預算。非可漫焉而已。必先之以調查。又非編畢而即爲成案也。須繼之以議決。故備之不得不早備也。以日本之例言之。彼蓋以四月初一日爲會計年度之始。而五月三十一日以前。由各省大臣提出歲出入概算書於大藏大臣。六月三十日以前。大藏大臣提出歲出入總概算表於內閣。七月十五日以前。閣議決定。此所謂調查時期也。八月三十日以前。各省大臣提出各省豫定經費要求書於大藏大臣。議會開會以前。(日本議會開會以十二月爲常)大藏大臣製成歲入歲出總預算。提出內閣會議決定。此所謂調製時期也。由此觀之。日本之預算案。調查約四箇月。編製約三箇月。蓋非經爾許歲月。不能審察周到而規畫精詳也。我國各部政務頭緒之紛繁。不讓他國。加以各省相去遼遠。不能一堂會議。往返商搉。動費時日。又事屬草創。諸有司皆乏經驗。則調查編製之期。惟宜視日本更長耳。若短於彼。決非所能逮也。今日本於此期內共費七箇月。(合以議定期三個月故共爲十個月)而我資政院開院定以九月。若二月著手編製。則所得時日。恰與彼同。今不著手。更待何時。若各官吏惟以敷衍爲能。則雖至中秋節以後。始命鈔胥將舊年斷爛帳簿。迻寫一通。即使提出。固無所不可。此則非吾之所敢知矣。

(第五)體例格式宜釐定也。編製預算。實爲一種專門技術。條理萬端。具有專書。非所能殫述也。(別詳明水所著)而其中有一問題。爲我國所特當研究者焉。蓋我國於中央各部之外。而復有各省。同爲最高官廳。同有直接向內閣要求政費之權。此實各國之所無也。如去年各省各自以特別會計之形式提出無量數之帳簿於資政院。中外古今。固無此可笑之事。今後之格式。不能不歸於一。無俟論也。今後編製預算。其必當仿各國通制。就政務之性質以分類。而不能就地域以分類。惟當各省要求政費之際。應由各督撫將各種政費要求度支部。再由度支部將其所許之費分類以編成總豫算乎。抑應由各督撫將各類之政費分要求於各部。再由各部將其所屬政費爲各省所需者。分省列出。要求於度支部。而度支部可以其所許者編爲總預算。乎由前之說。則省手續之頻繁。使行政得趨簡易。此其利也。由後之說。則各部於其所管轄之政務。能布一貫之政策於全國。而因以益重其責任。此其利也。二者各有短長。吾蓋不能遽斷。然竊以後說爲尤合正鵠矣。要之二者必當采其一。而萬不容如去年之各不相謀。斯則可斷言耳。

其他與預算聯屬之事。如會計法之制定。國庫制度之確立。幣制之實施等。條緒甚多。當更爲專篇論之。（二月廿一日稿）

論政府違法借債之罪

四月初六日。突然有宣布外債用途之明詔。其動機蓋路人皆知。不過盛宣懷不堪輿論之攻擊。要軍機爲之分過。軍機亦不堪輿論之攻擊。而全諉其過於君上耳。此其罪案重重。凡我國民忠於國家忠於皇室者。不可不聲而討之也。

中國是否宜借外債。爲一問題。現政府是否爲能利用外債之政府。爲一問題。外債當用之何途。又爲一問題。此三者皆政治上之問題也。凡政治問題。全憑各人抽象的判斷。而兩端皆可以各持一是。今無取深辨也。中國借債。當經何機關。用何方式。此法律上之問題也。法律問題。當法律未頒布未施行以前。固無從而起。若儼然既有一。久經施行之法律存矣。則全國君民上下。對於此法律。皆有具體的應遵之義務。而絕無絲毫容疑議之餘地者也。今中國宜借外債。吾能承認之。外債用以改革幣制。振興實業。推廣鐵路。其用途之適當。吾亦承認之。謂現政府爲能利用外債之政府。吾雖絕對的不承認。然政府必自謂爲能。吾亦無暇與辨也。惟所欲問者。資政院章程第十四條第三項作何語。此章程是否由欽定。此章程是否現行有效。此章程是否爲政府所當遵守。若此者。其尚有絲毫得挾異議之餘地乎。此次借債之議。非起於今日也。當去年資政院未開會前。已萌芽矣。開院一百日中。政府曷爲而不將此案提出。今雖閉會矣。曷爲不待至次會期決議後乃定契約。若曰期於速成。則曷爲而不奏請召集臨時會。在政府之意。固逆料此案提出於資政院。決不能通過也。乃瞷其亡而襲而取之。以吾所見。此案苟提出院議。但使政府能有一場之佳演說。則必能通過。然此固勿具論。若終不能通過者。則或解散資政院耳。或政府辭職耳。或撤回成案耳。三者必當居一。於是此立憲國之天經地義。無可逃避者也。夫借債不成。政府且無以卒歲。斯固然也。雖然。當知國家非特無財之爲大患。而無法之尤爲大患。法未立不可謂之無法。不成文之慣習法皆法也法立而不行。乃眞無法。無財之國。貧弱而已。無法之國。必至亂亡。今試問國家之頒法律。爲美觀耶。爲兒戲耶。抑將使民共守之耶。抑又將凡名爲民者則當守。凡名爲官者則不當守耶。使政府以欲擅借此債之故。先行奏請將資政院章程改正。削去第十四條第三項。而得旨裁可。則吾民更無異言。今又不爾。煌煌欽定章程固在也。而政府視欽定二字。其賤乃如麗足之泥塗。任意蹴踏之而無所顧忌。我民自今以往。乃知經先帝垂統今上繼志之法令文告。其價値乃不過如是。自始固以爲美觀爲兒戲。而未嘗期以實行也。則凡百之法令文告。何一不例此者。千百道上諭皆具文也。千百種章程皆廢紙也。吾儕之所以樂有國者。以其能庇我也。國之所以能庇我者。以其有法以規定公私之權利義務。而保其秩序也。今也法皆爲具文爲廢紙。國家最高機關。以身作則。明敎我以不必遵守。則吾亦何苦更遵守者。其不至秩序全破。變成爲無國之部落蠻民而不止也。嗚呼。我國民今日其猶將斷斷焉辨政治上外債利害得失之問題乎。須知政府如此舉動。雖使今日借得外債。明日即戰勝地球萬國。然猶不足以贖其罪。何也。彼蓋取國家所以成立之要素。翻根柢而破壞之也。

政府犯此一重大罪。既已萬無可逭矣。及遇輿論之攻擊。乃忽焉欲諉罪於君上。則又罪上加罪焉。今吾但請政府下一答語。公等此種舉動。是否違法。其對於國家已經表示之意思。是否絲毫知所尊重。其對於欽定二字。是否稍盡臣子之敬禮。吾知公等必無從置辯明矣。乃今也據四月初六日上諭。則一若作此種違法舉動者。乃皇上也。而非公等也。夫資政院章程。非他。先帝作之。而皇上述之者也。今若謂皇上敢違先帝貽謀之章程耶。則是謗皇上為不孝。謂皇上肯自違其所手頒之章程耶。則是謗皇上為不信。夫我皇上天縱大聖。孜孜典學。天下孰不聞。公等自犯滔天罪惡。乃蜷伏隱匿於黼座之下。而以不孝不信誣神聖。此其在五刑中當麗於何等。請公等自受良心之審判可耳。吾請正告惡政府曰。公等勿謂可以假上諭以狡卸汝罪也。當知立憲國政治上之詔旨。一字一句。政府皆負其全責。吾請正告我國民曰。公等其勿任惡政府之假上諭以逃罪也。當知立憲國民對於政治上之詔旨。從不許政府卸責。若譏議及詔旨。即為不敬者。則日本人今年二三月間。對於緊急勅令案之討論。兩議院議員及全國報館主筆。皆應下獄矣。當知我皇上為我國立憲之第一代君主。惟有神聖而已。決不能為惡。小惡猶且不為。而況於不孝不信之大者乎。而孰料大逆不道之政府。乃敢於以此上誣。試問此種妖孽。投畀豺虎。豺虎又焉肯食。投畀有北。有北又焉肯受也。而我國民乃默認之。而不以為怪。斯乃真大怪也。

吾哀哀籲告我資政院議員。吾哀哀籲告我諮議局議員。吾哀哀籲告我全國父老兄弟甥舅。請公等同時以誠懇之語。一問政府。凡以前頒布之欽定章程。是否當守。違犯者為有罪為無罪。如曰當守也。違犯者有罪也。則現犯此罪之政府。何以處之。如曰不當守也。違犯者無罪也。則豈惟資政院諮議局當立即拆毀而已。舉凡自李悝蕭何以來直至宣統三年四月我國家所有成文法不成文法無論其名爲詔爲勅爲誥爲制爲法爲律爲令爲格爲式爲聖訓爲上諭爲會典爲則例爲章程爲規則爲劄飭爲告示而皆付諸一炬無復以此災天下之紙而禍天下之墨。自今以往。凡一切法規乃至類似法規者隨頒則隨投洪爐。我四萬萬人相與學澳洲之烏鬼美洲之赤蕃生活於無法律社會之下。各憑其膂力以爭奪相殺闃然以坐待彼有法律有秩序之國民磨刀霍霍以臠割我。此兩途者。請政府明告我民以其一。俾我民得早知所以自處也。

嗚呼。我國民毋以吾爲過激之言也。今者妖孽之政府。乃至無業坐食之官吏社會全體。曷嘗有尊重法律之觀念稍稍芥於其胸中者。違法違詔之事件。豈止此一端。蓋日常接於耳目者莫不皆然。吾不過借此事以示其例耳。孟子所謂上無道揆下無法守。朝不信道。工不信度。君子犯義。小人犯刑者。今一一具之。嗚呼。我國民思之重思之。此非憲政成立與否之問題。乃國家存在與否之問題也。我國民今日而不求解決此問題也。則毋甯四萬萬人齊蹈東海以死毋爲留此亡國孽種以爲世界博物場之玩具也。

爲川漢鐵路事敬告全蜀父老

嗚呼。今者列強之滅國新法。實行於中國各省。而駸駸遂及我蜀。我父老其知之否耶。何謂滅國新法。昔之滅人國者。墟其社焉。瀦其宮焉。廢置其君相焉。係累其子弟焉。今也不然。握其政府財政之權。奪其人民生計之路。剝膚吸血。使之奄奄以盡。而國非其國矣。英之滅印度也。僅以區區十二萬金之公司取全印置諸商團政治之下者數十年然後舉名實以入於英政府此稍誦歷史者所能知也德人之經營小亞細亞及南美洲也皆握其鐵路權礦權而制之死命也美人之縣夏威夷也以糖業也英人之囊杜蘭斯哇也以鑽石礦及金鑛也美人之制巴拿馬也以運河也英人之軛埃及也先以外交敏捷之手段僅一夕話乃舉其王室所有之蘇彝士河股份而攫收之而埃及遂永沈九淵而不能自拔也日人之併朝鮮也先與俄羅斯戰於樽俎間取京釜鐵路權而扼之夫乃有今日也由此觀之百年以來亡國之跡歷歷可數何一非先由生計界實業界得寸進尺然後以政治權隨其後者乎嗚呼我父老十年以來列强所以處分中國之政策惟茲一事而已惟茲一事而已

列强之以鐵路政策謀我也始於俄羅斯之東三省鐵路而德國膠濟鐵路繼之俄法比同盟之蘆漢鐵路繼之英德聯合之津鎮鐵路繼之俄國之正太鐵路繼之英國之滇緬鐵路德國之滇越滇桂鐵路繼之美國之粵漢萍醴等鐵路繼之英國之滬甯蘇滬淞滬粵港等鐵路繼之最近則葡國之粵澳鐵路繼之以中國十八行省中而入於各國鐵路勢力範圍者十四省其最完全最磅礴而稍可爲我黃帝子孫立足地者惟有一四川四川之關係於一國以此思重重可知矣

去年以來我制軍錫清帥深鑒時局乃首倡自辦川漢鐵路之議此微特吾蜀人所歡忭禱祀卽海內外四萬萬同胞莫不額手稱慶跂足以俟其成而日本各大報館亦錄其奏議登其章程競著論說謂中國人最有血性而能任事者莫如蜀外人之重視此舉概可見也乃遷延蹉跎倏易年載而至今猶未有眉目內外論者漸以失望而今夏以來遂有英法爭索此路之事據各報所記則法使强橫無狀威逼不一端我制軍辭以疾而一面夙夜厲精以求此事之速成嗚呼此眞我全蜀六千萬人我全國四萬萬人生死肉骨之一大關鍵而某等今日所以

奔走呼號痛哭流涕以稟訴於我父老者。即爲此舉。謹貢其愚。惟垂聽焉。

我父老勿以爲區區一鐵路無關大局輕重也。今者日俄之役。以滿洲爲戰場。本朝所稱祖宗發祥之地。今乃在中立區域以外。非復吾國人所得過問。將來戰爭結局。無論兩交戰國誰勝誰敗。而東三省之主權決不能再返於我國。此識者所同知矣。推原禍始。實自一鐵路啓之。蓋我方借地以修路。彼旋戍兵以守路。是以庚子一役。俄人借鎮亂爲名。遂久假不歸。以至有今次之變。當光緒二十二年。我政府初與俄人訂定東方鐵路公司條約時。舉國淺識者流。豈嘗料六七年後其惡結果乃至此極也。不徒東三省爲然耳。光緒二十四年。俄人欲握榆營鐵路(山海關至營口)之權。英國竭全力以反對之。交涉亘四五月。兩國國交殆將破裂。其事始末見於英國藍皮書及中國各報章譯出者。班班可稽也。夫英俄所以傾舉國之力以爭此鐵路者何也。以俄人既得東三省路權。俄法比三同盟國復得蘆漢路權。若更益以榆營一路。則俄法勢力遂貫注於黃河以北。故英國不得不簒取榆營以中斷之也。又不徒榆營爲然耳。津鎮鐵路與蘆漢爲兩平行線。英德所以斷斷爭此權者。以抵制俄法比之蘆漢也。而此路之支配權。英德中分之。德人自天津以迄山東南境。英人自山東南境以迄鎮江。其界限之區劃。所以必爾者。以北端爲德國勢力範圍。南端爲英國勢力範圍也。又不徒津鎮爲然耳。粵漢鐵路吾政府與美人立約借美款興辦。既動工矣。而俄法以比利時爲傀儡。在紐約陰收股份三分之二。至今該鐵路全權在俄法比同盟國之手。我當道及湘粵愛國之士。設法力爭。迄不得要領。此最近之事實。稍留心時局者所能知也。試思鐵路與國權。苟非有絕大之關係。彼俄法比三同盟國何必處心積慮。運無量詭謀辣手以爭粵漢之一幹線也。彼將以北接蘆漢鐵路。南接越南龍州鐵路。而使俄法勢力貫於我全國也。吾儕今臚舉此等故實以强聒於我父老之前。

我父老毋以爲枝蔓而厭聞之也。蓋觀此可以知某國鐵路所至之地。卽某國國權所及之地。路一成而國權卽隨而轉移。東方鐵路之在東三省。其已事也。其他蘆漢。粵漢。津鎮諸大幹路。今猶未成。及其成。恐十年以後。凡彼路所經諸地皆東三省之續也。故列强謀所以瓜分中國之政策不一端。其最堅牢而最慘烈者莫鐵路政策。若此數年來。仁人志士所日日焦慮呼籲。當亦我父老所飫聞矣。我蜀僻處西陲。距海岸最遠。以交通之不便。故開化稍後於中原。而外力之侵入受其影響者亦較緩。今日沿江沿海各要區。已亡之羊。不可追矣。惟全蜀一片乾淨土。其地力之豐。民數之繁。天險之固。皆非他省可逮。識者謂我族終有蜀。則中國雖亡猶可以圖存。非過言也。雖然。蜀之地位固易於自圉。而外人所以謀蜀者亦迭出而未有窮。法人自光緒二十三年要求我國政府獲滇越鐵路之權利。由安南之海防起點。經河內老開以達於雲南府。而其預定線路。則更由雲南府起點。延長接續之經昭通府入吾蜀之敍州以達成都。此線路經於四年前由里昂市（法國之第二大都會）之調查委員測量已畢。歸而報告於政府。其報告書載在各報。可覆按也。英人亦以同年要求我國政府獲滇緬鐵路之權利。由緬甸之門達黎起點。經大理楚雄以達雲南府。而其預定線路。別由楚雄分歧經甯遠入吾蜀之雅州以達成都。更由成都出重慶以通揚子江。此英國駐華前公使麥端奴氏報告政府之公文所昌言也。故英法之爭蜀。不自今日始。其處心積慮。皆昭揭於五六年以前。而今次之競以敷設權要求於我外部我制軍者。不過其預定之政策。而今茲謀實行也。夫英法人則何故汲汲爭此路。此甯俟吾儕之嘵嘵耶。我父老但以丙申年俄人爭東三省鐵路之事與今日之事兩兩比照。其利害可以立喻於言外矣。吾儕不忍復爲文飾忌諱之言。敢痛哭流涕以稟報。我父老曰。四川鐵路入他國手之日。卽四川全省土地人民永服屬於他國之日也。嗟我父老。能無念之。能無恫之。

抑我父老更勿以爲此乃政府之憂國家之患而於吾儕小民一私人之生計無與也今勿徵諸遠卽以現在東三省人民論之據各報所載其蹂躪狼籍之情形有耳不忍聞目不忍覩者我父老或僻居山谷未能徧讀諸報但以情理想度之兩大國交戰而以我土地爲戰場人民之處其地者既受勒逼徵發之苛復蒙硝烟彈雨之慘其苦況豈待目擊而後能見也詩曰知我如此不如無生今者東三省之人民當之矣而推原所以致此之由則實以俄國區區一鐵路爲之祟使當八年前俄人要求東方鐵路之時有走告東三省人民者曰『公等宜早自爲計不爾則八年以後公等彌天之大難其至矣』彼時東三省人民或聞此言其不掩耳而唾其面者殆希也而曾幾何時遂有今日今日之東三省人民雖或悔之謂早知有此吾甯盡傾吾身家財產以爲贖其奈已無及也今者吾儕痛哭流涕以告我父老曰『英法爭四川鐵路我輩宜早自爲計不爾則數年或十數年以後吾全蜀將爲東三省之續東省人民今日所受之苦難吾蜀人皆將受之』在我父老聞此庸或有以爲不祥之言掩耳而唾吾面者乎雖然吾不敢不言吾不忍不言我父老卽詈辱我夏楚我我輩義當受之斷不忍使我父老悔於十年以後而莫能追也且吾所謂東三省戰場苦況者猶不過一時之現狀而已使一時受其苦痛而永久蒙其利益猶曰得失足以相償也抑我父老其亦聞近日泰西生計界之大勢乎泰西昔多小康之家自百年來產業組織制度一變於是有極富之人有極貧之人而無小康之人何也彼既聯合大資本組織大公司以經營大事業彼小資本小商店勢不能與之敵相率倒閉疇昔擁中人之產者乃不得不漸降而傭工以求自給而資本家有全力以制勞力者之死命以故泰西中下等社會之人民永沈九淵而不能自拔此近日社會問題所由起也此其理甚長今不能一一爲我父老縷述要其事實不可誣也吾儕不及今謀以自力聯合大資本組織大公

司經營大事業。而一任外國人以資本壟斷我利源。迨其基礎已定。而我乃欲以區區之中產丐餘瀝以謀生計。其猶能與之敵耶。其猶足以自存耶。極其敝勢必舉全國人皆爲勞力者。而仰衣食於外國之資本家。一失彼族歡心。則饔飧且無術自給。今日印度人之境遇。蓋如是矣。我父老聞此其或謂吾儕故爲危詞以聳聽耶。平心論之。此等景象非閱數十年後未必遽見。而月暈知風。礎潤知雨。苟不豫謀抵制之法。則數十年後固亦萬難逃避也。而尚有抵制之可言者。惟在今日。失今不圖。過此以往。雖有大力。無所補救。夫利源之最大者。莫如礦務鐵路。今吾蜀礦務落於他人手者。已過其半矣。今若並鐵路權而失之。則如全身之脉絡血管悉被制於人。此後猶欲脫羈軛而圖自立也。更何望矣。嗚呼。我父老各有田園廬墓。各有子孫宗族。竟聽其近之步東三省之後塵遠之蹈印度之覆轍也。

吾儕千言萬語。危詞苦口。以曉曉於我父老之前者。惟有一事。曰求我父老速謀以蜀人之力辦蜀中之路而已。吾欲極陳茲路之利害。吾更不厭絮聒。先進一解蔽之言。吾儕今極言鐵路之當辦。而內地老輩或者猶懷抱十年前之迷見。曰侵害風水也。曰奪小民生計也。曰用夷變夏也。藉口於種種。而以爲鐵路不當辦者。容尚有其人也。今觀於各國鐵路。如織徧布國中。從未聞有以侵風水奪生計爲憂者。而日本以區區三島。效法泰西。今乃挫强俄。赫然爲世界一等國。故前此諸謬見。殆更無一辯之價值。以我父老之明。必有察於是。毋取吾儕之更詞費也。顧吾儕今日更有一語。不可不常目在之者。曰吾蜀之鐵路。辦亦辦。不辦亦辦。辦而辦者。其權在我。而我蒙大利於無窮。不辦而辦者。其權在人。而受大害至不可思議。且使吾蜀人皆眴眴讒慝。曰吾以某事某事之故不欲辦鐵路。且反對彼之言辦鐵路者。雖復人人如是。日日如是。一旦或英或法索得辦路權於我政府。旋卽硬派人來測量焉。與築焉。不數年而車聲轔轔奔軼我原野焉。試問我輩能有力以抗之乎。彼時則噤若寒蟬。頫首聽命而已。而嗷嗷空論之未終。已忽舉全蜀而東三省之。而印度之。則彼持反對論以造此孽者。雖日自撾責。其亦安能贖也。嗚呼我父老！公等而或猶有持鐵路不可修之論者。吾儕亦諒公等之心同為愛國同為愛民。願請公等詳按事勢。平心以一思鄙言。毋自貽悔於數年以後也。

雖然。吾度我父老中其謂鐵路不可修者。迨無一人矣。其猶有懷疑者。則曰修固宜矣。然安能若是其急也。此義也。吾儕亦知之。使非有英法兩國攘臂坐索。則雖從容以俟諸數年十數年以後。或亦未為晚也。無如現今主客所爭。間不容髮。我不投袂而起。彼即乘隙而來。我父老甯不聞今者錫制軍之所以應付英法乎。曰無煩代庖而我自辦也。今所能藉以搪塞者。惟茲一事而已。惟茲一事而已。然茲事非可以空言了也。今年四月間。日本人要求朝鮮政府代墾其全國之荒蕪地。朝鮮人不許而自立一農礦會社。聲言自辦。乃會社雖立而資本無著。不旋踵而日人謂其空言相弄。而會社旋解散矣。此最近之龜鑑。我父老所宜同兢兢也。故吾儕更為一直捷之言以稟我父老曰。

（一）使蜀路入於英。則全蜀入於英。使蜀路入於法。則全蜀入於法。使蜀路分入於英法。則全蜀分隸於英法。

（二）今日除蜀人自辦外。則蜀路不入於英。必入於法。不入於法。必入於英。

（三）蜀人徒空言自辦而無自辦之實力。（即資本）則蜀路終不免或入於英。或入於法。

（四）蜀人即有自辦之實力而不及今時速圖。更閱一年數月以後。則蜀路已或入於英。或入於法。雖欲自辦而無從。我父老請降心垂聽之。平心諦察之。吾儕所言其有葑菲之可采耶。審如是也。則拯吾蜀六千八百萬子弟於瀕死而肉其白骨。非我父老誰與望也。幸哉吾蜀之有賢有司也。使當彼二國之干涉要挾而當道者已貿然許之。則吾儕小民雖搶地呼天其安能救也。而我制軍錫清帥洞明時局。愛民如子。愛國如家。首倡自辦川漢鐵路之議。讀其奏議。凡蜀民稍有血氣者皆當感激涕零距躍三百也。蜀人得此賢有司而蜀路猶不能成。則非有司之負我。而我之負有司也。夫所謂我之負有司者何也。制軍爲我立案奏辦以抵拒外人。其所以爲蜀人謀者旣云周矣。至按諸實際行其所言。則或由北京政府指撥巨款。或由本省歲入別籌財源。在制軍當自有訏謨爲德必卒。雖然吾儕生於蜀。長於蜀。凡蜀中之利害皆與吾有直接之關係。際此大事而一惟賢父母之是賴而不復稍竭綿薄以助其焦勞。撫心自問其能安耶。今略計川漢鐵路之成。需款約在五千萬內外。吾儕望政府之指撥而今者司農仰屋之苦況。我小民能無諒之。於盧漢粵漢之幹線尚不能以自力舉辦。而望其能有款以濟吾蜀。此非智者之言也。無已則望諸本省官項。而歲入固有限。歲出亦有常。驟然以籌備此巨款責望於有司。毋乃不恕。即使有之。而亦斷不能任其全。即使官項能任一半。而其餘一半吾蜀民不任而更誰任也。夫使蜀民而無可以任辦此路之資格也。則吾儕亦無冀焉。蜀之幅員與日本三島埒。人民六千八百餘萬。且半倍於日本。（日本今年人口統計四千三百餘萬耳）以日本之物力而能修五千七百餘英里之鐵路（約當中國二萬里）我蜀以半倍於彼之人民。欲築五分彼之一之鐵路而猶曰不能。吾不得不爲蜀人深恥之。且今日在中國十八行省中數天府膏腴之地者。必曰蜀。蜀中特別大富家雖不甚多。而中人之產所在皆是。苟能合羣力。豈惟區區之川漢。雖以蜀中物力全握一國之路權殆非難也。今以蜀人辦蜀路而猶相諉曰不能。不能則其他諸省更復何望。是祖國之利權終必拱手讓諸外人。而永此終古也。望我父老爭此一口氣。以爲全國之國民倡也。

吾儕有游於日本者。親覩日俄戰爭時其國民之情狀。見其上自貴族薦紳。下及販夫豎卒。咸裁減傔從節嗇衣食。舉其所有以應國債充軍費。問其何以若此。則曰今茲之役。我日本存亡所由繫也。苟軍費不繼以至於敗。則吾儕性命財產更復何存。故不惜罄所有而獻之也。今者吾蜀民與他國爭蜀路。其外形雖與戰爭殊科。而其事之關於全蜀之存亡。關於全蜀人性命財產之安危者。未或相讓也。我父老疑此言之太過乎。試思今日東三省人民性命何在。財產何在。使彼能於十年前自集巨款以辦成俄國所有之東方鐵路者。則何至有今日。事後而痛惜之則奚及也。故吾望我父老督率我子弟以敵愾決死之氣概以對付此問題。誠如是也。則各出其所積蓄以救眉急。雖明知此金錢擲之而無可復。猶且不惜。而況於實爲大利所在者乎。

吾儕謂川漢鐵路爲大利所在者何也。現今各國之鐵路公司。殆無一焉而不獲倍蓰什伯之利者。日本之「日本鐵道」股份每股五十圓。今乃值至七百五十餘圓。山陽鐵道股份每股五十圓。今乃值至六百元。其餘各路。雖極微者。亦皆倍其原價。若英美各國。爲利更深。今欲悉臚舉之。雖列表十紙不能盡也。若虧本之鐵路。則千百中不聞一二焉。苟有之。則其管理之非人。以侵蝕或失察之所致耳。卽如美洲橫貫大陸之路。所謂「加拿大太平洋鐵路公司」者。其線路越落機大山而過。最稱艱險。所經半皆未闢之土。人煙寥落。初辦時附股者咸有戒心。乃路成後迄今不過十餘年。而百元之股份。亦值至六百矣。此何以故。蓋今日交通大盛之世界。百物運輸流轉萬國。路愈通則出產愈盛。出產愈盛則路利愈厚。如是相引以至無窮。故他業有虧本。而鐵路斷無虧本。此在他國而皆有然。況我中國者。民數之富。物產之饒。甲於大地者乎。況我四川者。民數之富。物產之饒。甲於中國者乎。試思我全蜀六千八百餘萬人。其每日來往於省內者當得幾何。其每月來往於省外者幾何。以六千八百餘萬人之生產。其貨物之輸出於省外者幾何。以六千八百餘萬人之銷費。其貨物之由外省輸入者幾何。又省內之府府州州縣縣。其貨物之互相挹注轉輸者幾何。而吾蜀道之難。著稱於全國焉。與他省交通也。陸則蠶叢鳥跡。水則驚流激湍。舉國以畏途目之也。數千年矣。今若一旦安軌飛行。瞬息千里。凡我邦人有不趨之若鶩者耶。數年以後。蘆漢粵漢兩幹線既成。而我川漢與之銜接。則北通燕齊。南接閩廣。東連吳越。吾蜀六千八百萬人之生產力。以全國為其尾閭。而我川漢鐵路實握其脈絡之權。迨第二期之擴充。則川藏川陝川滇之路亦次第成立矣。十年以後。吾儕為川漢鐵路之主人翁者。其得意當何如哉。故今日我輩不欲謀利則已。苟欲謀利。則投資於他事業。不如投之於鐵路。投資本於他鐵路。不如投之於川漢鐵路。鐵路者。生利事業之大王。而川漢鐵路者。又鐵路事業之大王也。彼英法兩國之竭全力以爭此路者。固緣其政府欲藉此以擴其勢力範圍於吾蜀。抑亦其人民各涎此路。深悉為大利所在。而慮他人之捷足先得也。今我蜀人以固有之利權。天之所以畀我者。乃拱手以奉他族。不得不為吾蜀人痛惜之。

以全蜀人之力。而謂不能辦此區區之川漢鐵路。雖五尺之童。猶知其妄也。而竟至今未能者。則以有資本而不知聯合也。近日泰西所謂產業組織之變更者。其最要莫如聯合資本。蓋以一二人之力。無論如何。斷不能獨舉大事業。然事業愈大。則獲利愈深。故資本聯合。則一國之總殖增。而各人之富率亦驟加。不聯合者。雖其事業之大利為衆所共覩。則亦過屠門而嚼耳。故國之利源。永不能開。而強有力者。從而篡之。既篡以後。欲其還於原主。

永無望矣中國之所以不競於他國者不一端而人民共同心之缺乏不能聯合資本以求雄飛於生計界此實其最重要之一原因矣推原其資本所以不能合同之故亦有多端其一由風氣未開不知其辦理法之何若也其二由法律不善懼官吏之擇肥誂索也其三由不敢信人恐當事者之舞弊也此其最要者也故才敏者挾其小小資本營小小製造販賣之業樸愿者則以之置田廬食租稅而已其甚愚者乃至甯窖藏焉以遺子孫投一國有用之母財於死地而不肯以之自利而利人此亦無怪其然也雖然自今以往此等思想習慣終不可不改不改則國隨之而亡矣今者與海外之交通漸盛外國之公司管理法習見習聞而親歷之者既不乏人苟資本誠充殆無憂辦理者之乏才也是第一事不必慮也官吏之爲商民蠹誠過去現在所不能免但此次倡辦川漢鐵路由大吏提倡主持而大吏所以熱心此舉者亦由深察夫全蜀生死之所由繫故宵衣旰食以期其成而近者朝廷亦發布商法謀所以擴張商民之權利者苟吾蜀人誠能肩此大舉竊計賢有司必無或困苦之而惟有保護之公司應有之權利必不吾靳也是第二事不必慮也公司資本既由衆擎則公司章程自必由衆定凡我與股之人皆得有權以議定公司之法律監查公司之事務是在吾人之善於其始耳是第三事亦不足慮也利害比較所得如此我父老其更奚疑哉其更奚疑哉

嗚呼我父老今日事急矣以吾儕所聞英法坐索制軍無以拒之乃至辭以疾夫制軍之出於此也萬不得已也皆所以爲吾蜀也其苦心至可憐而至可敬也夫孰使制軍而至於是則以吾蜀人莫或助制軍制軍雖有辦川漢鐵路之決心而不能徵諸實事無以執英法之口也夫制軍不過爲蜀人計耳爲大局計耳使其自爲計也則一旦榮遷之後蜀之安危非彼之責任蜀人將來之苦難非彼所親受也而制軍顧乃苦心焦慮以期爲蜀之保

障而蜀人直接受其利害者乃反漠然視之若身外事耶吾有以知我父老之必不然矣

今請更爲簡單淺明之條理以結此論之大意

一現在制軍奏辦川漢鐵路凡我蜀六千八百萬人宜全體一致以助其成

一興辦鐵路所需資本不論多少我蜀紳商民庶總宜設法認其股份之過半而以小半歸官股若能全用商股不以此重勞長官之擘畫尤善也吾蜀實有此力量在各人之勉力而已

一川漢鐵路公司招股章程既頒發以後我全蜀紳商民庶各宜自量其力盡之於至無可盡以認買股票

一公司若於股票之外更發出社債券時各人亦宜盡力放心購買蓋西人辦公司常有借社債之事如一事業需本千萬乃能辦者往往集至五百萬或二百五十萬卽行開辦而其餘借債以充之購買股份者公司獲利則大得其贏購買社債券者卽公司虧本亦不憂無著此是外國通行之例其規矩甚嚴明今不能一一詳述也以此之故故人有樂於購股票者有樂於購債券者兩法並行然後資本聯合之効用乃益大此西人閱歷有得之辦法也將來川漢公司行此法與否非吾儕所能知若其行之望鄉人皆樂贊助之

一此舉或非徒恃商股所能辦到則必借助於官股現在大吏悉心提倡當必能有以慰吾鄉人之望惟是公款歲出歲入皆有常額未必能遽提出此巨款倘或大吏通盤籌畫或興辦某項稅則及捐輸者望我鄉人顧全大局切勿反對鼓噪惟須請明降諭旨及制軍親批明所增徵各項專爲辦鐵路用永不得移作他用耳若官股之來源出於此途則將來鐵路所獲贏利凡屬於官股一部分所應得者永以之爲辦本省公益事業之用此必大吏之所樂許也

一、凡將來持有川漢公司之股票及社債券者，可以展轉售賣，惟不得售之於本國人以外。

一、既知鐵路爲全省命脉，則自今宜速設法開一鐵路學堂於省中，各有力之家，宜速遣子弟往歐美日本學鐵路，此又本文附屬之一要著也。

今將川漢鐵路附股利益詳列於后

一、如各州縣有地方公款存商生息者，最宜以附鐵路股，因地方公益之大者，莫如鐵路，而存放最穩，獲息最豐者，又莫如鐵路也。

一、素封之家，欲以所蓄貲本置田產者，不如以之附鐵路股，因置田得利甚微，且往往有水旱偏災之患，鐵路則歲收常息，永遠有盈無虧也。

一、素封之家，欲以所蓄貲本營運商業者，不如以之附鐵路股，蓋尋常商業銖積寸累，所得有限，苟非躬親，尤易虧蝕，鐵路則利源既大，而事經衆舉委託得人，可以不勞而坐收其利，貽諸子孫也。

一、西商票號錢業等，最宜附股以速助鐵路之成，蓋有鐵路則全省交通驟開，生計驟旺，資本之流通益頻繁，首食其利者，在票莊錢業也。

一、各行商最宜附股以速助鐵路之成，蓋川省出產饒沃，甲於大地，徒以道路不通，轉運艱澀，故大宗貨物不能出省，常有在外省外國値價百金之貨，而在本省僅以二三十金爲常値，又外貨入省，運費奇昂，購售甚難，銷場斯隘，鐵路一通，則情形全變，通省商場大添活力，食其利者，莫若行商也。

一、凡開販賣小商店者，宜舉其所積以附鐵路股，蓋鐵路開則全省驟加繁盛，民間購買力頓增，小商店最獲利益也。

一凡農民宜舉其所積以附鐵路股。蓋鐵路開則四川所出之土產皆可轉銷於外省。而價必騰也。又鐵路開。則雖有一地方之偏災而移粟甚易彼此挹注無致甲地患紅朽乙地饜糟糠也。

一有錢放息以取利者不如移以附鐵路股。蓋放息取利常患漂帳鐵路則永無是患也。

一工人最宜攢積所入以附鐵路股。蓋鐵路一開卽以本路工程而論已添需數十萬工人而別種工作相緣而起者尤不可以數計工人永不患無謀食之路也。

一居於大道附近或有地業在大道附近者尤宜附股以速鐵路之成。蓋一成後則地價大漲。而路所經左右數十里內皆加倍繁盛人人易於謀生也。

一寺觀菴院如有公產者莫如以之附鐵路股。不徒爲公產居積致盈。而現在風氣既開。朝廷屢頒改寺院爲學堂之議。苟不知幾攖此風潮將來必有充公之慘。莫如以之辦鐵路佐新政爲大吏所嘉許。爲全省所贊。尙日後決可相安永爲保全也。

一婦女宜舉其私蓄以附鐵路股。蓋最穩固而能生利。雖或遇人不淑。有子不賢。擁股票數張。亦可以自存。而好合和順者。佐家業之興隆。又無論也。

一兒童亦宜積貯父兄戚友所賞犒。以附鐵路股。將來讀書成業。可以爲助也。

一外省來蜀經商之人尤宜合大力以附川漢鐵路股。蓋川漢路開商務驟盛公等尤先受其賜也。

一將來鐵路股份大約分數期徵收稍有力者勉認一股以數十金之資分數年交出人人能辦也。

一、工人婦女兒童等若不能每人獨認一股，不妨合數人共認一股，利益均霑也。

論邊防鐵路

我國之汲汲議辦邊防鐵路，二三十年來，時有所聞，而近日則此論尤盛。若錦愛鐵路（錦州愛琿間）、若張恰鐵路（張家口恰克圖間）、若川藏鐵路（成都拉薩間）、若庫烏鐵路（庫倫烏里雅蘇臺間）、若蘭迪鐵路（蘭州迪化間）、若滇蜀騰越鐵路（重慶雲南間雲南盞達間）建議者相接踵。凡此皆直接關係一邊境之安危，而間接關係全國之安危。為統治此龐大之國家起見，此種鐵路固萬不可缺；為抵禦强鄰使國家得以安堵起見，此種鐵路尤不可缺。眞所謂國家百年大計者也。

雖然，此種鐵路，果能有益於國家百年大計與否，則有其種種之先決問題焉。（第一）夫國家所為設此種鐵路，其主要之目的，豈非以運兵耶？所為運兵，豈非以備萬不得已之時與敵國決一戰耶？若是則其第一先決問題，在是否有兵可運。其第二先決問題，在所運之兵是否可以一戰。且如此次俄人無理之要脅，含生同憤，於是有為之說者曰：使我有張恰庫烏蘭迪等路，則糾紛將立決。雖然，事果如是之易易乎？現在所有之兵，能資調遣者幾何？餉礮子藥能接濟者幾何？將校士卒之戰鬬能力若何？作戰計畫之成算若何？軍事財政之運籌若何？諸問題類此者，錯雜糾紛，決非一二著所能了也。今若修邊境鐵路而非思用以一戰，則修之何為？既思用以一戰，則當審種種軍事上之設備，果已完成否？即未完成，抑已著手否？即已著手，其成效果有可期否？若已著手而成效有可期，所憂者僅在運輸不便之一點，則注全力以築邊境鐵路宜也。凡百不問，而惟有事於鐵路，是得為知本矣乎？譬諸作書，筆精墨良，固所貴也，以平素絕不識字，未解搦管之人，而惟以購庋筆墨為事，方家笑之矣。今之專言邊境鐵路者何以異是（第二）此種鐵路之附屬目的豈非欲藉以爲內地移民之運輸機關耶然欲移民之克舉成績又有其許多先決問題焉若金融機關之設備何如移住民分子之選擇若何組織若何經營者人物之有無技術之應用何若政府保護獎勵之立法當采何方針調和移住民與原住民之計畫如何凡此等類缺一不可而鐵路不過其中之一事今他事悉不措意而一若但有鐵路則指揮若定安見其可

然吾固知吾言不足以服建議者之心也彼將曰鐵路固有待於其他種種設備然後完其用然其他種種設備亦必有待於鐵路然後完其用能同時並舉固善也即不能而先辦其一則宜在鐵路以鐵路之成須假時日非謀之於豫不可也此說吾亦深以爲然若辦此種鐵路而不至生別種惡影響則先辦成之以待他日之收其用爲計良得雖然吾之所憂正有大者

此種鐵路其工程難易若何吾非專門家固不敢輕贊一辭然據外國鐵路專門家所計算謂錦愛鐵路建築費需一萬萬元以上洛潼蘭迪路接續建築費需二萬二千萬元以上其餘四路雖未得調查資料然每路平均需六七千萬元當有多無少大抵六路建築費合計總在六萬萬元以上以息率五釐計每年須還息三千萬元以上若爲定期定額償還之債項則五六年後便須分年攤還老本本息合計其數當每年六千萬元以上而此等鐵路純屬政治作用營業上決難望贏餘每年由國庫所津貼之養路費恐亦須在一千萬元以上夫以今年預算不足之額已一萬萬元（七千餘萬兩）自今年以往舊債須償之本息又增於舊若銀價下落所增更不可測其餘各省督撫所借內外債又陸續到期須還而中央及地方紛紛假籌備憲政之名歲費之增益無藝似此瀕於破產之政府尚能堪歲加此數千萬之負擔乎夫使借債以辦生利的鐵路則鐵路營業所入足以償建築費而有餘

其影響絕不及於國庫。斯固最善也。就令不然。而尚須仰國庫之補助。但使其路能有促進國民生計之力。則稅源漸豐。國庫從他途得有所入。既不窮於挹注。則財政基礎亦可以無搖。今乃不顧其後。乃出此如塗塗附之下策。是得爲善謀國矣乎。此每歲新增數千萬之負擔。既無術以取足於租稅。則亦惟更借新外債以暫行彌補。外債愈加。財政愈紊。言念前途。能無股栗。夫使此種鐵路告成後。而其他種種設備之與之相待者。毫無可覩。則其最初計畫所謂以運兵移民爲目的。以鐵路爲手段者。目的終不可得達。而手段之爲枉用明矣。然欲其他種種設備與鐵路同時並進。所需政費。又恐十數倍於此數而未有已。非俟稅源大豐。帑入大進之後。云胡可幾。以今日財政基礎漂搖杌隉至於此極。而勸其舉重債以辦此不生利之路。恐路方成。而國之主權已非復吾有耳。或曰。吾國人好議論而少成事。此種建議。亦不過空譚耳。豈其能現於實。而子乃竊竊焉憂之。甚無謂也。應之曰。不然。他事雖倡議千百。吾敢信其無一能現於實。獨至借債一事。則不能以此論。夫列國固競以樹債權於我爲得策者也。而舉債又我政府所最樂聞也。所患者無題目耳。尤患者輿論之反對耳。今輿論以關心國防而倡之。政府卽託名國防而行之。而一度與外人交涉之後。且往往雖欲反汗而不能。則事實之竟現。又豈其難也哉。夫我政府之瀕於破產。外人則誰不知者。而顧競欲以債假我。此其用心何在耶。其別有政治上之野心耶。則前途險巇。固不可思議。藉曰無政治上之野心。而其結果且必至影響於政治。何也。一至我不能履行償還義務之時。則雖欲不干涉而不可得也。吾以爲中國今日一切險象。猶非其至。獨至借不生產之外債。是恐國亡之不速。而自從而斬伐之也。嗚呼。世之君子。其無易由言哉。

收回幹線鐵路問題

讀四月十一日內閣總協理大臣及郵傳大臣所副署之上諭國中所有幹線鐵路不問經商承辦與否悉收回官辦此新內閣成立後第一次發表政策也吾黨嘗謂中國無政府無政策民間凡百言論如無的放矢今者新內閣成立之次日即有此絕大計畫不可謂非一可喜之現象也雖然政策也者恆兼利害兩方面其間固容辨論之餘地故余對於此次收回幹線鐵路之副署上諭而欲有言請得從四方面分別討論之

（第一）從政治方面言　則國有鐵路之利害得失本爲近二十年論戰最劇之一問題持國有說者曰鐵路收用土地至多獲利至厚以衆人所犧牲供少數人壟斷豈得謂平歸諸國家使歲計有餘則可以省賦斂而弛人民負擔之一部利一鐵路之辦須大資本一路已成後起之他路不易與爭其性質往往偏於獨占則運費昂而利用不能普及一國產業將被其害國有能免斯弊利二私辦鐵路惟利是圖所經惟擇衝繁之地僻區即無人過問則全國交通機關偏枯爲患國家爲全體利益計自能酌盈劑虛使底於平利三且緩急之際運兵餽糧託諸私路動生窒礙或轉輸稽滯或車輛不敷國家自營則操縱如意利四左袒國有政策者其論據雖多而以此四端爲最重要其主張民有之利者雖持之有故而理由要不能如國有論之完足蓋今世之治國民生計學者以國家社會主義爲最協於中庸而國有鐵路政策實能使此主義之精神現於實者也故此策漸爲並世多數國所采用吾黨亦素所服膺今政府採之吾無以爲難也雖然政策無絕對之美故往往有學理上公認爲良策者及適用之於事實上則各國各異其結果今欲論我國採用「國有策」之當否則（第一）當先問其動

機果出自公益否果能有協於國家社會主義之精神否(第二)當問國家機關之能力能貫徹此精神而行之無弊否言夫第一義則吾敢信政府之動機決不在是而於此精神實未嘗夢見也政府之欲收鐵路歸國有不過以是爲籌款之一法門耳夫鐵路國有後苟能辦理得宜固未嘗不可增進國庫之收入而財政藉獲餘裕雖然謂因鐵路國有收入隨以增加也則可以欲求收入增加故乃攘鐵路爲國有也則大不可夫上述國有策之四利任舉一義皆以國民全體利益爲前提謂路歸私有恆易與此前提相戾也質言之則以私有策最足助長豪强兼并朘多數以益少數惟國有斯可以矯之云爾夫朘多以益少固爲國家所宜矯正而朘下以益上又豈國家所宜自行故今歐洲日本之采國有策者其營業所獲贏利或則以之推廣枝路使普及於僻壤也或則輕減客貨乘運費使多數人蒙其利用也(奧意兩國自鐵路國有後運費視前輕減十之四日本亦輕減十之二)或則於沿線及車內爲種種改良設備予客貨以利便也夫推廣枝路及於僻壤則建築營業所費致國庫大蒙損失者有焉矣輕減乘運費是明明舉其前此已得之利益割棄其一部分矣(若在他種營業競爭者多則減價以求顧客或非得已若夫全國鐵路既歸國有民欲乘運舍此無適則國家任擡高價至何程度皆惟所欲而各國乃反減之何也即此可以見國家社會主義之大精神矣)種種改良設備又皆以增營業之支出而減其純贏矣使「國有策」而專爲國庫籌款計也則此等舉動寧非至愚而各國行之者正以此等舉動爲私人營利團體所萬不肯行惟國家以公平中正之資格超然於營利主義以外故所取於民者(即鐵路營業所贏)還用以利民(即上所述三種辦法)而國家無所私焉學者誦「國有策」之美凡以此也今政府之行「國有策」其動機絕非在是蓋路人皆見矣據此次副署上諭以幹路歸國辦而枝路則諉民辦夫鐵路之爲物惟幹路易以獲利而枝路恆被壓於幹路此稍治茲學者所能知也(下文第三節更詳之)今大部此舉惟欲取最有利之路壟斷於己其更無普及僻壤之心已直揭以與天下共見

此其大反於「國有論」之精神者一矣且我國之有國有鐵路不自今始也京奉京津京張京漢等行之久矣就中惟京奉一線與日本之南滿稍有競爭未敢濫擡高價其他則乘運費之昂爲萬國所無京張帶軍用性質且勿論若京津京漢等爲交通最頻繁之地律以國有主義正宜次第減價以利民者也今豈惟不見其減而已而增價乃歲有所聞他日舉全國有利之路悉歸國有其必襲用此卑劣手段又可推見此其大反於「國有論」之精神者二矣且上舉諸路自開辦以來設備日加廢弛改良不聞一行以致人民視乘運爲畏途非萬不得已則毋寧舍而他適雖美國鐵路托辣斯之專横驕蹇方之蔑如是國有鐵路乃實以杜絕人民利用鐵路之途其反於「國有論」之精神者三矣夫各國惟以民辦鐵路之易犯此諸弊也乃改爲國有以矯之今國有而悉躬犯此弊是以國家爲豪强兼幷之魁民果何樂有此政策乎哉夫私人而行豪幷猶冀得以國法節制之國家而躬行豪幷則救濟之道遂窮及乎民盡瘵瘁而國之利亦何麗焉以第二義言之則吾又敢信現在政府決非能行國有策而無弊者也夫同一國有策也各國行之或利餘於弊或弊餘於利何也則恆視其官僚政治發達之程度以爲斷鐵路者營業之一種也營業之成績恆以人類之利己心爲其動機故往往私辦極有利之業一移諸官辦公辦動反虧蝕者徒以經辦之人利非歸己而已夫集公司以辦一路其總辦坐辦率爲占股最多之人公司利益與己身利益相一致故易忠於其所職其所以節省營業費及改良擴充以圖利者不待驅迫而自能也而股東亦以利己心故常不怠於監督使經辦者有所憚加以國法間接糾察於其後能舞弊者寡矣官辦不然官之爲物重門面而多繁文縟禮者也以之營業非惟執務不能敏捷且經費必至增加夫此固不利於所業明矣而官無與焉復次一業之榮必常有待於改良擴張而官也者率皆不求有功但求無過者也故以奉行

成例而墮業於冥冥者有焉矣。復次凡營業皆須專門之技術。而工事爲尤甚。官吏則循階遷次。自爲風氣。其能對於一業而有相當之技術者。蓋不易覯焉。然此猶爲官方已肅之國。而官吏稍知自愛者言之耳。而不然者。則藉官力以舞弊。既無股東以議其後。而長官或且與之相朋比。所謂行政上之監督。盡成具文。使之營有利事業。其不至盡盜公利以爲私利焉不止也。是故欲行國有鐵路政策者。必具左方所列之諸條件。而始可期於有效。（第一）國家綱紀極嚴明。綜覈名實。纖悉周備。使官吏絕無作奸犯科之餘地。其有之則立即暴露。暴露則刑罰必隨其後。（第二）官吏分限令保護極周。雖長吏猶不能違法以侵僚屬之權。使人人得各盡其才。（第三）對於奉公盡職多年及特別有功者。其所以獎勵之甚厚。使利國者亦自蒙其利。（第四）國家豫設種種特別教育機關。養成營業上之專門技術。然後登庸之而責以職務。（第五）官署治事。養成簡易敏捷之習慣。無妄自尊大繁縟闒隔之弊。然此猶其枝葉也。若語於根本。則（第六）須國民教育卓卓成效。使在官者咸有潔己奉公之誠。人人以蠹國自肥爲恥。（第七）尤須立憲政體基礎鞏固。行政官吏絕對的自知責任。而國民之監督機關。凡有失政。無鉅無細。而皆得予以相當之制裁。具此七者。則國有鐵路之實效。庶乎克舉矣。今世諸國中雖以英美文治之盛。而此七德未敢云具也。其最稱庶幾者。惟一德國。德國中又惟普魯士。彼蓋自腓力特列大王以來。所以淬厲其官僚政治者。已逾百年。而今乃始收其效也。是故國有鐵路之爲良策。雖全球碩學鼓吹甚力。各國大政治家。亦無不熟睹其利。然猶或徘徊審顧不敢實行者。誠恐苟非其人。則利未呈而弊先積也。今我國官吏社會之現狀。豈待吾言。政府返躬內省。當自得之。靡論所資以辦鐵路者。無一人有鐵路上之專門智識也。（所謂專門智識者。非專指工程上之技師。凡管理及一切營業皆須之。）靡論格外之改良擴充。不能望其注意也。靡論繁縟闒隔。犯營業之大忌也。而試問有一人知勤勉奉公之爲義務者乎。有一人知舞弊自肥之爲惡德者乎。小吏作奸。長官其肯舉發之而無徇庇乎。大臣瀆職。國民其能糾督之而使引責乎。既無一能。則國有鐵路。徒爲一國中最卑汚無恥之游手蠹民（即官吏）開無量數之利孔而已。夫以國家而行豪强兼并。然且不可。況乎兼并所得。又非歸諸國家而乃歸諸盜國之猾吏。是無異朘小民粒粒辛苦之血汗以豢蛇虺也。此就政治上言之。我國民萬不能許政府行此政策者一也。

（第二）從財政方面言　夫吾固嘗言之矣。國有鐵路策之所以可貴者。以其能使國家社會主義現於實際。爲國民全體增進利益。而絕非欲藉此以爲國庫謀增收入也。是故當其收入之自然增進也。則以所贏餘者從事於擴充改良或減輕運費。如前述所云云。國庫不敢以自私也。若更增收不已。則復以所贏餘者充鐵路以外之政費。而豁減他種租稅以輕民負擔。國庫尤不敢以自私也。是故據財政學之眼光以論國有鐵路。殆可謂無絲毫利益及於國庫者。徵諸各國國有鐵路之特別會計。其入不敷出者蓋甚多。非必果不敷也。有餘輒以之擴充僻路改良工事。或削減運費。故常若不敷也。以此言之。則在財政竭蹶之國。其應采此政策與否。本屬一疑問。何也。據此政策正當之精神。則於國民生計雖有大利。而於國庫實無利也。夫今政府固不足以語於是矣。彼方以躬行豪强兼并爲得計。則就營業收支之表面言之。安在不能使之有利。故彼輩日以京奉京漢等路餘利相炫。而因以此爲國家籌款不二法門。此種冥頑不靈之謬見。吾良無以喻之也。雖然。據郵部去年奏報。則有利者亦惟此兩路耳。其他官辦之路尚六七。而皆虧蝕。盈虧相補。則各路合計之純贏。僅得六七百萬。據此可以爲國有必獲利之證乎。不特此也。以京奉論。光緒三十年。總收入一千二百九十餘萬元。俸給及諸費二百九十餘萬元。三十一年。總收入一千二百十餘萬元。俸給等三百四十餘萬元。三十二年。總收入九百九十餘萬元。俸給等五百二十餘萬元。三十三年。總收入一千零九十餘萬元。俸給等六百餘萬元。四年之間。總收入遞減十之一。而俸給乃倍增於其舊。謂之無餘贏焉。固不可也。但國庫所應得之贏餘。入於官吏之手耳。（京奉最近數年收支表及京漢歷年收支表此間偶無存不能列舉然總不外此種現象可推見也）其在外國。雖有贏餘。還散之以謀公益。故國庫不能多受其利。其在我國。雖有贏餘。官吏聚而咕嘬之。故國庫亦不能多受其利。雖尾閭之所洩不同。然就國庫一面視之。則其含國有鐵路之賜者甚稀。中外所同也。而論者猶得曰利雖少。仍不得謂之無利也。雖然。京奉京漢等路實無贏餘之確證。吾尤能舉之。夫此諸路皆借債以築。或借債以贖回者也。京漢贖款。至今猶未足。而且有待於募新債矣。既爲借債營業。則必營業所入。除支銷營業費及債息外。每年更能騰出若干。攤還債本。斯乃眞有利耳。今京奉京漢之債本。曾還一文否耶。京奉債五千二百餘萬。京漢債七千三百餘萬。合計一萬二千五百餘萬。若立意以二十年攤還。則每年非攤還五百二十餘萬不可。一將此數算入。則京奉京漢。尙得云有餘利乎。故知政府所云官辦鐵路有餘利者。皆自欺欺人之言。我國民不可不深察也。京奉京漢。猶且如是。若此次所擬收回之各幹路。又更甚焉。何也。彼京奉者。借債以築耳。築焉而卽得路也。彼京漢者。借債以贖耳。贖焉而亦卽得路也。若今所擬收回之粵漢川漢江浙等路。則民間本自有公司。公司本自有股本。而其公司所已築成之路。又甚希者也。今國家收回。其能憑空籍沒股東之血本。而不給以賠償耶。若是則國家非直爲豪强兼幷。且直爲盜賊刼掠矣。既須給以賠償。考各國成例。其賠償價格。大率對於股份時價一倍或兩倍。（蓋國家買收此股票非徒將股東現在之權利買收也並將其將來之權利亦買收之故非給高價不足服人也）今民間諸公司之股本。雖實數未能確知。然約計總在五六千萬以上。援外國之例。則賠償價格。最少亦當在一萬萬以上卽讓一步而謂可以照原價承受（此實無理）則五六千萬亦安能少然國庫並非費去此五六千萬而得價値相當之已成路線也其築路所費還仰外債是京漢等路國庫所負擔者僅一重債本而此諸路則負兩重債本也負一重債本者猶且無利而謂負兩重債本者能有利乎今鐵路舊債總額已達三萬萬其已償者不及三百萬今欲辦此議收回之諸幹路非再借二萬萬不可而賠償價格又須五六千萬乃至萬萬合前約爲六萬萬以平均息率五厘計則國庫負擔之息每年約三千萬二十年攤還債本則年亦須三千萬政府若欲行鐵路國有政策者則當預算每年除繼續營業費外而合計諸路純贏能歲得六千萬確有把握則國家財政基礎庶可以免爲所動搖矣夫使我國官僚政治能如德國則求此把握或亦非難然此顧可望乎旣無可望則國庫長負此莫大之債務而債權又皆在外人嗚呼國民其思之我國雖欲不爲埃及得乎此就財政上言之我國民萬不能許政府行此政策者二也

（第三）從國民生計方面言　以今日我國民企業能力如此其薄弱苟非設法獎厲之使各種生產事業漸次發達則不能禦國際生計競爭之惡潮而全國將彫瘵以斃此稍有識者所同憂矣然則獎厲企業能力之道將奈何曰導之以獲利最確實之事業使嘗試焉而有功則自能感殖產興業之興味而歆羨而踵效之者日衆則能力漸以發達矣獲利最確實之事業維何則鐵路其首也歷觀產業幼稚之諸國其自始之導之者未嘗不以鐵路今者行「國有制」之國前此固皆嘗經過「民有制」之一階級來也吾之所以不敢驟然雷同「國有制」者蓋亦爲此難者曰子言或當雖然上諭不云枝路仍准商民量力酌行乎欲藉鐵路爲導引人民企業興味之媒則枝路亦何嘗不可豈必幹路應之曰不然鐵路之爲物幹路常宰制枝路而枝路常爲幹路之附庸

蓋鐵路職在交通。而交通必所引脈絡甚長。乃能有效。枝路非託庇於幹路。不能自立。猶松柏之下。其草不殖也。彼美國之鐵路小公司。常爲大公司所蠶食。卒成爲莫大之托辣斯而橫行無忌者。皆此理而已。(廣東之粵漢公司已屢次挫抑枝路使不能發生成案可稽)然則所謂許辦枝路者。不過門面上之美談。實際決莫之應也。夫獲利最確實者。實爲幹路。而枝路蓋遠不逮。今國家既公然恣行豪强兼并而不諱。將脂肪肉腴。壟斷於己。而投骨以使民吮嚙。民非下愚。寧易欺至是。以吾黨所見。若幹枝路皆許民辦。則或有大公司並舉之。或大小公司相聯絡。庶幾全國交通大政。可以漸次就緒。若如閣臣副署之上諭所云云。則官既厭枝路獲利之無多而不屑辦。民復畏幹路之壓迫而不願辦。則交通機關。乃眞無完備之期耳。難者又曰。鐵路之許民辦。不自今日也。然而百弊叢生。久而無成。如上諭中所舉川粵湘鄂諸弊。衆目共見。子雖惡政府而好袒國民。若此又焉能爲諱者。循此不變。終必至如諭中所云曠時愈久。民累愈深。然則今政府所主張國有策。不謂爲救時要術得乎。應之曰。是當分別言之。現在商辦諸路。所以遷延不就者。蓋有二因。其一則由款絀。如蘇浙等省是也。其二則誠由舞弊。如川粵等省是也。其由款絀者。則補救之法。爲應否借外債之問題。而非應否歸官辦之問題也。此勿深論。其由舞弊者。則經辦之人。誠狗彘不食其餘。人人皆得誅之。吾豈肯復爲辯護者。然持是以爲應改官辦之理由。則官辦遂能免舞弊乎。此一問題也。此問題殆更不必深論。其舞弊必更甚於商辦。此舉國人皆能知之者也。復次。商辦曷爲而多舞弊乎。其舞弊果有道以防之乎。若謂不能防。則商辦事業。遂當永廢乎。此又一問題也。吾於此問題。不得不置數言。夫商辦舞弊。匪獨鐵路也。凡國中一切股份有限公司。莫不皆然。論者或以是爲吾國民不能辦公司之明證。雖然。吾嘗言之矣。非立憲政體確定法律狀態穩固之國。則股份有限公司。決不能發生。(參觀去年本報第二十七號論說門敬告國中談實業者篇)然則商辦之多舞弊。是得專以咎國民乎。國家不盡其監察保護之責。予人以舞弊之餘地。人非聖賢。其相率於弊亦宜耳。今使能確定立憲政體。而立法司法之作用能約束民以納於軌物。而謂吾民猶樂於舞弊。敢於舞弊。吾不信也。如必曰舞弊終不能防也。則吾民豈惟不能辦幹路。將並枝路亦不能辦。豈惟不能辦鐵路。將凡百有限公司皆不能辦。是吾國產業終無獲興之日。而吾民亦永爲人臣妾已耳。信如是也。則雖國家辦成數條幹路。亦復何用。夫在今日之中國。必須設種種方法直接間接以保護助長有限公司之發達。此政府之職也。政府誠能舉此職。則民能集公司以辦凡百事業者。曷爲獨不可以辦幹線鐵路。以是爲應改歸官辦之理由。其不完亦甚矣。況乎官辦之舞弊。更甚於商辦。政府何顏之厚。而靦然獨以此責吾民哉。難者更曰。鐵路國有之精神。原所以裁抑豪强兼并。使國家社會主義得現於實。吾子既言之矣。夫國家社會主義。既爲生計學最協於中庸之理。政府采之。要不失爲先見之明。而吾子必抨擊之不遺餘力。何也。應之曰。吾又聞諸政治學者矣。曰政策也者。從未有通於世界萬國而絕對的可稱爲善良者也。亦在適不適而已。夫以中國之腐敗官僚政治。斷不能假其手以行國家社會之眞精神。吾固言之矣。但此又勿具論。然謂今之中國。必須事事效法國家社會主義。吾亦未見其可也。彼歐人所以日提倡此主義者。蓋彼自工業革命以來。一切事業。皆壟斷於少數資本家之手。富者愈富。貧者愈貧。生計上之分配不均。即社會上之亂機時伏。彼之汲汲於此。非得已也。我則何有焉。商工業之幼稚如此。資本之涸竭如此。雖竭全力以保護企業家。猶懼其不能發榮滋長。況更裁抑之也。要而言之。則今日中國國民生計上之問題。乃生產問題。非分配問題也。彼歐人經百年間獎厲生產。至今日以生產過賸爲患。其重要問題之移於分配。實發達之順序宜然。今我國而欲效之。是猶聞有道術者能絕食飛昇。而以未經修鍊之人。漫然欲辟穀而行空也其餒而躓焉必矣是故今日之中國必獎厲企業爲最要之政策而鐵路之自由商辦實爲貫徹此政策之一手段觀夫現行「國有制」之國前此莫不經過「民有制」之一時代則此中消息已可參知此就國民生計上言之我國民萬不能許政府行此政策者三也

（第四）就法律方面言　政府對於人民之「既得權」果有何種應守之義務乎是政府所最宜自省也夫人民之權利本待國家之賦予然後得之國家欲將何種權利賦予人民其何種權利則靳而不予此其全權本操自國家非人民所得而强爭也雖然國家一旦既將某權賦予於人民則雖以國家最高機關猶且不容侵犯蓋一「人格者」之權利他「人格者」有尊重之之義務權利之本質則然也然則據大清商律以設立之各鐵路公司政府果有以一紙命令取消其權利之權利乎此一問題也或曰國家既能以權利予人民亦自當能取其既予之權利而奪之苟國家非留保此權則統治權之本質何由得圓滿而「權利淵源在國家」之謂何矣應之曰變更人民權利之權誠屬於國家然國家當經由何機關以行使此權此言法治者所最當謹也凡一權利之變更也直接蒙其損失者不知幾何人焉間接蒙其損失者又不知幾何人焉故國家愼之凡規定一權利或變更一權利必以法律而法律也者不能由執行機關（卽政府）漫然發布之而已必經意思機關（卽國會）之決議然後成立凡以使人民安於法律狀態斯國家之秩序乃得而常保也今國家前此既許人民以辦鐵路之權矣鐵路公司既遵大清商律經大部許可而成立矣則各該鐵路公司自以一法人之資格與多數之「人格者」生出種種債權債務之關係今一旦消滅此法人資格則不徒該公司直接受損失也而凡與該公司有關係者皆受損失焉股東積其平昔勤勞儲蓄所得之資本以購得公司股票股票卽其財產也甚者卽

其生命也。而股東持此股票。常以買賣抵當之形式。復與他之人格者生種種關係。今一旦消滅此公司。而固以消滅此股票。則不徒各股東直接受損失也。而凡與諸股東有關係者皆受損失焉。法治國所以極尊重人民之既得權。而不肯輕易侵犯之變更之者。誠以其牽動太大。易滋民惑也。夫以吾黨所見。國有鐵路政策。就政治方面財政方面國民生計方面言之。皆弊餘於利。既若彼矣。今卽讓一步。謂國有策爲今日救時不二法門。然而行之固亦不容如此其孟浪矣。今國會雖未開。資政院固儼然在也。資政院有議決法律之權。明載於欽定章程第十三條。今政府所取消之鐵路公司。不下十所。其營業區域綿亘十餘省。其資本總額數千萬乃至萬萬以上。其股東人數百萬以上。其間接之權利義務關係者數百萬以上。似此而猶不以法律規定之。則何事始用著法律者。法律範圍內之事。而不付資政院決議。則又何事始用著資政院者。嗚呼。我民有以窺見政府之視資政院若無物。視法律若無物。視人民權利若無物矣。夫政府之意。豈不曰是區區者原不足以爲輕重也。殊不知人民所以樂有國家者。恃國家之能庇我耳。國家所以能庇我。恃其法律之神聖耳。至於法律不可信憑。人民對於其所有之既得權。常凜凜不自保。則上下相疑。儳然不可以終日矣。今以十數省百餘萬人之既得權。而可以一紙詔書。逕摧棄之。而副署之大臣。復不負責任。一切以諉諸君上。曾不許人民以商略訴願之餘地。惟疾聲厲色。以違制相脅嚇。吾民自今乃知凡前此國家所賦與我之權利。無一而得確實之保障。我生命財產。皆不知命在何時。政府但以一紙命令。可以攘奪無孑遺。則舉國將囂然喪其樂生之心。其悍者乃激而橫決。不知政府又何以待之。此就法律言之。我國民不能許政府行此政策者四也。

要之。政策無絕對之美。而行之惟存乎其人。試問今之政府成何政府者。而能容其虎皮蒙馬。竊取他國政策之名義以肆痡毒乎。夫就令此政策極適於今日之中國。而猶不能以實行之衙託諸現政府。況其間又實有大不適者乎。疇昔政府之爲惡也。猶知爲惡名所必歸。而略有畏憚。今也不然。內之有曲學阿世之新進小子爲之敷衍門面。外之復有不健全之輿論爲之後援。舉凡一切病國殃民之政。皆侈然號於衆曰。此各國現行之政策。吾采用之耳。其惡政之涉於全體者。則如假君主大權政治之名以自爲護符。肆逞淫威也。假中央集權之名。吸全國之膏髓以供少數人之咕嘬也。其惡政之涉於一部分者。則如假擴張軍備之名。多設局署位置私昵。竭澤而漁。不恤民力也。假中央銀行之名。爲當局者公然掛借侵蝕之機關。以陷國家於破產也。假利用外資之名。甘賣國家使爲生計上之隸屬國。而以快大小官吏一時之揮霍也。今之所謂國有鐵路政策。亦若是則已耳。彼無恥小人之阿附政府者。方且博引諸家之學說。臚舉各國之事實。盛氣而禦人以口給。其一部人民之持反對論者。或陳義未完。反抗無力。其多數人則乏辨別是非之常識。對於兩方而皆將信將疑。而消極的之助惡政府之凶燄。蓋近數年來國事之敗壞於此間者。又不知幾何也。豈必遠徵他事。即以兩月以來。驟增外債至二萬萬餘。陷中國於永刼不復之地位。則豈非民間不健全之利用外資論。實促其動機耶。敬告國中仁人君子。其亦稍稍愼爾出話。毋更敎猱升木。爲惡政府分過也。

飲冰室文集之二十六

中國前途之希望與國民責任

春寒索居。俯仰多感。三邊烽燧。一日數驚。日惟與吾友明水先生圍爐相對。慷慨論天下事。蒯心怵目。長喟累欷。輒達旦不能休。明水謂其言有足以風厲國人者。乃迻述之以爲此文。

著者識。

明水謂滄江曰。吾子平居以樂天无悶爲敎。謂國家興亡。繫於人事者什八九。中國非無可爲。在吾儕戮力爾。吾習與子游。講聞既熟。誠不敢猥自暴棄。雖然。一二年來。熟察天時人事。無往不令人心灰意盡。殆范蔚宗所謂中智以下。靡不審其崩離。吾子云云。毋亦姑作達語以自解。或牽其不忍人之心。知不可而爲之耳。滄江曰。不然。夫知不可而爲。惟聖如孔子者能之。吾鄙人也。學道無所得。豈足語於此。且天下惟極不達之人。始好作達語以自解。譬諸夜行畏鬼。强作狂歌。吾不爲也。使中國而信無可爲。吾惟蹈東海以死耳。決不忍更發一言治一事。吾之不忘吾國。以吾國有使吾不能忘者存也。今吾子憂中國之無可爲。固當有所見。其有以語我來。明水曰。俗論之言中國必亡者。非一端。非吾所悉敢從同也。請得舉其說之深中於人心者。附以吾之所憂疑。惟吾子辯析焉。滄江曰。諾。

明水曰。今列强耽耽謀我。我之所以自衞者。殆窮於術。此亡徵之最顯者也。滄江曰。斯固然也。雖然。國與國並立於大地。狡焉思啓。誰則蔑有。孟子曰。出則無敵國外患者國恆亡。外患非有國之公患也。且子不見乎普魯士之初建國乎。七年戰爭之役。五六強協而謀之。其險象視我今日何如者。不見乎百年前之法蘭西乎。大革命起。全歐伐罪之師壓四境。及拿破侖既敗。而列強會於維也納。各磨刀霍霍以向之。其險象視我今日又何如者。又不見未統一以前之意大利乎。以華離破碎之數十都市。分隸於數強國。不度德量力而思與抗。其險象視我又何如者。由此言之。外患非有國之公患。視國人所以因應之者何如耳。且以土耳其之孱。歐洲列強視爲投地之骨者垂五十年。至今巋然尚存。波斯之遇英俄也亦然。即彼新亡之朝鮮。自三四十年前。久已不國。然且擁虛號歷二君。直至去歲。然後君爲奴而社爲屋。夫亡一國若斯之難也。吾子亦能言其故乎。明水曰。土耳其波斯朝鮮。皆非以其爲能競爭之主體而自存也。實以其爲被競爭之客體而幸存。欲得之者衆。則其勢莫敢先動。而弱者乃反賴以暫即安。及乎強者不復以爲競爭之鵠。則弱者之命定。曷云乎不復以爲競爭之鵠。必其經一戰之後。而勝負有所決也。否則協商而宰割之也。夫苟日俄不戰。則朝鮮雖至今存可也。苟歐洲列強均勢破。則土耳其不旋踵而爲波蘭續也。滄江曰。如是如是。弱者不能自立。而但恃人之容我爲國。爲狀誠至可悲。而當其尚容我爲國之時。固不得不謂天之所以仁愛弱國。而予之以圖全之機會。使朝鮮人於十年前而急起直追。一反其所爲。猶可以不至有今日。而土耳其苟自今有人焉。整飭紀綱。增進文物。十年以後。雖躋於列強可耳。夫今日中國之地位。與三十年來之土耳其絕相類也。自今以往。彼與中國有關係之列強。或經一戰而勝負有所決耶。或捐棄猜貳。協商而宰割我耶。有一於此。吾亡必矣。雖然。此二者皆非易致。藉曰有之。其亦必在於十年之後。此十年中。吾雖復荊天棘地。要未必能以他力將世界地圖上之中國二字遽行削跡。質而言之。吾國人苟非發憤自亡。則他人殆無能亡我者。

明水曰。乃者俄兵壓蒙伊。英兵入片馬。法人乘之窺滇桂。旬日之間。三邊繹騷。而日本之在滿洲。久視我主權如無物。而吾子猶謂我國可以即安。毋乃太自欺矣。滄江曰。吾謂中國可以不亡云爾。非謂其不危也。危固亡之漸。然危與亡相去尚一間焉。今且取列强與中國之關係。而縱論之。彼俄日德法。皆懷抱侵略之野心者也。英美則雖不敢謂絕無此心。而比較的不如彼四國之烈者也。此國中一般人所能見及也。夫俄國在東方之勢力。則洵根深蒂固矣。然自日俄一戰。十年所營。燔其泰半。自今以往。終不能以大得志於滿洲。乃回馬首以向回疆及蒙古。今也窮日之力以築中亞之新鐵路。而集大軍以壓我境。蒙回二疆。俄人固取諸其懷。莫能與抗也。然謂其遽一舉而取我名義上之主權。而並奪之。恐未必爾。蓋並奪此名義。則其所以鎮撫住民者。轉多費力。反不如假我官吏爲傀儡。著著注入實力。待其機會全熟。乃一舉而穫其實。爲計尤得也。法之不競久矣。其民頗習於媮樂。雖有異志。然用兵於外。非其力所能遽及也。德人銳悍邁往之氣。不可一世。然方事事與英相持。苟欲有事於遠東。則利害尤與英衝突。非先交驩於英。或先取英之勢力而大挫之。則終不能以大得志。然此二者皆非旦夕間所能望也。英人固非必無利我土地之心也。然彼在我境內生計競爭上之地位。本已最占優勝。雖瓜分焉。未必有所增。而緣擾攘之故。反生損失。故英人常欲維持我國現狀。地位使之然也。美則生計上之既得權。亞於英。而政治上之勢力範圍。遠後於他國。故瓜分中國。於美國無毫毛之益。而有邱山之損。其不欲之。更無論也。若夫日本。席方興之運。而恆苦於地小不足以回旋。與我接境。而海陸軍皆居最優之勢。其狡焉思啓之心。固天下所共見。然謂其必以瓜分中國爲得計。正恐未然。非謂其有所愛於我也。蓋當實行瓜分之時。日本無論若何强悍。其所能得之地。圈總有限。日本今方汲汲焉務國民生計之發展於外。而其最大計畫。則以我全國爲之尾閭。十年以來。彼於生計競爭上。已著著占優勝之地位。後此益將有望。而實行瓜分之後。各國且將於其所占領之境界內。各行保護關稅。則日人商務侵略之範圍將大減殺。夫瓜分中國。則長江流域西江流域必非日本所能染指也。卽燕齊秦晉間亦非所能望也。所得者仍南滿與福建之一部而已。南滿久爲彼懷中之物。享其實何必尸其名。而以貪福建之一部而推十餘省之大利以予人。日人雖愚。不肯爲此也。夫今日我國爲條約所束縛。曾無自定關稅稅率之權。此實各國產業自由競爭之最好地盤。英美所以欲以全力維持現狀者。凡皆以此。日本位置雖與英美不同。獨於此點。則利害惟均者也。合以上各情實以論之。可得三斷案焉。（第一）各國雖耽耽涎我邊境。甚或舉我邊境之一部。攘爲彼領。然猶未能遽以施諸本部各地。（第二）在本部各地。雖各各務擴充其勢力。然名義上仍公認我主權。（第三）至於萬不得已。然後謀共同干涉。再萬不得已。然後謀共同瓜分。夫既曰不得已而謀干涉謀瓜分。則謂中國可以卽安焉固不得矣。然干涉之禍。必其在外債山積。不能履行償還義務。財政紊亂。達於極點。內亂蠭起。不能戡定之時。瓜分之禍。必其在列强經一次大戰爭。勝負有所決。國際關係與今迥異之後。然則此數年間。固尚有容我圖存之餘地。旣容我有圖存之餘地。卽容我有圖强之餘地。夫今日而始言圖存言圖强。則旣已遲矣。然猶有如孟子所云。有七年之病。求三年之艾。苟爲不蓄。終身不得。若我全國人悉橫一亡國不可復救之觀念於胸中。此如有病者。於此其親族競以爲不治也。委而去之。病者亦自以爲不治也。益日夜思所以自戕。此其必至於死固矣。然非死於病。死於誤認其病耳。吾所惡夫中國必亡論者。凡以此也。

明水曰。今國中財政現狀。岌岌不可以終日。今年預算不足者七千餘萬兩。而各省之虧缺實不止此數。此後歲出益有增無減。而歲入增加絕無幾望。司計之臣。瞢然不知財政爲何物。躑躅冥行。趨死若騖。吾子固常言矣。謂率此不變。則政府破產之禍。卽在目前。就令無列强干涉。而卽此一端。已足亡中國而有餘。子云無畏。徒自壯耳。滄江曰。茲事吾久已憂之。成痼若云不治之證。則猶未也。考今世號稱强國者。無一不經過此絕險之關。彼日本維新伊始。政權甫自幕府以移於王室。列藩擁土自重。而中央政府無一銖之入。仰給於貢獻而已。及廢藩置縣。而政府承各藩濫發之紙幣。不得不爲代償。且撤藩士之世祿。須別有以給之以贍其生。所費蓋十餘萬萬焉。未幾復遘內亂。竭帑藏以事征討。不足則稱貸而益之。蓋當明治十三四年間。日本之財政。惟恃不換紙幣以爲彌縫。稍有識者。未嘗不爲之寒心也。其他美國當南北戰爭前後。俄國當槐脫氏任度支大臣前後。財政之紊亂。皆不可紀極。而數年之間。轉危爲安。其最甚者。如法國當路易第十五第十六之時代。以財政積弊太深。卒釀大革命之禍。然波旁王朝雖緣是顚覆。而法蘭西國固無恙也。其後有豪傑振之。終不失爲富强。準此以談。則乏財抑非有國之公患也。今各國通行稅目。爲我國所未經采用者甚多。國中一部分人。其負擔租稅之力。雖至竭蹶。而他部分人。其負擔力有餘裕者固自不乏。故今日財政。雖似棼不可理。然按諸實際。其整頓乃甚易易。以吾觀之。則其視日本明治十三四年間之險象。我尚不逮彼什一也。病在不得人而理之耳。

明水曰。財政規畫。必以國民生計爲之源泉。而我國民生計之危機。吾子既言之有餘痛。更閱數年。全國破產。殆將不免。吾四萬萬子姓。且成枯腊以死。及其時。雖欲救之。亦安可得。滄江曰。此其病根誠至深遠。且至可怖。然猶是緩症。非急症也。譬諸肺癆。固足以致人於死。然及其病之未深。固尙可治。夫今世歐美諸國。咸苦資本過饒。生產過溢。而以我爲之尾閭。於是產業革命之餘波。氾濫以及於我。我所爲日卽於貧者。豈不以此耶。然此現象是否可以永陷我於九淵。則當視我國民所固有之生計能力何如。使我民而果爲生計能力劣等之民也。則自今以往。我將成爲生計上之隸屬國。行亦必夷爲政治上之隸屬國。而不然者。則一時之風潮。雖甚足畏。亦視其所以禦之者何如耳。且吾子盍一縱論我國民生計能力果何如者。明水曰。疇昔閉關。未與外遇。固未由與人比其劣優。及至於今。則吾之慚德。寧復可掩。他勿具論。卽如國產中號稱最大宗之品。若絲茶糖蠶豆等。內之從未聞能聯合以改良其生產。坐視外國產品之見壓。外之從未聞能直接以自致之於各國市場。惟仰外商爲我稗販。而俯首以乞其餘瀝。又今世之新式企業若股份有限公司等。其制度之輸入我國。亦旣有年。而至今不解所以運用之之道。每試則什九失敗。又以舉國之大。曾不能自設一有力之金融機關。而令各國銀行得制我死命。凡此之類。皆吾國人生計能力薄弱之表徵矣。滄江曰。吾子所言。誠國人所宜日三復而深自省也。然遽以是斷定我能力之必後於人。吾猶未敢遽謂然也。大抵生計現象之與政治現象。常如輔車相依而不可離。就中若股份有限公司。更非在完全法治國之下。末由發達。夫在今世而欲與列國競勝於生計界。必以大資本之股份有限公司爲之中堅。而我國現在政治實與股份有限公司之組織不能相容。故國民生計能力爲政治現象所壓抑而不克抽萌以出。謂其本不若人。不亦誣乎。且如英國與歐洲大陸諸國。其族姓譜系至相密邇也。而英人生計能力其發榮乃先於他國數百年。無他。英之政治早已修明。而大陸乃方在擾攘中耳。夫今之美人。猶昔之美人也。而南北戰爭後其生計現象何以突變焉。今之德人。猶昔之德人也。而聯邦成立後其生計現象何以突變焉。今之日人。猶昔之日人也。而兩次戰勝後其生計現象何以突變焉。豈非其生計上之本能。疇昔固有所遏耶。夫世界中諸民族。其以生計能力缺乏爲病者。則有之矣。古昔之埃及人。小亞細亞人。阿剌伯人。皆其最缺乏者也。希臘人。羅馬人。雖稍優於彼輩。然缺點猶多者也。其在並世。則朝鮮人土耳其人波斯人及印度人中之一大部分其最缺乏者也。我國中之西藏人、蒙古人亦其類也。在列强中則法蘭西人、意大利人及其他之拉丁民族人亦終不能於生計界占優勝者也。俄羅斯人則今尚幼稚，爲劣爲優，未能具斷者也。若我中國人乎，吾以爲其生計能力之受之自天者，決當在日本人之上，即以校英人、美人、德人，亦當無大遜。蓋生計能力之爲物，大約以三要件結合而成，曰勤勞，曰貯蓄，曰冒險企業，而我國民之具足此三德，實環球之人所共稱歎也。今所以未能淬厲光晶者，不過惡政治爲之障，苟政治現象一變，則我國生計上之勢力，不十年而震懾羣雄可也。

明水曰：舉凡吾子所言，皆以有良政治爲前提，若現在之政府則何望者？就令現政府悉行辭職，繼起者亦一邱之貉，果有何道以得良政府者？今即將並世各文明國政府組織之形式全然移植於我國，而能否運用，存乎其人。用何人以任政府，權自操諸君上，又何術能使之以必得良政府爲期者？此問題不解決，則子之論據破壞而無復餘矣。滄江曰：誠哉然也。國家之命託於政府，政府失職，雖有極隆盛之國家，可以不十稔而瀕於亡，況其在我國之今日乎？雖然，政府者何？亦人民心理所構成已耳。雖有極悍暴之政府，苟非得多數人民承認而擁護之，則決不能以一朝居。且夫政府也者，立於最易爲惡之地者也，苟人民不爲之立監置史以嚴督乎其後，則固宜惡者什九而良者不得一。子盍亦一繙各國前史，視其人受惡政府之荼毒爲何如，而其所以自拔又何如者。彼英國固立憲政體之祖國也，其國會乃自建國以來蜕變發達，由來舊矣。然前此惡政府之禍，史不絶書。其最甚者如占士第一之時，嬖人卜磴函公爵擅政十餘年，外交失敗，財政紊亂，吏治蕪曠，賄賂公行。當時英人爲之語曰：『誰歟宰制英國者？曰我王。誰歟宰制我王者？曰卜磴函。誰歟宰制卜磴函者？曰魔鬼。』觀於此則其流禍之博可想見矣。卜氏之敗德失政不能盡述，稍讀西史者當能知之。若無暇讀史，則中國今日之政府即其絶好之一幅複寫帖也。占士既淫湎無度，大失民望，及崩而其子查理士第一繼之。查理士仁而寡斷。權益移於卜氏。卜氏特寵而驕。一切不任責。而王反進而爲之受過。國會幾度彈劾。留中不省。反命停會而慰留卜氏。吾子試思此種情實與何國何時代之現象酷相肖者。卜氏炙手可熱之勢。積十餘年。自謂與天地長久。問其收局則伏尸二人。流血五步。萬事了耳。卜氏既斃。代之者爲辟謨。怙惡不悛。謂民實狂悖。法當威壓。遂乃誅戮無藝。又竭其力以從事聚斂。惡稅惡幣。接武繁起。民不聊生。終受國會十三度之彈劾。王不能庇。乃付法院而處以極刑。由此言之。以憲政發達最健全之英國。而其曾受創於惡政府也固若彼。由今日觀之。當卜氏辟氏柄政二十年間。英民蓋呼籲無所。智勇俱困。且法西交侵。去亡一髮。幸英人以百折不磨之氣相淬厲。卒能蕩此羣魔。復見光晶。以有今日耳。使其時英人相率灰心絕望。委心任運。則今世界上早無復有英國焉。未可知也。英猶如此。他更可知。彼法俄奧日諸國。豈嘗有一焉不經惡政府之荼毒銷鑠。訶諸史乘。歷歷可稽。吾無爲更累舉以塵聽矣。要之政治上有一大原則焉。曰。凡政府能爲惡者。則國民許其爲惡而已。其象如律之所謂和姦。惡政府則狡童。而許政府爲惡者則游女也。故夫陷中國於今日之地位者。其罪固在政府。然使政府得陷中國於今日之地位者。其罪又在國民。吾與子推論中國前途希望。顧不言政府責任而言國民責任者。凡以此也。

明水曰。吾子言及此。則幾於圖窮而匕首見矣。且吾子不云乎。政府者人民心理之所構成也。今吾國曷爲而構成此種政府。則吾國民心理之居何等。抑可見矣。譬諸沙漠之磧。末由產嘉蔭。糞土之牆。不堪施藻繪。吾所以竊竊憂中國之亡者。凡以此也。滄江怫然作色曰。如吾子言。得毋謂我中國人實天賦之以亡國民之劣根性乎。其侮我國民不亦甚乎。明水曰。非敢云然也。顧事實所在。又豈能徒以我慢貢高之辭自揜。且子不見乎希臘之將亡也曷嘗無德謨士的尼其人者羅馬之將亡也曷嘗無希西羅其人者彼皆熟察時局洞矚幾先日曉音瘏口以諫說其民淚盡繼之以血然終已無救於亡何則當一國風俗頹壞人心腐敗之既極全社會爲鬼脈所中暮氣所掩雖有聖醫不得而起之也吾子之樂天主義其奈之何滄江曰子問及此所以起予者多矣此非由歷史上觀察我國民根性備說其正軌變軌而以之與今世强國與夫衰亡之國相比較則無以下正確之決論而定我儕之所當從事也倘不厭其長願聞之乎明水曰諾吾願聞之吾且信我國民凡有血氣者舉願聞之滄江曰凡人之受性恆各有其所長與其所短大人者能自知其所長而善用之發揚之淬厲光晶之而能自知其所短而矯變不吝也其難矯變者則深思其所由來而治之於本此爲大人而已矣夫國民性則亦猶夫一人之性焉爾凡一民族之性終不能有長而無短而長短之數有絕對的恆久不變者有相對的與時推移者而其所短有積之甚久而難治者有爲一時之現象而易治者今欲語中國前途之希望亦惟使國民自知其所長所短且使知所以善用其所長矯變其所短而已

明水曰請語吾國民之所長滄江曰我國民能以一族數萬萬人團結爲一箇之政治團體（卽國家）巍然立於世界上者數千年此現象在我固習焉不察未或以爲奇然徵諸外國史乘實欲求倫比而不可得此非有根基深厚之國民特性不能倖致也蓋民族之建設一國家爲事本極不易有自始不能建設者有建設僅至半途而遂不克完成者有雖完成而甚脆薄一摧卽壞者彼劣等之民族不必論矣至如希伯來希臘羅馬日耳曼之四族世界史上最有赫赫之名者也然而希伯來人僅長於宗教自始不能爲政治上之結合希臘人閱數百年蹐跼於市府政治之範圍始終不能建設所謂大希臘國者以底於亡羅馬人能建國矣而闢土既廣則尾大不

掉帝政既立旋分爲四分合相尋卒界爲二蠻族侵入失其所以自守遽見宰割彼日耳曼人者今歐西諸國之過半皆其所自出也以族屬言之則英法德奧若我之秦晉齊楚耳而中世千數百年間屢思組織所謂神聖帝國者迄莫能就卒乃諸部分化異性日著至最近三四百年間然後完全具體之國家出焉就中若德意志若意大利尤爲晚熟蓋不知經多少仁人志士之血淚而始得以一國之名義立於天地也斯何故歟蓋國家也者以人民爲分子而組織以成者也按諸物理凡合多數分子以成爲一體者必其各分子之性質略相等式樣略相等容積略相等然後可以結合而黏聚而不然者雖强糅之而決不能成即成矣而決不能固聚民爲國何獨不然是故爲國家成立之障者多端宗教之齟齬也語言文字之睽違也都鄙部落感情之閡隔也階級之軋轢也有一於此則其國中分子必不能保適宜之密度動則睽離而國家常杌隉不安堵今世歐美諸國蓋竭千數百年之力以求養成此渾融統一之國民性者直至最近一二百年間其效始覩而其功在半途之國猶且有之（若奧大利則其國民性之基礎至今尚極薄弱者也若俄羅斯則國民性大體雖具而未能十分渾融者也）蓋茲事若斯之難也而我國乃有天幸藉先民之靈相洽以爲一體東漸於海西被於流沙朔南暨宗教同言語文字同禮俗同無地方部落之相殘無門第階級之互鬩並世諸國中其國民性之成熟具足未或能我先也夫我國民性是否適於今日之時勢而足以優勝於物競之林此固當別論雖然國民性之良否則國家榮悴之問題也國民性之有無則國家成壞之問題也惟其有之乃可以釋回增美以使即於良若其無焉則早已如果蠃之與螟蛉謂他人父不有其躬矣而更何良否之可云夫我之有此渾融統一完全具足之國民性此即其國家所恃以與天地長久也社會學大家埸特氏有言『凡滅國者滅其國民性而已』大抵絕無國民性之部落滅之最易如歐人之在美非澳三洲芟夷其土人而植民於其

地是也。國民性未成熟之國。滅之尚易。如俄普奧之分波蘭。其一例也。國民性已成熟之國。苟其壤褊人稀者。猶或可積歲月以滅之。然仍視其國民性之良否以爲難易之差。其誠良者終古莫能滅也。那威之於瑞典。匈牙利之於奧大利是其例也。愛爾蘭之於英吉利。亦幾其例也。若夫以具足之國民性而擁有泱泱大邦者。則苟非其國民自棄擲此國民性喪失無餘。則斷無他國能滅之。古代之羅馬。是其例也。夫他國欲滅我國。則談何易易乎。昔印度面積人口皆略亞於我者也。而英能滅之。或且持是以例我。雖然我則豈與印度伍者。夫印度乃地名耳。非國名也。試問自有史以來曾見有所謂印度國者現於大地否耶。就中惟有號稱蒙古帝國者曾建設於斯土。然蒙古人之自身本已非能建國之民族。又烏能假其力以結印度爲一國。今之印度猶有溝絕不通之種族三十餘。言語百二十種。部落酋長亦數十。蓋印度自始無統一之樞軸。自始無國民性也。援彼例我。抑何自暴棄一至此極耶。不然彼英人當東印度公司全盛時。僅以義勇隊二千餘人戡定全印。（此英人也至其所練印人爲兵使之自戕者不在此數）方挾其餘威。以割我香港索五口通商。豈其有所愛於我而不欲以待印度者待我。然而不爲者。知其業之不可企。則知難而退也。今如俗論所言謂中國必亡。夫亡國云者。則必其見亡於他國之謂。若易姓鼎革。不足以云亡也。試問我中國人非僵臥以求人之來亡我。則誰敢亡我者。又誰能亡我者。夫使世界上僅有一國。能現出一種不可思議之力以鯨吞我盡消滅我國民性使合於彼。不聽則盡薙獮之無孑遺。則中國亡矣。然茲事顧今日所可得覩耶。欲亡我者必其出於五六國之瓜分。而我堅强之國民性。經二千年之磨練早已成爲不可分之一體。終不能裂爲五六。而各各與他國之國民性相糅合。更不能如彼本無國民性之族。徒以部落生涯自安。雖强瓜分。只一時耳。楚雖三戶。亡秦必楚。但使國民性一日不絕滅。終不能以此四萬萬人分隸於數國之下明矣。夫以臺灣之內附。僅二百餘年耳。腹地之民。渡海以殖者。數且甚稀。其受此國民性之感化。至微薄也。而割隸日版。亦垂廿年。日人汲汲思所以同化之者。無所不用其極。而至今其男女曾無一肯與日人雜婚者。避地內渡。歲不絕。其豪儁日夜禱祀故國之一振。而思有所歸也。臺灣且然。況乃中原。是故我之具此渾融統一之國民性。即我國家億萬年不亡之劵。吾儕所爲怙恃之而能自壯者也。

明水曰。得吾子之說。使人神氣一王。雖然。國民性終非可以僅有之而自足也。固當求其良焉而適於自存。吾國民性果足稱爲良國民性與否。是吾所急欲聞也。滄江曰。吾國民性之不良焉者固多。其良焉者抑亦不少。吾將先語其良者。（第一）四民平等之理想。爲我國民數千年來所信仰而成爲習俗。此建國要素之最可貴者也。夫所謂完全之國家者。惟國家有統治權。而凡立於此統治權之下者。其公權私權一切平等。夫然後可以使人人各盡其才。而無或偏枯萎悴。以減殺國家分子一部分發榮之力。又不至國中分子常相軋轢。以消耗其元氣。故各國之大政治家大政治學者。咸斤斤以此爲務。而過去世界之政治史。其什之八九。則此理想之進化史而已矣。歐洲諸國。累革命以革命。直至最近百餘年間。然後此理想得現於實。而印度埃及波斯朝鮮等國。皆以不具此理想而即於衰亡者也。而我國則二千餘年間。此理想日漸發達。從未聞能以一階級壟斷政權。布衣卿相。習以爲常。馬醫之子。負販之夫。但有才賢。皆能自拔以立於社會上最高之位置。雖非無爵秩之名號。然未嘗有特權與之相麗。（今世各君主國皆有爵稱。但使不附以特權。固與平等之理想不相妨也。）高官顯宦。一歸鄉井。則與齊民齒。今世法學之大義。所謂「在法律之下人人平等」者。我國當之矣。（其中如皇族有特別法等。此亦凡今世君主國所不能免。其範圍甚狹。不足爲病也。況各國之特別法。猶不止此數。如軍人僧侶等。皆有之。豈足爲法律上人人平等之疵累耶。）而此種善美之理想所以得現於實者。實我國民固有此善美之性使然也。明水曰。斯固然矣。

然吾竊疑我國運所以凝滯不進者，亦未嘗不緣此等事實以爲之梗。徵諸外史，緣彼階級相閱，而國中各部分之人皆得淬厲以增其能力，而彼特別優異之階級，恆有所憑藉以厚其所養，偉大人物，往往出其間，於以作全社會之中堅。國實賴之，若英德日本，其最顯之例證也。今我國得毋亦以久習於平等之故，無競而失其中堅，以致有今日之罷敝矣乎。滄江曰：吾子所言，則可謂深入而燭微也矣。大抵天下事利害常相參，禍福常相倚，英德日本之有今日，固不得不謂爲食階級相閱之賜，卽其現今爲國之楨者，亦多出自特別階級，洵如吾子所云云。雖然，若謂苟非經其現象，則國家無從發榮，吾有以知其必不然矣。彼美國者，則自四百年前初殖民時代以迄今日，始終未嘗有所謂特別階級存也。其安富尊榮，又何以稱焉。要之階級制度之爲物，弊恆餘於利，其無之實國家之福。我國民二千年來養成此四民平等之良習，實爲今後之政治家省卻無數難關，無可疑也。

（復次）我國民自營自助之精神，又國民性中之最可貴者也。我國之施政，向以不擾民爲訓，耕食鑿飲，宴然與帝力相忘，是卽我國歷史上最太平時代之現象也。是故政府常取放任主義，於人民日用飲食養生送死之道，未嘗一加干涉；人民亦知政府之不能爲我怙恃也，不得不斷絕倚賴之心，而自爲謀。就中如教育事業，二千年來之政府，未嘗聞有所謂教育方針也，而民間講學之風乃大盛，我國教育史之全部，則私立教育之發達而已。又如生計政策，除農政間有設施外，一切聽民之所自爲，我國民生計之向榮，自始未嘗一經政府之助長也。其他凡百，大率類是。故並世各國，除英美外，其自營自助之精神，未有如我國民之盛者也。明水曰：斯固可貴。然稽諸外史，各國皆以經一度政府干涉之結果，能整齊嚴肅其民，使成健全之分子。我國徒以放任爲治，此乃所以今日受其敝也。滄江曰：放任與干涉之孰爲得策，本爲政治論上之最大問題，學者各是其所是，至今未決。大抵在今日共同事業之範圍日趨擴張。政府晝諸坐嘯。不足爲治。固無待言。吾民以不得政府之助長。其於各方面之能力多不能完全發達。此亦無足爲諱者。然謂自營自助之非美德。是固不可。而此美德則我固有之矣。

（復次）我國民常能以自力同化他族。而未或見同化於他族。此眞泱泱乎大國之風也。蝎特氏之言又曰『有滅人國而反被滅於人國者。蓋國民性薄弱之族。雖一時偶產一二豪傑。揮其武力以滅彼文明之國。然不旋踵則入而與之俱化。反將其固有之特性消滅無餘。則滅人而反見滅於人矣』蝎氏論亡國以國民性消滅爲定義。若此者。求諸史乘。不乏其例。若馬基頓人之滅波斯滅埃及滅希臘。突厥人之滅東羅馬。蒙古人之滅歐亞諸國。其最著矣。我國數千年來之歷史。其蹂躪於外族者。屢見不一見。然皆不旋踵而同化於我。且以西國史家所考據。則當春秋戰國間。希伯來人入居於我山陝之地不少。唐之中葉。波斯人大食人入居於我廣東浙江間者尤多。然一二百年後。輒已渾化於我。無復痕跡可尋。卽以今澳門之葡萄牙人論。其失其本性以從我者。蓋不知凡幾也。而我民之旅食於海外者。其國民性終古恆在。無所變壞。其強立不倚。在世界諸民族中。蓋罕有倫比也。自頃以來。德國人移住於海外者。歲恆數十萬。而所至輒盡棄其國語國俗。以同化於人。德皇大憂之。常引英人之不肯舍己從人以爲申儆。而史家論羅馬衰亡之由。亦多謂其征服希臘以後。上下相率摹仿。化爲希臘風。又自征服東方諸國。繼襲其驕侈虛榮之惡習。以致羅馬固有之國風蕩然掃地。遂卽於亡。蓋國民失其所以自守。實國家之隱憂也。若我國民則其或知免矣。

明水曰。吾子以此爲吾國民之所長。吾以爲我國家所以不振者。乃正坐是。蓋舍己從人。取人爲善。此私人進德之良箴也。國家亦何莫不然。泰西之文明。常由各國彼此接觸。互相仿效。錯綜化合而成。山不讓塵。川不辭盈。斯乃所以爲大也。故世之論者。往往非笑日本。謂其中無所有。惟事模仿。吾獨不謂然。日本之善於模仿。正所以使其國家常能與外界相順應而立於不敝也。我國之絕不肯同化於人。正乃所以凝滯不進。劣敗而見淘汰也。滄江曰。吾子所陳之義則博矣。國人所宜以作韋弦之佩也。雖然。以吾觀之。則我國民自保守其文明之力誠甚强。抑其吸收他種文明之力蓋亦非弱。三代以前之文明。其曾否有所受於他社會。第弗深考。秦漢以後。其與吾接觸之諸族。實無文明可以餉我。我之不能有所受。宜也。二千年間。他社會之可爲我師資者。惟印度之宗教。而我國人之於佛教。則眞能受而又能化者也。蓋自隋唐前。印度大乘教大昌。未幾遂熄。而獨傳於我國。而其條枝暢茂。乃大逾於本根。諸宗並起。聲光爛然。蓋佛教既入中國。則自成爲中國之佛教。欲求其例。則如英人德人之受景教於羅馬也。其後宋明諸賢。復能去取其義。將中國固有之學術。別開新生面。由此觀之。則我國民於他社會之文明。非徒吸受也。且能咀嚼融化之。而順應於我國民性。以別有所建設。此則非惟日本人所不能企。即在歐洲諸國。亦所罕覯耳。非偉大國民。安克有此。明水曰。前事固然矣。然自歐美文明輸入以來。乃絲毫不能吸受。即强爲效顰。亦若鯁於喉。而不能化。則又何說。滄江曰。此皆由政府非人。有以扼之。非吾民本性然也。茲事吾將與子別有所論。且今後之中國。能否吸化泰西之文明。而自有所建設。亦視吾儕所以任之者何如耳。吾儕不自勉。而猥以謗國民乎。

明水曰。子既言國民之所長矣。願聞其所短。滄江曰。請吾子言之。而吾乃衡其當否。且論其可救治焉否也。明水曰。諾。

明水曰。西人之訾我也。謂我國之學問。徒拘文牽義。支離破碎。或談空說有。馳於空想。而所謂科學觀念者。始終不能發達。博士埃彌爾來黑曰『支那人雖解磁針人祕密。而航海術不聞進步。雖能知某星象之定期再現。而始終以極幼稚之天文學自廿千年前已解三角法。且知用水準器。而製造工業上絕無發明。此其智能劣下不逮歐美人種之明徵也。』滄江案博士匈牙利人其說是所著國民功業論以一九〇四年出版 此論吾雖未敢盡從同然聞之竊內愧且滋懼焉。子其有以釋之。滄江曰詩有之他山之石可以爲錯。博士之言眞吾石也。其所以警策我國民者至矣。雖然遽以此爲吾種人智能劣下之徵。則吾未之敢承。今者歐西諸國其實用科學之昌明。洵前無古人矣。然不過近二三百年事耳。當前明中葉以前。今之所謂文明國者。其人舍戰鬬祈禱二事外。殆一無所知。厥後乃有所謂煩瑣哲學者。與其支離破碎穿鑿附會。視我乾嘉間之漢學抑更甚焉。其時回教國民於數學幾何學物理學化學機械學等皆有專家。立於學官。歐人覩之舌撟而不能下。使當時回人遝作武斷。謂日耳曼種人科學觀念缺乏。斯足爲實論矣乎。吾恐今日歐人所以誚我者亦若是已耳。況來黑氏所言固多有不衷於事實者。法人黎柱荷芬所著支那交通史云『西曆第一世紀之後半。西亞細亞海舶始至交趾。凡二百年間繼續航行。按此時代西人東漸以後則我西征也羅馬帝安敦來通使即在此期中 至第三世紀中葉。支那商船漸次西向。由廣州達檳榔嶼。至第四世紀漸達錫蘭。第五世紀更由希拉以達亞丁。終乃在波斯及米梭畢達美亞等地。獨占商權。至第七世紀末。而阿剌伯人始與之代興。』按黎氏自言據第八世紀時亞刺伯人大旅行記其言當可信 由此言之。謂我國人不解航海術得乎。蓋我國海運力當千餘年前已直偪歐境。惜也有蘇彝士地峽閡其間耳。否則吾旣以全歐爲市場矣。其後雖中衰。而至明時。鄭和復以修四十四丈廣十八丈之樓船六十二艘。前後七次徧歷南洋羣島。最後乃由滿剌加海峽。今稱麻六甲 經濱角灣。暹羅京城 至錫蘭。沿印度半島之西岸入波斯灣。更道阿剌伯海。至亞丁灣。瀛涯勝覽作亞丹灣 溯紅海抵炅達。復從非洲東岸卽今亞比西尼亞之沿海。航摩森比克海峽。以至馬達加斯加島邊。此其距好望角咫尺耳。（吾前著鄭和傳記此頗詳見新民叢報）而葡人維哥達嘉馬繞好望角抵印度。歐人詫爲振古偉業者。乃在鄭和通航後七十餘年。由此觀之。則我國人於航海術果何如者。夫艱鉅之業。往往非私人獨力所克舉。而常賴國家爲之後援。非有班后伊沙比拉。則哥侖布安見能通美洲。非有葡王約翰第一。則維哥達嘉馬安見能通印度。而我先民乃以自營自助之力。通歐人亙古未通之海道。彼我相校。何慚德之有焉。逮明中葉以降。政府設海禁。犯者處極刑。則茲業中絕。固其所耳。吾非欲炫陳史料以擾淸聽。不過聊舉反對之證據。以正來黑氏所譏之謬。其他則固可類推也。抑科學之爲物也。非賡續研究。不能大成。試一繙泰西科學發達史。何一非前人幾經失敗。而後人乃收其成者。彼近世歐人之於科學。所以能繼長增高。良由其政府常干涉獎厲之。有國立大學以集中研究。而我國緣放任政治之結果。教育事業。悉委諸私人。是故科學上雖時有發明。或則以未能自信。或則以自祕絕技。不獲傳與其人。於是其緒遂絕。由此言之。則我國科學之衰息。強半由政治使然。非吾民智能本不若人也。且卽如來氏言。謂歐人所以強。全由科學觀念之優越。而絕非他種人所能望。吾舉我國前事。或不足以折之。則盍取證於日本。日本人當三十年前。曷嘗知科學之爲何物者。以云吾國人此種觀念缺乏。則其缺乏之程度。至極亦不過與日本等耳。而日本不聞以此得亡。吾何懼焉。

明水曰。史家皆以尙武精神爲立國元氣。而吾國人則此種精神最爲缺乏。吾深懼吾國之遂終不競也。滄江曰。斯言吾蓋熟聞之。且日本人尤好以此誚我。我在今日。殆若無以間執其口。然謂我國民性本來如此。且將來永當如此。此決非篤論也。大抵列國並立之世。其人多好武。大一統之世。其人多右文。徵諸羅馬史。其最可見者也。我國古代尙武之風本甚盛。春秋戰國間。遺蹟可考者甚多。（吾昔嘗著中國之武士道略舉其證）洎秦漢以降。海內爲一。環立皆小蠻夷。在我原不以齒諸玉帛干戈之列。其不能淬厲於武。勢使然也。夫以一族之子姓同處一國中。而因一二梟雄攘奪神器之故。糜爛而戰之。又或以一二霸主。興無名之師。徼幸邊功以爲己榮。民之不願爲之致死。固其所耳。故詩人發爲勞歌。史家引爲深戒。濡染漸劘。其銷鑠國民邁往之氣者。雖不少。雖然。其根器之受自先民者。終不失墜。有所觸而輒見也。近世史實如鄭成功以一旅之師而攘荷蘭闢臺灣。鄭昭率鄉人子弟絕無憑藉以王暹羅。皆奇績之最可誦者。至如最近對外之歷史。雖言之羞憤。然如廣州三元里之役。大東溝海戰之役。團匪時大沽之役及聶軍。縱以失敗終。而猶使敵人贊歎至今。敵蓋知我雖易侮而有時未盡可侮也。故其狡焉之心亦不得不稍戢。且夫尙武精神之爲物也。非言夫其人之能豕突虓作。愍不畏死而已。所貴者乃在其重名譽。尊責任。厲氣節。而急公家之難。此種精神之有無。乃國民強弱之表徵。今我國民於此種精神。萎悴誠甚矣。然吾固信其根器之本極深厚。而磨礱而光晶之固甚易易。吾徵之曾胡羅李諸賢之治湘軍而可知也。二三君子不忍於生民之禍。思欲手援天下。寖假而子弟化之。而閭黨化之。而聞其風者化之。其倡焉者非有他。急君父之難焉耳。其和焉者有非他。急師友之難焉耳。然而流汗相屬。唯恐居後。觸白刃冒流矢。議不反顧。計不旋踵。人懷怒心。如報私讎。彼日本人所豔稱之武士道。豈有加於是耶。夫茲事豈其久遠。今之君子。尙所及見也。今特患無曾羅其人耳。而何民俗不武之足爲患者。抑曾羅亦豈有天賦絕特之才。予人以不可幾。及今之君子。莫或肯以曾羅自居。則曾羅之緒。遂久絕於天壤也。

明水曰。外人動誚我爲無愛國心。吾每聞之。未嘗不怒其無禮。然無奈事實固有不可揜者。夫國中賢士大夫眞能先國家之急而後其私者。豈曰無人。然而終無道以蒸爲風氣。碩果一木。何補時艱。比年以來。侁侁學子。固常有慷慨悲歌之容。往往不移時而改其度。以故愛國一語。漸變作口頭禪。而爲君子之所厭聞。吾子亦能言其故乎。且茲病吾竊未知可藥焉否也。滄江曰。吾國民之愛國心。以視今世諸方興國。信病其薄。無足爲諱。此其中有一大原因焉。則國家觀念之不明瞭是已。姚江王子之教曰。未有知而不行者也。若其不行。只是未知。吾生平最服膺斯言。蓋不知而責以行。未有能焉者也。國家之爲何物。雖若盡人所能喩。然古今中外之國民。眞知灼見者實鮮。歐人常指國家爲近世史新產之現象。良不誣也。蓋社會現象。級數非一。而國家實位乎其中間。欲明國家之觀念。則不及焉固不可也。過焉亦不可也。其不及焉者。則其眼光所及。在彼位於國家以下之一級。知有家族部落市府。而不知有國家。其過焉者。則其眼光所及。在彼位於國家以上之一級。知有天下。而不知有國家。是故國家主義也者。內之則與地方主義不相容。外之則與世界主義不相容者也。而我國人愛國心之久不發達。則世界主義爲之梗也。吉朋者。英國之良史也。所著羅馬興亡史。歐洲有井水飲處。匪不誦之。其言曰。『羅馬自征服意大利以後。其人民無復愛國心。（滄江案前此羅馬人亦僅有愛市府心耳不足云愛國心蓋未成其爲國也）彼非不愛羅馬。然所愛者羅馬之文化。非愛羅馬人。非愛羅馬國也。其人常以保存增長其文化爲己任。以擴張其文化施於世界爲己任。無論何族之人。有能完此責任者。則羅馬人奉權力以予之不稍吝。故羅馬歷代帝王。起於異族者居其半。』此其言不啻爲我言之也。吾國先聖之教。言齊家治國平天下。以平天下爲學治之終鵠焉。故曰天下之本在國。國之本在家。於天下之中而別私其國。非先聖之所貴也。然則其所謂平天下者何耶。以吉朋氏之言言之。則將我先民之文化施於世界是已。夫在前古。海外大九州溝絕不通。所謂世界者。則禹域而已。（當時羅馬人亦以其交通所及之地謂世界盡於此正與我同）而此偉大之世界主義。非久遂現於實。疇昔所謂國者。盡溶解於此世界主義中（卽天下）而無復存。如是者二千年以迄於今。夫國家也者。對待之名辭也。標一現象而名之曰某國。是必對於他國。然後可得見。猶對人而始見有我也。既已舉天下僅有一國。則復何國之可言。而更復何愛國之可言。秦漢以降。吾先民所知之世界。則僅有一國而已。故先民不名之以國而名之以天下。其蠻族小部落。本不成其爲國。我固不以國視之。即彼未嘗以國自居。等是羣居於天下間之一人類。特文化有淺深耳。坐是之故。我國自昔未嘗以愛國大義爲倫理一要素。非有國而不愛。不名爲國。故無所用其愛也。我國哲人。常懸一平天下之大理想於心目中。而謂使此理想現於實際者。則帝王之職也。是故帝王之位。非一姓一族所可得私。惟有德而克舉此職者宜居之。周公營洛邑而曰有德易以興無德易以亡最足以代表此思想蓋我國先民其於無德之族則臣民無忠事之義務也夫此種理想。極難實現。誠不俟論。雖然。不謂之爲一種高尚純潔之思想焉。不可得也。外人徒見乎我國之屢被他族侵入。而恬然奉以爲君。則以是爲卑屈受諸天性。豈知數千年來我先民之所信者。以謂普天之下。莫非王土。率土之濱。莫非王臣。夫如是。則其視金源斡難。與豐沛鳳潁。亦何所擇。等是以天下之人治天下之事而已。既無他國相對峙。則固當如是。而後生小子。不審歷古所處之境遇。雷同他人之說。而以背親亡恥謗其先人。不亦誣乎。若夫自愛其文化。則我民之忠誠。蓋更甚於羅馬。他族之入而君我者。苟能盡舍其所有而從我。我固安之。而不然者。則非排而去之不休也。五胡之與元魏。較蒙古之與本朝。較其最著也。夫國家者。一國人之公產也。文化者。亦一國人之公產也。人苟無愛護公產之心。則誠根性劣下。不足以自存。若我國民。則固有之矣。是在善推其所爲而已矣。明水曰。吾聞子言而稍有以自壯。雖然。子固言之矣。世世主義。與國家主義。不相容者也。而在今日。則非國家主義發達。無以自立者也。然則我先民之以世界主義爲教者。其無乃貽深害於中國矣乎。滄江曰。天下事利害常相倚伏。故言非一端而已。世界主義者。將來最良之主義也而亦我國二千年前最良之主義也。今有告者曰。山西巡撫與湖廣總督搆兵。江蘇巡撫與浙江巡撫宣戰。聞者亦孰不大詫。以為不祥。然昔之晉楚吳越。則數百年習為固然矣。是故以過去論。則緣此世界主義發達之故。而人民獲無窮之福。即以將來論。而此世界主義。又實為國家主義發達之助。蓋非經此階級。不能舉全國之民治為一丸。我今日所以能擁此廣漠之國土厖大之國民。凛然具有雄視全球之資格者。則先哲之賜也。明水曰。斯固然矣。然羅馬徒以誤於世界主義。故而取亡。今吾國乃正蹈其覆轍。吾聞子言。滋益懼也。滄江曰。斯誠宜憂。然我之與羅馬。其趨勢抑非盡從同也。羅馬自世界主義發達以後。始終未嘗遇敵國。不過以未成國之蠻野部落。入而託庇於其宇下而已。其後此等部族。歲以發榮。羅馬遂裂。羅馬之裂。裂於內也。故其世界主義。乃所以使其境內之分子游離而背散。我則適得其反。我之世界主義。乃所以使我境內之分子融洽而合併。故在彼宜得惡果。而在我則猶可以得善果也。雖然。此階級固不可不經。然既已經之。則又當遷化以求適應於時勢。夫與今之時勢相適者。惟一國家主義而已。我國民自六十年來。漸習覩夫有他國之與我對待。所謂國家觀念者。亦已句出萌達。不過故見所積者深。故新見不能甚瑩。亦由執政太非其人。故以謀之不臧。使國家與國民之關係愈閡愈遠。而愛情無自發生。今者我民之愛國心。誠弱於他國。無可為諱。若之何以振之。則先覺之責也。

明水曰。國家也者。對於外而有不羈之獨立權。對於內而有最高之統治權者也。我國以大一統之故。其對外思想之不發達。固無足怪。而對內政治之進化。則亦無可表見。何也。吾讀泰西史。見其政治現象。複雜變化。往復繚繞。詩人所謂行到水窮坐看雲起者。庶幾似之。使人鼓舞興起而不能自已也。還觀吾國。則二千年來之政治。若一邱之貉。史家記錄。不過帝王世譜而已。其號稱政治家之所施設。則凡以為一姓一族。固其權威也。而求其有合於所謂政治之目的者。乃不可得見。滄江案政治之目的一在圖國家自身之生存發達一在圖組成國家各分子（即國民）之生存發達吾既屢言之矣外人誚我為政治思想薄弱。政治能力缺乏。吾蓋赧然無以應也。且立國於今日。其萬不能不采用立憲政體。既為有識者所共覩。而立憲政體果能適用於中國乎。世人且多以為疑。蓋泰西諸國。此種政體之成立。雖曰在近今一二百年間。然其淵源實至遠且厚。自希臘羅馬以來。政權既出自議會。要職皆由民選舉。中間若南意大利諸市府。當中世黑闇時代。已養成獨立自治之風。而英人之民權政治。尤以漸發達。積之數百年以有今日。故其國中雖耦耕之夫。竈下之婢。聞人談政治問題。猶且津津有味。每遇選舉。舉國汗流奔走。若營其私焉。夫立憲政治。質言之則人民政治而已。使大多數之人民。而無政治上之智識。無政治上之能力。無政治上之興味。則立憲之元氣不具。雖襲其貌。徒增徶耳。夫今後中國之存亡。以憲政能否成立為斷。而憲政能否成立。則以人民能否運用憲政為斷。而吾還觀我國民。則於此事蓋有不能躊躇滿志者。吾深懼我國民處今世物競之林。遂不免於劣敗之數。吾子於意云何。滄江曰。善哉善哉。吾子之憂深思遠也。可謂知本也已矣。大抵專制政體。最足以錮人民之良知良能。我國人政治能力。本非薄弱。徒以久壓於專制之下。末由遂其發榮耳。明水曰。子之言蓋未免倒果為因矣。夫專制政體曷為能久存。則正乃人民政治能力薄弱使然。使稍強者。則暴君汚吏。其何能以一朝居。滄江曰。願子毋躁。吾請更畢吾說。凡一國之政治現象。與其地理甚有關係。不可不察也。夫在疆宇廖廓之大一統國。則恆非專制不足以為治。勢使然矣。希臘羅馬。皆古昔民權最張之國也。然希臘自亞歷山大大王建一統之業。亞歷山大崛起於馬基頓馬基頓亦希臘人之別派也已不得不盡棄其舊裕。而法東方之治以為治。當時希臘為民權政治之代表波斯為君權政治之代表亞歷山大既滅波斯純采用其政治此後分為四大王國而政治原則仍無變也「不自由毋寧死」之諺。起於羅馬。古代羅馬之元老院。其權力之偉大。猶今茲英國之巴力門也。及其既征服意大利全境戰勝加爾達額。以地中海爲池。所至設留守以鎮撫其民。遂尾大不掉以釀成武門政治。蓋羅馬共和政之末葉。舉國鼎沸。酷類中晚唐方鎮之禍。其民水深火熱。望專制政治。如大旱之望雲雨也。故愷撒屋大維。乃得因民所欲以建帝業。自是羅馬遂爲專制之政者垂千年。合東羅馬言之也 夫豈羅馬人之政治能力前優而後絀哉。國勢之變遷使然耳。蓋古代無所謂代議政治。國有大事。則聚一國之公民於一堂而取決焉。此惟在極狹小之市府國家而民數極稀者爲能行之。波希戰爭前斯巴達之市民僅九千人耳 我國古代周官朝士之職。所謂致萬民而詢焉者。正此類也。及乎市府人口之孳殖漸繁。則此種制度。效力已損其泰半。若版宇日恢。而於本市府之外別有領土。則此制度益復無術以維持。蓋既已萬不能聚全國之民於一堂。而當古代交通未開之世。就使采用代議制。而中央政治之利病。亦斷非地方人民所能洞悉。則亦益其敝已耳。史家多言羅馬共和政治之消滅由於不知適用代議制度而謂英人之發明代議制度爲有天幸此其論固甚精然亦有未盡者代議制度仍須有種種機關與之相輔在古代雖發明之亦未必能全其用也 於斯時也。其政治遷化之狀態。惟有兩途。其一則如希臘。令新闢之殖民地。純然離母國而獨立。母國與屬地。各在其所宅之小區域內。設政府議會以行民權政治。而不相統攝。若是者。民權固能常保矣。而統一強固之國家。終末由建設。忽遇強敵。遂見摧拉而莫能禦。其非國家之福。不俟論矣。其一則如羅馬。集其權於中央。使全國各地方如身之使臂。臂之使指。則能使國力大莫與京。然而政體遂不得不趨於專制。夫我國過去之歷史。則正與羅馬同其塗轍者也。中國之由封建而進爲大一統也。其良果能否償惡果而有餘。且勿具論。然以中國之地勢。欲求不一統得乎。歐洲山脈縱橫。海汊錯雜。自然華離破碎。成割據分立之局。雖羅馬人強欲合之而不能也。中國則山河兩戒。平原萬里。天開一統之局。雖欲宰割之而亦不能也。夫以天然一統之國。而境土如此其厖大。當疇昔交通機關百不一備之世。

非專制政體何以治之。由此言之。我國二千年不能脫專制政體之羈軛。實地勢與時勢使然。不足引爲我國民政治能力薄弱之證也。若夫專制政體行之既久。致其固有之能力蟄伏而不得伸。且潛銷暗蝕而不逮其舊。此固事實之無可爲諱者。然此則其果也。而非其因也。且我國雖云專制政體。然其政治之精神有與歐洲古昔之專制政體迥異也者。其行使專制權之形式雖同。而此專制權發生之淵源乃絕異也。歐洲前此之言君權者。謂君主之地位。乃生而受之於天。君主與皇族所以不可侵犯者。以此族本來爲一特別之階級。天生之使爲治人者。而與彼被治者絕非同類也。此等謬想。近百年來雖日漸銷熄。然猶未能盡滅。四十年前。俄普奧三帝。猶復倡神聖同盟。即此理想之代表也。（日本人則全屬此等理想）故法王路易十四有朕即國家之言。而德相俾士麥雖當立憲後。猶有天授君權無限之論。彼中所謂專制權力之淵源。大略如此。我國不然。我國雖亦言君權爲天所授。然與彼大異者。彼言天常私於一姓。我則言天道無親惟德是輔。是故堯之命舜。舜之命禹。既言天之曆數在爾躬。而又申之以四海困窮天祿永終。書曰惟命不於常。詩曰天命不又。師曠曰天生民而立之君。使司牧之。豈其使一人肆於民上。孟子曰天與賢則與賢。天與子則與子。此種大義。若悉徵引。則累千牘而不能盡。然又以所謂天者。常爲抽象的而漠乎不可見也。於是乎有具體的方面以表示之。則民意是也。故曰民之所欲。天必從之。又曰天聰明自我民聰明。天明威自我民明畏。又曰天視自我民視。天聽自我民聽。此種大義。若悉徵引。又累千牘而不能盡。合此兩義而得一結論焉。曰天以專制權授諸君。而所授者恆必爲人民所願戴者也。是故由歐洲之君權說。其正當之釋義。則誠有如法王路易所謂「朕即國家」。由中國之君權說。其正當之釋義。乃實有如普王腓力特列所謂「朕乃國民公僕」也。夫君主既爲國民公僕。其有不盡職者。或濫用其職權以痡毒於民者。民固得起而責之責之不改固得從而廢置之故書曰用顧畏於民碞易曰湯武革命順乎天而應乎人孟子曰殘賊之人謂之一夫聞誅一夫紂矣未聞弒君也是故人民選擇其所好者然後戴之以爲君其所惡者則廢黜之甚且誅戮之在我國認此爲倫理上之一大原則認此爲人民正當之權利此非吾牽合虛造之言試一繙六經諸子凡言論之涉於政治者豈非以此大義一貫乎其間也哉故歐美日本人常稱我爲「民主的君主國體」此其命名雖似詭異然實甚有見於其眞也夫一方面既主張君主專制一方面復主張民權自由驟視之若極相矛盾而持之不能有故言之不能成理雖然此何足異者霍布士洛克盧騷皆倡道民約論而泰西言政治學者所奉爲泰山北斗也今世立憲政治之昌明則此三子者功最高焉而霍布士與洛克則謂人民以求自由故各從其意之所欲以建國置君及其既建置也則舉己之自由權以奉之而惟爲絕對的服從而不能復逞此以民權自由爲前提而以君主專制爲結論也（此其說甚似吾國之管商卽墨子亦然）盧騷雖稍有進於是謂選擇元首之權當常操之自民然其謂既建國之後人民當絕對服從公衆之總意而不能有箇人的自由意志則亦與彼二子同雖非以君主專制結論然亦以專制爲結論也由此言之則所謂「民主的君主國體」原不足爲奇不過彼中則近世哲人始懸爲理想我則在遠古已成爲事實耳夫霍洛盧三子之學說雖其罅漏不少往往爲近儒所糾正然不謂之爲歐洲近世政治思想之淵源不可得也歐人得此學說詫爲懷寶而我則二千年前先哲已發揮無餘蘊（墨子尙同篇荀子禮論篇商君書立君篇其所論建國之淵源政治之目的與霍洛盧三子所說若合一契吾前此著述屢徵引比較之）又且深入於全國之人心此而猶謂我國民政治思想之不若人則可謂懷寶迷邦也已矣然則我國民得毋徒抱此虛想而未嘗求所以現於實際乎是又不然我國歷代革命相仍卽人民之實行此理想也蓋先哲之教謂人民當選戴聖哲而誅除殘賊非直以是爲正當

之權利也而且以之爲應踐之義務彼草澤英雄所以能號召天下者徒以此種權利義務之觀念深入人心而始得乘之而起也然及其既取而代之也復一率前代之所爲而無憚者則有數故其一則喪亂既久民心厭倦思得蘇息稍假以恩而遂卽安也其二則幅員太廣非循專制之舊則無自統一也其三則治道雖存治具未備雖有仁心仁聞而不能使民之被其澤者垂於無窮也此三義者其前二義淺而易明無俟贅論其第三義則有可言焉夫我國先哲之敎謂民相聚而成國選其最賢者而立以爲君使一國之人事無大小悉受治焉此實理想的最良之政治雖今之共和政體不能逮也（希臘大哲柏拉圖分政治爲六種而第其高下其所最贊美之立君政治卽指此也）雖然有一最難解決之問題焉則當用何法以選得此最賢者是已其在泰古部落政治市府政治之時代地狹人希選之自易孔子稱三代以前天下爲公選賢與能是也及拓土愈廣黎庶愈繁則茲事之實行愈益困難投票機關既不能如今日之完備賢否標準孰能正之則選舉反爲召亂之媒不得已而易爲傳子夫既已傳子則其最初之理想所謂「選最賢以爲政長」者（墨子尙同篇語）則既已不相應矣然爲已亂計不得不爾乃復於傳子之中而別求所以得賢之道賈生所謂天下之命懸於太子太子之善在於早諭教與選左右此其治本之最先者也及其立而爲君則有記過之史徹膳之宰進善之旌誹謗之木敢諫之鼓瞽史誦詩工誦箴諫大夫進謀士傳民語設爲種種限制機關使之不得自恣蓋遵吾先聖之敎則天下之最不能自由者莫君主若也猶懼其未足復利用古代迷信之心理謂一切災異悉應在人主之一身而告之以恐懼修省及其殂落則稱天而諡動以名譽名曰幽厲百世莫改吾細繹此種種制度而於其間見有一貫之原則焉曰君權有限之精神是已以臣民之意限之以天之意限之凡欲求其進於賢也雖然此制度經歷代試驗之結果遂以失敗終斯何故歟蓋所謂善敎太子者雖著明訓然

虛有其表。實則生於深宮之中。不離阿保之手。其趨惡恆視常人為更易。而百僚士庶之箴諫謗議。總不能有節制驕主之實力。天道之邃遠。乃更不足以動其心矣。於是聖人之所以限制君主者。遂幾於窮。而於其間乃別得一法焉。則置丞相以為天子之貳。而大重其權。天子御坐為起。在輿為下。事無大小。悉以咨之。然後施行。而使之負其責任。故有災異失政。則策免之。此其立法之本意。以視今世立憲國之所謂責任內閣。幾於具體而微矣。故黃梨洲謂君位傳子相位傳賢而天下治。（明夷待訪錄置相篇）誠知言也。然猶有一間未達者。則始終未能設一獨立之機關以與相府相對待。故驕桀之君。常能蹂躪相權而無所保障。惡黠之相。又常能盜竊君權以為護符。則責任之實終不可得舉也。由此言之。我國數千年相傳之政治論。其大本大原所在。與今世所謂立憲政治者。無一不同。所異者其具有未備耳。質而言之。則缺一民選之制限機關（即國會）而已。而此機關所以久缺之故。又非吾先民智慮有所未周也。固亦嘗竭無限心力以圖建設。（如上文所述朝士詢萬民及誹謗木敢諫鼓瞽史誦詩士傳民語等皆是後世之黃門給事中御史臺等尤其具體者也）而所以不就者。乃緣時勢地勢使然。良不足以為先民咎也。夫以我國民浸淫於此種健全之政治思想既歷年所。徒以其具未備。不能自淑。今采泰西立憲國之治具以為用。無削趾適履之患。而有漬鹽入水之功。慮其不能適用。抑已過矣。

至如新設之機關。如資政院諮議局等。吾民運用之未能盡如法。或失之於選舉之時。或失之於會議之際。而人民之多數未能感政治之興味。無以鼓舞乎其後。此則憲政萌芽時代各國之所同有。不足為吾病也。夫他國且勿論。若英國豈非所謂立憲政體之祖國耶。試考百年前英民之所以運用此憲政。蓋有令人啞然失笑者。紐波士者。並世第一良史也。其所著歐洲現代政治史（紐氏法國人。任巴黎大學教授有年。此書以一八九四年出版。各國皆有譯本）述十七八世紀間英國政治之狀態。其中一節云。

當時各選舉區當行選舉時。選民多不列席。僅由二三大紳。指名所欲選者。告諸地方官。便認爲當選耳。時有傳爲笑柄者一事。有市名標佛者。人口一萬四千。而有選舉權之人僅二十一。屆選舉時。其二十人皆棄權。惟一人列席。此人卽自組織成選舉會。自選爲選舉會長。自爲推選自己之演說。自投票而書己名。自己宣告以全會一致而得選。此所謂無競爭之選舉也。

英之選舉區四百八十餘。而當時有競爭之區不滿五十。而所謂有競爭之選舉區。其行選舉時。尤爲可笑。多數人羣集於空地中。地方官每介紹一候選人。則羣衆無論有選舉權者無選舉權者。皆相率喝采或笑駡。沸亂如麻。至一七八四年。始設立選舉人名簿。以整齊之。然以競爭劇烈之故。勢豪富紳。競以賄買投票爲事。公然不諱。甚至有某某鎭鄉。懸價拍賣議員。以充自治費者。一八二九年。有公爵名紐基察士兒者。嘗因己之佃丁違己之命而選舉別人。將彼輩五百八十七人悉行放逐。議員有攻擊之者。公爵恬然答曰。余獨無任己意以處分己物之權利乎。其腐敗之狀。可見一班矣。蓋當一八一四年之交。英國國會議員三分之二。皆由世襲賄買得來。其人全然爲君主貴族之鷹犬。名爲國民代表。實則國民之敵耳。

其時英國人民。除宗教戰爭租稅三事外。其他一切政治。皆漠然視之。曾不稍感痛癢。至十九世紀之初。有喚醒國民於沈睡中者。則「政治的報館」是也。前此雖有報館。皆以營利爲目的。至是而始有眞人物主持其間。堂堂發表政見。共集矢於政府。政府所以遇之者亦至酷。蓋自一八〇八年至一八二一年。凡十三年間。而報館主筆之處刑者九十四人云。而繼起者不衰。卒喚起全國輿論。成一八三二年改革之大業。以有今日。

由此觀之，以彼號稱文明元祖之英國，而前此之情狀，不過如是。此其事豈在遠，不過距今八十年前耳。夫人類本有普通性，故無事不可以相學而相肖。病不求耳，未有求焉而不致者也；病不爲耳，未有爲焉而不能者也。而我民乃或以一時之障礙，遂頹然以自放，謂他人之特長，終非我之所能企及，甘爲牛後，不亦誣乎。且歐美諸國姑勿論，乃如日本者，試問其歷史上果有何種之憲政根柢，其古昔人民政治思想政治能力優勝於我之證據果何在，今日本之憲政成績且裒然矣。嗚呼，我國民觀於此，其亦可以蹶然自興而毋餒矣。滄江乃重爲言曰：我國民未嘗有一事弱於人也，而今乃至無一事不弱於人，則徒以現今之惡政府爲之梗。我國民不併力以圖推翻此惡政府而改造一良政府，則無論建何政策，立何法制，徒以益其敝而自取荼毒。誠能併力以推翻此惡政府而改造一良政府，則一切迎刃而解，有不勞吾民之枝枝節節以用其力者矣。然而此惡政府者，並非如英法前此之貴族，曾與君主分土而治，植深根固蔕於社會者也；又非如日本之藩閥，曾有大勳勞於國，手贊中興之業，躬親兩次戰勝，而有以繫民懷思也；又非如曹孟德、司馬仲達，能延攬天下之豪俊，使供我驅策，以養成莫能與抗之勢也；又非如梅特涅、坡靈那士德夫，有絕倫之學、過人之才，能操縱羣衆而觝排異己也；又非能如卜硜函士德拉佛，能結主知，使人主倚如左右手也。其人皆闒宂佻薄，無一豪堅強不屈之氣；其黨羽皆以勢利相結集，進則相軋，退則相怨，闇昧愚蠢，無些少思前慮後之識，並無么麼團體之可察見。而其得罪於天下，賈怨毒於人心，亦非一日。我國民不欲推翻之則已，誠欲推翻之，稍一協力，則疾風捲隕籜，千鈞之弩潰癰，未足以喻其易也。而我國民不聞惟此之圖，則是國民放棄責任以促國家之亡，謂天亡我，天其任受乎哉。明水曰：吾子之言，眞如發蒙振落，吾復何以相難，吾悉承其爲是矣。惟尙有一事焉，爲根本之根本者，茲事不解決。則子說皆爲空華。子能容我盡言而更爲下轉語乎。滄江曰諾。

明水曰。吾子反覆數萬言。而歸宿於改造政府。信可謂片言居要也已。然吾竊料吾中國今日之國民。遂永永不能改造政府。則吾子所陳。乃皆嘵嘵閑言語也。吾子去國之日久。於近年來國中之人心風俗。恐未能盡窮情僞。雖知其敗壞。然未知其一至此甚也。子日言改造政府。誰則與子改造政府者。人方日日伺政府之嚬笑。得其一顧以爲莫大之榮。政府蠲其點滴之餘瀝。已足以奔走天下之豪傑。若投骨於地。羣犬齗齗焉爭之也。其他搢紳之夫。黌序之彥。闤闠之子。隴畝之氓。無不營營然各自爲其私利。利之所在。不惜犧牲一切以爲之。蓋猥瑣齷齪。卑怯劣弱。詐僞狡猾。陰險傾軋。偷惰淫泆。凡諸惡德。罔不具備。似此社會。非秉畀炎火。不足以易其形。似此人類。非投諸濁流。不足以滌其穢。今吾子乃欲以改造政府之大業期之。不亦遠耶。吾子欲言改造政府者。盍亦先謀改造社會而已。顧吾竊料改造社會之功。遂不可致。故吾恐中國其眞長此已矣。滄江曰。子言至痛。吾蓋不忍聞。以今日中國之人心風俗。其遭一浩劫。殆終不可得免。所問者經此浩劫之後。其遂將陸沈以終古耶。抑將除舊布新。而別開一境界耶。由前之說。則此浩劫誠爲吾國民最後所受之天譴。由後之說。則又安知非天之所以戩我。吾寧懽喜順受。而祝其早一日歷此苦厄。卽早獲一日之息肩也。鱗介之族。有壽命悠長者。閱若干歲而輒蛻變其形。當其蛻變也。則感受無量之苦痛。死生一髮耳。社會亦然。非蛻變無以自存。而蛻變則必與莫大之苦痛相聯屬。試觀並世糺熳光華之國家。何一非經數度之苦痛。以有今日。我國民欲求幸福。而不以苦痛爲易。此不可得之數也。然驟感苦痛。而遂疑幸福之棄我而去。則亦自絕於天而已。天之於人也。未嘗靳以幸福。而恆使之自求。當其求之也。則必有種種魔障橫於其前。求焉者則日日與此種魔障奮鬭。鬭而勝之。則幸福乃湧現乎其後。而不然者。中道退轉。甚或不能忍苦痛之相襲。而憤懣自戕。此則志行薄弱者之所爲。彼蓋自絕於幸福。非幸福之棄彼而去也。國家亦然。古人有言。殷憂啓聖。多難興邦。此非以虛言相慰藉也。天地自然之大則。固如是也。大抵凡一切有機體。其組成分子。必以新陳代謝爲功用。霜露肅殺之威。能使百卉彫悴。非有秋冬之彫悴。則無以期春夏之發榮。但使有可以發榮之質點。存於根榦之間。無論其質點若何微細。而他日固可以致盛大。雖華實盡落。枝葉全披。非所憂矣。人之一身。血輪嬗蛻。無有已時。若一旦緩其嬗蛻之功能。輒凝滯以成廢淤。血既成淤。在法固不容使之復存於體膚中。卽存焉。而在彼固不能永保其形。徒傳染於體中之各部。而日漸潰爛耳。於斯時也。苟其體中尙有一部分堅強之分子。能具有不撓不屈之抵抗力。無論受若何之壓迫。而終不隨其浸潤之所及而潰爛以去。則此健全之分子。終必有能祛逐彼廢淤之分子以恢復其元氣之一日。何也。彼廢淤之分子。本已無復生存之能力。早晚固應歸澌滅者也。夫當健全分子與廢淤分子奮鬬。則體中自當感無量之苦痛。雖然。安可得避哉。夫吾所謂根榦間發榮之質點與體膚內健全之分子者何也。則社會中最少數人之心力是已。我國今日猶一病軀也。而此至惡極壞之人心風俗。則其淤血也。彼宜代謝之日久矣。宜謝而不謝。而其傳染性乃益以蔓延猖獗。薪盡火傳。綿綿無絕。前此純潔向上之少年。一入社會而與相習。則靡然化之。皆坐是也。雖然。一國之大。詎竟無億萬人中之一二人。尙能屹然獨立。不波靡以去者乎。吾固見有之矣。有之而或自感其力之綿薄。謂決不足以戰勝惡社會。而斂手莫敢與抗也。或偶一出手。遇一二次挫敗。而嗒然不敢再嘗試也。或雖懷熱誠高志。然其見識與手段。不能與新時代相應。而故見自封。曾不肯闢新途徑以自廣。坐窒其進取之路也。或獨力所不克任之事。不思求友求助。故人自爲戰。壁壘終無自立也。要而言之。則社會之善良分子。常執消極的態度、而不能執積極的態度。常立於退嬰的地位。而不肯立於進取的地位，中國所以有今日。皆坐是而已。人亦有言、道高一尺、魔高一丈。又曰。從善如登。從惡如崩。夫社會之常以惡性充牣也、人性之易染於惡也。豈惟今日、卽古來亦何莫不然、豈惟我國、卽他國亦何莫不然、此雖謂之自然現象中一共通之原則可耳。而所貴乎人道者、則在其常能戰勝自然現象而已、（自然現象者嚴譯天演論所謂天行是已天行常恣虐而人道常能戰勝之此進化之大則也）使人而常爲自然所宰制、則今日猶爲洪水猛獸草昧獉獉之世、而復何文明之可言、今世人類、山積不能障、洋海不能隔、水旱疾癘不能爲患、舉凡有知無知之物、悉役之以爲我用、而不見役於物、此戰勝自然之結果也、夫自然現象之宜戰勝之者、豈惟物質方面而已、卽社會心理方面亦有然、荀子曰、人之性惡也、其善者僞也、注家釋僞字之義、謂从人从爲、人所爲也、吾嘗讀紐波士所著歐洲近世政治史、述一八一四年前後德國人之風俗、謂其貴族則驕侈淫泆、其中流社會則猜忌排軋、其一般平民則愚蠢怠惰、又嘗讀馬哥黎所著維廉畢特傳、言其時（十八世紀末）之英國人賄賂公行、廉恥掃地、又嘗讀國府種德所著日本現代史、言德川家慶時（我道光末葉）之日本人、奢侈柔惰、靡然成風、苞苴橫行、紀綱盡弛、夫德國自一八一四年至帝國成立、（一八六六年）爲時幾何、英國自維廉畢特時及至憲政改革、（一八二三年）爲時幾何、日本自德川家慶時至明治維新、（同治七年）爲時幾何、然而以其前後之人心風俗相較、乃如隔世、如異國、豈有他哉、不過最少數之仁人君子、出其心力以與惡社會血戰、而卒獲最後之勝利云爾、善夫崑山顧子之言曰、觀亡新之可變爲東漢、五季之可變爲宋、則知天下無不可變之風俗、善夫湘鄉曾子之言曰、習尚也者、起乎至微、而終乎不可禦者也、是故一國之中、但使能有少數仁人君子、挾主一無適之誠、行百折不回之氣、以日夜與惡社會爲不斷之爭鬭、而謂終不能征服之者、吾未之前聞、此非徒徵諸各國實例而有以明其然也、據常理以推之。人力所至。終勝天行。此宇宙不易之大法也。夫當其爲不斷之爭鬬也。當其著著實行征服也。則舊社會之腐敗分子。自必感無量數之苦痛。出全力以相反抗。一時全社會極其泯棼。而此身臨前敵之仁人君子。必遭遇人世極不堪之顚沛困厄。其殞身於無形之鋒鏑者。必踵相接。所問者當其遭遇困厄。能不退轉焉否耳。當前者隕於鋒鏑。而後此有繼焉者否耳。抑吾嘗習聞今之君子之言矣。動則曰吾之盡力於社會者有年。而橫流之勢。每下愈況。吾知其無能爲也。或又曰吾日夜捧赤心以報效社會。而社會乃反咒詈我窘辱我。人情涼薄至此。吾實無味再與共事也。或又曰如某某者。其心力才能遠過於我。尚且爲惡社會所蹙以自取隕滅。若我者又何能爲也。或又曰吾一人之力。決不足以障狂瀾。皇皇求同志則莫我應。不如其已也。吾請爲一一辯解之。夫謂盡力有年而每下愈況。斯固然也。曾亦思我輩所以自任者爲何種事業。我輩非欲矯正全社會乎。使社會而非腐敗。何勞矯正。安常處順以爲社會一健全分子。以徐徐發達。盡人能之。豈待我輩。我輩所欲任者。實往古來今最難之業。大多數人所不敢任也。我輩既任之。而謂能一蹴有功乎。謂能順風揚帆。中間絕無挫敗乎。且我輩自謂心力已盡。此語則安能出諸口者。勞而無功。則或我輩精神貫注未徧也。或所用手段方法有不適也。我輩惟當自反以求向百尺竿頭進一步耳。而安有已盡之可言。若云盡乎。則孔子有言。望其壙。皋如也。睪如也。君子息焉。小人休焉。曾子曰。死而後已。不亦遠乎。我輩生命化爲灰塵之後。卽我輩心力已盡之時耳。今託於心力已盡而自擲責任。是卽不盡心力之明證也。復次。緣自己受社會所冷落所窘辱。而怨社會之涼薄。此其言非徒不智。抑亦不恕。試問我輩所爲效忠於社會者。爲欲求報酬於社會乎。若爲欲求報酬之故而始效忠。則效忠者非其目的。而實爲自利之一手段。如是則我心地先不純潔。先自含有惡社會之空氣。方待人之矯正。我而我何能矯正人者。就令讓一步。謂效忠者雖不求報酬。而社會之所以待之者終不應如此。斯固近理也。雖然。曾亦思今日之社會爲何種社會乎。苟非惡者。何勞矯正。我既認其惡而思矯正之矣。夫涼薄則亦惡德之一也。當矯正未奏功以前。則其涼薄固宜也。然此皆勿具論。我輩有一事焉。亟當自反而常目在之者。我輩所自認之天職。則豈不曰與惡社會奮鬬乎哉。奮鬬之爲象也。我欲殪敵。而敵亦欲殪我。情理之常也。夫孰使汝不肯餔糟啜醨。而貿然與惡社會挑戰者。汝日思摧陷社會之窳敗分子。其窳敗分子。不得不謀自衞。其窘辱汝。固所宜然。其僅冷落汝。則所以厚汝者已至矣。要之。我輩當未與社會接觸之始。當先知受社會之冷落窘辱。實爲我輩天職中照例應相緣而至之一現象。夫安能以是懟人。其懟人者。毋亦自待太薄而已。復次。謂他人所不能成之業。我亦無庸著手者。此尤自暴自棄之言也。子夏之聖。豈逮孔子。孔子轍環終老。而子夏爲侯王師。保羅之賢。豈過耶穌。耶穌死十字架、而保羅徒衆徧全歐。漢成之英。豈逾孝武。孝武不能致單于。而孝成斂衽朝呼韓邪。麥折倫之毅。豈勝維哥達馬。維哥達馬僅繞好望角。而麥折倫航太平洋。左李之器。豈比胡文忠。文忠力竭聲嘶。僅保鄂北。左李成大功於江東。餘力且盪回捻。伊藤大隈之才。豈若吉田松陰。松陰極刑。而藤隈行其志。天下事作始者用力多而成功少。繼起者用力少而成功多。盱衡古今。豈不然耶。自謂不能。毋亦不負責任之言已耳。復次。欲就大業。非一手一足之烈。皇皇然求友求助。固宜然也。然因驟求之不得。而遽灰心。斯大不可也。當思我輩所以自任之事業。本爲國中大多數人所不肯任。亦正惟以肯任者寡也。我輩乃起而任之。則求同志之難。固其所也。社會中窳敗分子無論矣。即其健全分子。亦豈能盡驅之使與我同道。彼安常蹈故。忠於目前一部分之職務者。則亦將來新社會不可缺之基礎也。吾何必搖動之。抑吾嘗案諸史乘。徵諸當世之務。無論何國。無論何時。其搘柱國家而維繫其命脈者。恆不過數人或十數人而已。英國所以能確立憲政。德意之所以能建國統一。日本所以能倒幕維新。其主動之人。可屈指也。卽在今日各文明國之所以欣欣向榮。其在朝在野指導之人。皆可屈指也。夫當其風行草偃。景從而左右之者。豈得云少。而要之惟以有此數人或十數人之故。遂自能得多數之景從者。而國賴以昌。苟無此數人或十數人。或有之而其人一旦自放棄其天職。則其國遂一落千丈强矣。竊計我國今日人才。雖消乏已極。而以數千年神明之胄。欲求數人或十數人足以爲國楨幹者。豈得曰無。蓋有之矣。而以憤時嫉俗之過甚。橫一中國必亡之觀念於胸中。而遂頹然自放。夫至並此少數人而頹然自放。則中國其眞亡矣。雖然亡之者非他。卽此少數人是已。質而言之。則持中國必亡論者。卽亡中國之人也。是故吾輩當常立一決心以自誓曰。中國之存亡。全繫乎吾一人之身。吾欲亡之。斯竟亡矣。吾欲不亡之。斯竟不亡矣。他人如何。吾勿問也。吾惟知責吾一人而已。但使一國中而能有百人懷此決心。更少則有十數人懷此決心。而並力一致。以與惡政府奮戰。與惡社會奮戰。乃至與全世界之惡風潮奮戰。而謂中國終不免於亡。吾弗信也。嗟乎明水先生乎。嘵乎國中之仁人君子乎。愼毋以吾爲病狂囈語。愼毋以吾爲姑作大言以自壯而欺友朋。吾蓋念此至熟而信此至堅。吾日夜悚息以爲中國萬一而竟亡者。其必由吾一人不盡責任。尸其罪也。不知吾子亦自覺有此責任焉否也。不知國中仁人君子亦自覺有此責任焉否也。

明水曰。吾子之言。鞭辟近裏。一至於此。吾雖欲逃避。亦安所得逃避。吾知責矣。雖然。竊更有數事欲爲駢枝之疑問者。吾子倘亦樂詰之而不倦耶。滄江曰。唯。願恣言之。

明水曰。吾輩自身不敢一毫放鬆責任。固已然。終不能不望國中有多數豪傑之士起以共此艱鉅。昔常聞諸吾子。謂吾國歷史每當蜩螗沸羹之既極。然後人才出現。非時勢需求之急達於極點。則不現也。然及其既現。則其人物常極偉大。且其數極衆多。若此者。徵諸前代已事。則誠然矣。然此似乞靈於氣數。作無聊空想。其必得與否。非可期也。不知此種歷史現象。亦有自然一定之原理原則宰制其間否耶。以駑下如吾輩者。一旦迫於時勢之需求。不識亦可以一變而爲有用之人物否耶。且中國今日危急寧尙得云未極。而此種歷史現象。迄未見發動。則又何也。滄江曰。善哉問乎。此實學術上極有興味之一問題也。吾不嘗與子共讀盧般氏之國民心理學乎。其言曰。『人類心性之中。恆有一種特性焉。可以遇事變化者。學者稱之曰「可能性」。此種「可能性」。其在平時。恆潛伏而不知所在。或終其身而不一現。一旦受外界非常之刺激。則突起而莫之能禦。此徵諸個人之行動而至易見也。平居極慈祥之人。當飢餓焦灼。則有骨肉相食。獰忍如蕃族者。弱不勝衣之女子。拯所愛於焚溺。勇健常辟易壯夫。此吾輩所常覩聞也。此無他焉。其潛伏之特性。非遇大刺激則不發。發則與平時劃然若兩人矣。歷史上之豪傑。亦若是已耳。謂其天賦之性。果絕異於吾儕耶。是決不然。彼亦凡人耳。而外界之事物。無端驅其「可能性」而使之蹶起。其腦細胞中之一部分。平昔廢置不用者。忽焉刺激而發揮其神力。遂使天下後世瞠目撟舌。共詫爲非常之人物。實則苟在平世。則亦旅進旅退與吾輩等耳。』盧氏之言如此。而歷舉多數事實以爲證。吾子則既聞之矣。（盧氏所舉事實甚多善惡雜陳其最親切有味者則謂法國大革命時若羅拔士比若丹頓輩後世共詫爲獰惡無人理者也然苟非爲時勢所驅則彼輩應終身爲一善良市民何以證之蓋羅氏丹氏前此嘗爲判事有賢名而當時與彼同惡齊名之人若某某輩幸逃法網後至拿破崙時各執一職業藹然與恆人無異故知羅氏丹氏如不死亦當與彼輩同也）若在我國則更可多得其例也。李廣誤石爲虎。射之沒羽。明日再射。不能復入。此「可能性」偶然發動之最顯證也。劉季蕭曹荀非在秦時。則酒徒與刀筆吏耳。寄奴劉毅。非遇桓玄之變。則鄉曲無賴子耳。其他豪傑。何莫不然。且勿語遠。舉其近者咸同之間，苟非軍興，則曾文正一文學侍從之臣耳，胡文忠一循吏耳，羅羅山一講學大師耳。雖據其才力與其品性，可以在其本來之地位中翹然秀於其儕輩，若夫投身於軍界以成震古鑠今之偉業，則自始固非所望。然卒乃如是者，則外界之境遇有機會使之得發揮其特性，抑亦刺激之使不得不發揮其特性也。非惟一二絕特之偉人爲然也，凡並時而起者莫不皆然。我國歷史上號稱人才最多者，首舉戰國秦漢之交，次則三國，次則隋唐之交，次則元明之交，最近則咸同間。吾儕立乎百世之下，望古遙集，目眩於應接，而魂疲於頂禮，任舉當時一下駟，求諸今日，杳乎不可復得。謂天地生才有私愛耶，此文人弄筆，其非篤論，無俟辨矣。謂一二偉人養成之以待用耶，此固一部分之實情，然當時無論何方面，各有瑰偉奇特之人，如莽莽平原，萬草齊茁，其根蔕各不相聯屬，不先不後，而同時句出萌達，則又何也？此無他焉，世運之窮，生民之厄，既達其極，舉國中人心洶洶，覺所處之境，儳然不可終日，則無形有形間，自能衝動多數人腦海中有生以來潛伏不現之特性，摩盪而挑撥之，不期而同時並發。是故平世無人才，而亂世多人才，此非可付諸氣數之偶然，實則國民心理上一大原則宰制乎其間也。夫今者東西諸立憲國，則雖平世亦有人才矣，然此自緣近今發明之一種圓妙政體，能使人才有秩序發達之餘地。當其未經此蛻變以前，其人才非至危急存亡之頃，而不能出現，亦猶吾國也。抑自古及今，未嘗一產人才之國，則亦有矣，若高麗等是也。而我國之史實，則豈其然？夫以五十年前能產曾胡左李洪楊馮石之中國，而謂五十年後即地氣已盡，有是理乎？夫自今日以前，中國誠不得云不危急矣，然於危急之中，猶常有一二現象足以繫人餘望者，且其危急之程度，又非直接切於人人之肌膚，是故刺激之功用未著，國民潛伏之特性未動也。自今以往，殆其時矣。故吾平居持論，謂中國於最近之將來，必有多數大人物出現，此非夢想以聊自慰也。衡以理勢而信其必然也。若夫吾輩雖曰駑下乎。然此潛伏之特性爲盡人所同有者。卽吾儕亦寧得獨無。今外界之所以刺激吾輩者亦云至矣。吾輩苟非冥頑不靈腦筋全斷者。固宜有所感受磨厲培養此特性以求濟時艱。比諸弱女之計不旋踵以圖拯所愛於焚溺。則又安見其不能從將來出現之諸豪傑之後。而有以自效者亦視吾輩之所以自待何如耳。

明水曰。茲事敬聞命矣。顧吾尤有一疑欲質諸吾子者。今日國命。懸於政府。政府惟瞯然不知國家之將瀕於亡也。故昏悖日益甚。若恐其亡之不速。而更旦旦伐之。國中仁人君子。歷舉亡徵。大聲疾呼。冀政府得有所警惕而悔禍於萬一。今吾子乃言中國不亡。且言各國決不汲汲實行瓜分。吾知政府得子之說。將益有所藉口以爲貪黷酣嬉之資矣。且卽就國民一方面言之。其酣臥於厝火積薪而自謂安者。尙不知凡幾。告以禍至無日。庶急起以共謀之。子之言得毋弛方張之弓矣乎。滄江曰。不然。使報章言論而可以左右政府之心理。則中國其不至有今日矣。夫中國之瀕於亡。政府則寧不知者。吾度其所知視吾輩尤親切也。彼正惟明知其將亡。乃益急乘須臾未亡之頃。併力鹵掠朘削。以期亡後飽則颺去。吾儕愈以亡相號呼。彼之鹵掠朘削。乃愈日不暇給耳。晚明諸臣當崇禎十七年正二月間。怙權黷貨。豈肯息肩者。我輩今日論國事。其安能更依賴此政府。我國民而欲政府之警惕而悔禍耶。則亦有道矣。夫外國人出一言而政府輒唯唯從命。甚且先意承志若孝子之事父母。豈有他哉。畏之而已。我國民而能予政府以可畏。則如執箠以馭羣羊。東西惟所欲耳。而不能者。則諷諫無用也。笑罵無用也。策厲無用也。恫嚇無用也。一切皆是閑言閑語。政府聞之已熟。豈有一焉能芥其胸者。故吾儕今日立言。惟與國民言。而非與政府言。此界限之首宜認淸者也。若夫日日與國民言亡國乎。則吾惟見其害。未覩其利。夫謂全國人皆已知國之將瀕於亡。此吾所不敢言也。其並此而不知者。則吾輩之言論。殆終無從達於其耳。雖言何益。而國民中之稍有腦筋者。蓋不待吾言。而早已汲汲顧影矣。善夫昔人之言曰。夫兵勇氣也。氣一衰竭。雖名將不能用之以克敵致果。今此國民者。我國家所恃之以改造政府者也。所恃之以捍禦强鄰者也。奈何日以頹喪之語衰竭其氣。人之爲道也。必自覺前途有希望。然後進取之心。乃油然而生。否則一蹶而永不能復振矣。執一人而語之曰。汝於此數月內必死。其人不信吾言則已。苟信吾言。則必萬事一齊放倒。惟排日媮樂以待死期之至耳。今中國人心風俗日趨於偷窳敗壞。何一非由人人横一中國必亡之心。有以召之者。各挾一我躬不閱遑恤我後之思。共懷一且以喜樂且以永日之想。語之以政策。則曰中國亡矣。討論政策何爲。語之以學問。則曰中國亡矣。求此學問何用。語以道德氣節名譽。則曰中國亡矣。道德氣節名譽誰則知者。其他凡百。莫不皆然。故極重要之事務。皆以游戲敷衍出之。極可貴之光陰。皆以煩惱消遣度之。舉國之象。黯黯然。其掩以暝色。黮黮然。其罩以鬼氣也。不寧惟是。各乘此絲息僅屬之際。併日爲惡。以充須臾之肉慾。舉凡前古未聞之穢德。公然行之。轉相仿效而不以爲怪。夫此亦何足怪者。希望盡絕之人。固應如是也。嗚呼。今日中國社會之現象。豈不然哉。然推厥所由。則中國必亡一語使然耳。凡人之氣。頹之甚易。振之甚難。羣客滿座。一人欠伸。十人隨之。不轉瞬而零落散去矣。苻堅百萬之衆。一旦落膽。則風聲鶴唳。草木皆兵。我國今日民氣沮喪。已至此極。何堪更有此種無責任之言。洋洋盈耳也。若吾之所欲與國民共勉者。則竊有以異乎時論之所云云。微論吾國今日未遽亡也。就令已亡矣。而吾國民尚當有事焉。苟國土而爲人占領過半也。則猶當學拿破侖時代之普魯士人。使國土而分隸於數國也。則猶當學十九世紀中葉之意大利人。使國土而爲一强國所併吞也。則猶當學蒙古時代之俄羅斯人與夫今日之匈牙利人。夫安有以五千年之歷史。四萬萬之子姓。而付諸一往不返者耶。由此言之。則雖中國已亡。而吾儕責任。終無可以息肩之時。而況乎今猶可以幾幸不亡於數年或十數年間也。夫過此數年或十數年以後。吾儕等是不能息肩也。而艱瘁則又視今日萬萬矣。吾儕其忍更頹然自放。以擲此至可貴之歲月也。嗚呼吾音曉而口瘏。吾淚盡而血枯。不識國中仁人君子。其終肯一垂聽焉否也。

於是明水相對滂沱良久。乃矍然曰。吾確信中國之不亡。若其亡也。則吾一人實亡之。吾不敢造此大惡以得罪於黃帝堯舜禹湯文武周公孔子在天之靈。吾身雖微末。不能裨補國家於萬一。然吾舉之以獻於國家矣。

僥倖與秩序

國之亂也。不必其敵軍壓境。候騎烽火相屬於路。民騷然相驚避也。不必其羣雄割據天下。鼎沸相糜爛而戰也。不必其羣盜滿山堆埋剽掠。率土之良不得安枕也。但使人人有不慊於其上。不安於其職之心。則社會之秩序遂破。而亂象遂不可以收拾。民之爲道也。才智相什則卑下之。伯則畏憚之。千則役。萬則僕。自然之符也。故在治世。其爲十人長者。必其有以長於十人者也。爲百人長者。必其有以長於百人者也。爲千萬億兆人長者。必其有以長於千萬億兆人者也。夫必有以長於人。然後長人。則居人上而不以爲泰。人有所長於我。然後長我。則爲之下而不敢怨。社會之所以能大小相維。各率其職者。胥恃此也。是故人有爲一官之長。而我爲之屬也。人有爲一業之主。而我爲之從也。必其人之學識有以優於我也。否則其閱歷有以優於我者也。否則其忠勤任事積之既久。而有爲人所敬信也。　而歆其地位。而欲進而與之並也。則亦惟夙暮孜孜。思所以濬吾學識。廣吾才略。厚吾閱歷或積吾忠勤以蕲人敬信而已。舍此則更無他途可以自致。故今世號稱治安之國。其民自幼而就傳。則父詔兄勉務使之能學成一業以期自立及其長而執業於社會也其僅卒業於中小學以下者。則服普通庸役以自贍。其已受高等教育者。則或應試驗以爲各官廳之中下級學習官吏或受汲引而爲各銀行公司之中下級職員或從諸先輩之後而爲之記室。其俸給則月僅受十數金其地位則受人之指令約束而不許逾尺寸也然而莫或觖望者。則以彼居吾上者所任之職。良非吾所能勝。易地以處。則折鼎覆餗之患。其遂不免吾毋寧忠於吾職。迨吾於分內之事既獲乎上而信乎朋友其有奇才異能。終不患無道以自表見。如錐處於囊之難閟其末也。夫是以一國中公私上下無不舉之職。而人皆淬厲向上無已時。今吾中國則大異於是。人人皆竊竊私議曰。若某某者猶可以爲軍機大臣。則亦誰不可以爲軍機大臣。若某某者猶可以爲尚侍督撫公使。則誰亦不可以爲尚侍督撫公使。若某某者猶可以爲各重要局所各大公司之總辦。則誰亦不可以爲總辦。若某某者猶可以爲高等學堂大學堂之專門教授。則誰亦不可以爲教授。吾始以爲凡地位居我上者。其聰明才力歷練必有以逾於我。夷考其實。則不過與我等耳。或反乃不如我。似此而欲生其敬服之心焉。決不可得也。與我等者或不如我者而反居我上。欲人人皆安其遇而忠其職焉。決不可得也。求其故而不得。則曰是命耳命耳。此種種迷信之所由生也。夫命與運則常在不知之數者也。彼命運能如是。安知吾命運不能如是。於是人人生非分之求。此儌幸心所由生也。吾先哲有言。自求多福在我而已。西哲亦言。人恆立於其所欲立之地。此最鞭辟近裏之言也。若夫迷信命運者則異是。以謂命運常能制我。而非我所得自爲也。於是乎委心以聽諸制我者。則倚賴根性所由生也。倚賴人則常畏人。畏人則惟勢利是視。而所以諂瀆者無所不用其極。此寡廉鮮恥之風所由生也。夫在治安之國學焉。然後受其事。能焉然後居其職。無學無能。則終身爲人役。人亦孰敢不自勉。今也不然。不知兵而任以兵。不知農而任以農。不知法而任以司理。不知教育而任以教育。不寧惟是。一人之身今日治兵。明日司農。又明日司理教育。不寧惟是。一人之身同時治兵同時司農司理教育在其人曾不聞以不勝爲患。而舉國亦視爲固然。莫之怪也。是故執途人而命之割雞。則謙讓未遑者什而八九。何也以吾未學操刀吾患不能也。執途人而命之爲宰相爲大將軍爲方鎭爲監司守令。則夫人而敢承。何也。舉國人共以此爲不學而能者也。夫旣已盡人不學而能。則吾卽學焉。而所能之有以加於彼者幾何。卽有加於彼曾不足以爲吾身之輕重。然則吾之厲於學。徒自苦耳。此不悅學之風所由生也。無所謂職。故無所謂溺職。無所謂事。故無所謂僨事。無所謂紀。故無所謂干紀。人人各自適其私而已。此不尊重法度之習所由生也。不學而可以能。溺職僨事干紀而可以無罪。則人亦何必忠於厥職。故相率縱情於飲食男女絲竹博弈。此荒嬉怠惰之習所由生也。荒嬉怠惰。恆苦不給。則必求自進其地位。而地位之所以進。不恃學。不恃能。不恃忠職守法。而別有所恃。則鑽營奔競之所由生也。人人皆鑽營奔競。而有限之地位終不能盡應其所求。不得不排他人以自伸。此陰險傾軋之所由生也。傾軋不得。則嫉妒之所由生也。嫉妒心之初起。則以施於與己偪處者而已。及其蒸爲習尚。而惡根性深入於人心。則凡見人之有一技者。必媢嫉以惡之。其立身行己稍有殊於流俗者。則視若九世之仇。必屠殺之而始爲快。屠殺之不必其有利於己也。當前適意而已。此涼薄狠毒之風所由生也。稍自好者稍有技能者稍忠於職務者。終已不能自存於社會。則亦惟頹然以自放。此厭世思想之所由生也。賢者旣末由潔其身。能者旣末由用其長。馴善者旣末由安其業。相與皇皇惴惴。不知安身立命於何所。卽彼寡廉鮮恥鑽營奔競嫉妒傾軋者流。其用盡心血所得儻來之地。亦不知被人攙奪之當在何時。其皇皇惴惴常若不自保。則亦無以異於人也。舉國中無賢無不肖無貴無賤無貧無富而皆同此心理。譬諸泛舟中流。不知所屆此全社會杌隉不寧之象所由生也。嗚呼今日之中國豈不然哉。豈不然哉。孟子曰上無道揆也。下無法守也。朝不信道工不信度君子犯義。小人犯刑國之所存者幸也。又曰城郭不完兵甲不多非國之災也。田野不辟貨財不聚。非國之害也。上無禮下無學。賊民興喪無日矣。嗚呼何其言之一似爲今日言之也。吾每讀此未嘗不悁悁然悲慄慄然懼也。吾又知國中賢士君子與我同茲懷抱者之不乏人也。雖然徒悲徒懼終已何益。伊古以來。一國習俗導之趨下與引之向上恆數人而已。爲習俗所戰勝而不能戰勝習俗。則無貴乎豪傑之士也。吾觀吾國史每當混濁泯棼之既極。而豪傑以興。然則深山大澤中蓋必有人在吾何悲焉。吾何懼焉。

對外與對內

詩曰。兄弟鬩於牆外禦其侮。此言夫必戢內爭。乃可以從事於外競。蓋凡人類社會所以自存之道。皆不外是。非徒一家宜然也。即一國亦有然。日本最近五十年來。朝野政爭繼續不斷。獨其遇兩次對外戰爭。則舉國一致。故能所向有功。十九世紀前半期。歐洲大陸各國疲精力於內訌。英人乃得乘此時徧闢殖民地於全世界。至今各國無一得與抗顏行者。此國民善於對外之明效也。雖然彼其對外何以能著奏功。必其國民之於對內事業已歷幾許艱辛。而使國家內部之組織。漸圓滿無遺恨。夫然後競於外而進退皆有餘裕。此其先後因果之關係。最不可不審也。

前古之事。蓋勿深論。若今世者。則國家主義全盛之時代也。所謂對外者。以一國家對於他一國家也。使內部組織不完。則先已不能具國家之形體。不能錫以國家之名。而更何對外之可言。歐洲自三百年來。各國皆汲汲焉務所以建設國家鞏固國家。而其業之最先就者。則英國也。蓋大陸諸國當十九世紀前半期慘淡經營之中。英國則當十七世紀末略已就緒。質而言之。則英國憲政基礎之成立。先於他國百餘年也。以內政整理之故。則國力充實。以國力充實之故。自不得不橫溢於外。而外界復有多數內政不整內力不充之國與之相遇。其臨之也。則如以千鈞之砮潰癰也。英人所以首得志於天下者。其機皆在此。而今日所稱英國殖民地者。前此蓋皆自命爲一國者也。徒以其內部組織不完全。一遇强敵。則全失其抵抗力以取滅亡。彼印度者。幅員三十倍於英國。人口二十倍於英國也。而英人以一公司二千餘軍士取之若拾芥。此內政完不完之明效也。使世界中而僅有一國焉內政能完者。其不至舉萬國而悉爲所併吞焉不止也。然而大勢固不許爾爾。於是歐陸六七國乃至美洲之美國亞洲之日本等相繼而起。此諸國者。其人民爲改良國家內部組織之故。而演極慘劇之內爭。多者數十年少者亦數年。直至我咸豐同治間。乃始陸續就緒。（若俄羅斯則尤瞠乎其後。直至最近數年間始略就緒者也。）夫彼諸國民者。豈不知一國智力銷磨於內訌。至爲可惜。豈不思早發揮其力以競於外。其奈非經過此一關。則國家且不能以圖存。而更何外競之可言。是以糜萬人之血。費累世之淚。以致死於國內之蠹賊而不悔也。使英國而長爲卜硜函輩及其他宮中變人所宰制。使法國而長爲馬薩林輩及其他貴族僧侶所宰制。使日本而長爲井伊直弼輩及其他幕府鷹犬所宰制。則此諸國者。恐將早絕於天壤矣。夫惟其民有極强毅之對內能力。能取國內腐敗之元素排泄之。使善良之元素得以健全發達。及其力之存於內者既能自完。則非惟外人莫之敢侮也。且自能伸其有餘之力以侵略於外。今世列强浡興之歷程。如斯而已矣。
反之而衰亡之國。則皆由誤此途徑而自貽伊戚者也。吾嘗讀波蘭埃及朝鮮波斯諸國之近世史。見其每當逼迫於列强也。其國民對外敵愾之心。未嘗不甚盛。時且有壯烈爆烈之舉。聳天下之耳目。雖然。此不過一時客氣之橫溢耳。而終不能善用之以對付其病國殃民之政府。以一新其政治上之組織。遂乃取次魚爛。以至於亡。而彼乍發乍斂之對外感情。或反以供外人利用之資。而助大命之速傾。此眞亡國史一邱之貉。論世者未嘗不爲之扼腕流涕也。

夫國曷爲而有外侮。亦必由有其可侮者存焉耳。而不然者。雖以今之荷蘭比利時瑞士等國。幅員曾不能比我一縣。而豈聞有他强國焉敢加以無禮者。然猶得曰托庇於均勢主義之下。非其自力所能致也。若乃如前此之普魯士。以區區一小侯國。（普國前爲布蘭丁堡侯國腓力特列大王之父始稱王耳）地斥鹵。人民寡。介於五六强之間。曷爲能日趨盛大。卒締造今日之德意志帝國。稱霸五洲焉。前此之撒的尼亞。不過阿爾頻山中之一小公國。蜷伏於奧大利肘腋之下。曷爲能續古代羅馬久絕之緒。統一意大利。以自伍於歐洲六雄之列焉。是知外侮之加。惟加於其可侮者。必不加於其不可侮者。孟子曰。能治其國家。誰敢侮之。此千古不易之至言也。是故凡明達果毅之國民。當其見侮於他國也。則必能深察其所以受侮之由之存於國內者。急起併力而排除之。昔英人因法之侵占邁那卡島也。舉國憤起。推倒紐卡蘇爾內閣。確定下院政治之基礎。（參觀附註）普人爲拿破侖所侵。失其領土之半。遂起士達因大改行政組織。漸頒憲法政治。以底盛强。日本因美艦入浦賀。各國逼訂不平等之通商條約。輿論沸騰。咸集矢於將軍德川氏。遂倒數百年基深蒂固之幕府。成今日之治。（參觀附註）若此者。雖未嘗不借對外之感情以爲動機。而其實則以期收效於對內也。夫本以不能忍對外之恥辱。思一雪之。竊極所由。知非得良政府末由奏功。然後迂其途以先從事於改造政府。則謂對外論爲目的。而對內論不過其手段焉可也。然亦以人民蓄怨積怒於惡政府者既極。欲去之而苦無術。乃借一對外問題。利用人民敵愾之心理。而導之以成改造政府之大業。則謂對內論爲目的。而對外論不過其手段焉亦可也。目的手段可以迭爲循環。而要其着手實行者。必先在對內而後及對外。而苟非對內獲有成功者。則對外之成功亦決無可望。此徵諸各國已事。而章章可見者也。

（附註一）邁那卡島事件者。起於一七五五年。而英法戰爭之導線也。地在地中海。本爲一小國。受英之保護。法將黎士流以兵奪之。其時英相紐卡蘇爾柄政十餘年。賄賂公行。綱紀盡弛。英民借此事起而攻之。於是紐氏遂失勢。名相維廉畢特繼起執政。憲政確立。卒戰法而勝之。有名之史家馬哥黎所作維廉畢特傳。記其事云『當英將邊克氏之歸自邁島也。舉國痛憤。咸思一雪此恥。倫敦市民首攻政府之溺職。討罪之檄。徧貼街牆。於是舉國州縣各派代表。凡三百餘人。伏闕上書。兩星期間。書之達於樞密院者凡六十餘通。詞極嚴厲。務追求所以致此屈辱者。原因何在。造此原因者爲何人。書上。政府雖嚴憚然猶欲以術解散之。當時有名士白拉安者著一書。題曰時事豫言。其中一節云『吾英人卑屈無恥之人種也。行將永爲外敵之奴隸。然萬不能謂之不幸。蓋自業自得。理有固然也。夫安有以十餘年蜷伏於惡政府下不感痛癢之人民。而能與强敵遇者哉。』此書一出。全國若狂。於是各城鎮互相傳檄。決議不納租稅。當此之時。首相紐卡蘇爾之心事如何。彼生平所最貪愛者。利祿也。威權也。雖然尚有一物焉。視此二物爲更可愛者。而今也此物殆將失墜。此物維何。則首級是也。於是紐氏乃不得不舍其所次愛者。以保其所最愛者。而下院多數黨首領始得代興。』馬氏之言如是英人於對內對外本末緩急之務可謂知所擇矣吾國民試思之使英人而遇我國今日伊犂片馬等事件者其所以待之將如何而白拉安若覩今日之中國人又謂之何哉

（附註二）日本人最能借對外事件以爲改革內治之動機前所舉因美艦入浦賀而奏倒幕之功其最著者也次則明治七年因征韓論而元勳之一部分翩然下野遂相率請願國會組織政黨以成立憲之治又次則因改正條約問題使當局者數次辭職又次則因俄法德干涉還遼倒伊藤內閣而大隈板垣聯合之憲政黨內閣繼之是爲政黨內閣之始又次則因日俄和約倒桂內閣而西園寺之政友會內閣繼之凡此皆最善利用對外問題以對內者也

夫國民而誠能利用對外問題以對內則外侮之來有時或反爲國之福孟子所謂無敵國外患者國恆亡是其義也若置內治於不顧而惟單純的昌言對外乎是必終於無效而已（不必其絕對的不顧內治也但使以對外爲第一義而以對內爲第二義則已大錯）此何故耶（其一）現今爲國家主義全盛時代人挾其偉大之國力以臨我我非有偉大之國力決無從對付之而偉大之國力非內治組織完備後決無從發生凡一切對外論不可不以此爲總前提（其二）據此前提則知凡國民遇他國侵犯而思抵抗之者亦惟有求得一良政府以爲國家健全機關然後由此機關運用國家之全力以相抵抗舍此別無他途苟欲以箇人抵抗則其力徒消耗於無用充其量若鴉片戰役廣州三元里之事亦可謂有名譽矣然其所補於大局者安在（其三）各國對外政策其由人民督促援助而成者誠甚多如日本之日俄戰役實由人民鞭策政府然後決行其顯例也雖然此亦由先有良政府積多年以養成國力始能臨事而收其用耳而不然者則如以我現政府當外交之衝一旦

遇伊犂片馬等事件起。而欲助之以求一對外壯烈之舉。此無異磨甎希鏡。蒸沙望飯。其必至徒勞。此五尺之童。所能逆覩矣。（其四）況對外之事。變動不居者也。有惡政府在上。日日竊鬻權利以予外人。及其條約合同之既訂。則於國際上而我國對於他國有當負之義務。迨夫祕密暴露。國民始謀起而爭之。則已無及矣。雖取鬻國者尸諸市朝。而繫頸之組終不可得解。夫國民苟非先戮力對內以去此惡政府。則此等事固日出不窮。防之不勝防者也。而國民雖抱此誠毅之敵愾心。亦不過事後作一場空議論。如諺所謂賊去關門者。則何益矣。（其五）不惟國與國家交涉爲然。即甲國人民對於乙國國家之交涉。或兩國人民之互相交涉。而以今日國家主義發達之結果。凡箇人之對外者。殆無不恃國家爲後援。我國民即僅欲對付他國國民。而在此惡政府之下。亦斷無術可以自貫徹其所主張者。（其六）至如抵制外貨等舉動。當國民憤懣無所復之之時。以此爲最後之武器。似亦可以使強敵稍有所懼。然當此交通大開之世。生計上之原則。固不容一國與他國閉關絕市。雖以國家強制執行。猶必無效。而況於一時客氣之所結集乎。其必不能持久。而徒使國民生計上招無量數之損失。已耳。（其七）凡國民在腐敗政府之下。而欲以私人資格爲強硬之對外運動。其運動無效。則無論矣。苟稍有效者。則外人欲摧滅之。亦易如拉朽。蓋其國民能力。曾不能改造政府者。則必畏惡政府如虎者也。而惡政府又畏外人如虎者也。兩虎在前。有辟易而已矣。（俗諺有恆言曰百姓怕官府官府怕洋人洋人怕百姓此言殆深入吾全國之腦中雖賢者猶惑之雖然此大謬也夫安有以怕洋人之官府在上以怕官府之百姓在下而洋人猶怕之者哉）（其八）苟率一時客氣。而竟能有一二事達其強硬運動之目的。而損失之與之相緣者。又或不可紀極。其小者則如因仇教而致賠款。其大者則如數年前贖路贖礦之議盛行。往往甘喫大虧以毀約。反墮他人術中。（其中廢約而不甚吃虧者固有之要以吃虧者爲多礦約尤甚蓋外國投機家承辦一礦已失敗而我爲之彌補虧空者甚多）更大者則如義和團。糜千萬人之生命。費數萬萬之金錢。以買歷史上永遠不滌之恥辱。夫國家固常有犧牲一部分之利益者。故雖喫虧舉動。原不能遽斷爲失計。然亦視其犧牲之所以爲償者何如。忍一度苦痛。而可以免他日無數之苦痛。則忍之宜也。凡國民之對內而謀改造政府者。蓋未嘗不大有所犧牲。以與爲易矣。若夫服從惡政府而徒囂張於對外者。其所犧牲。則皆以無償終者也。綜此諸義。則國民對內對外先後之序。從可識矣。

善夫先哲之言也。曰自勝之爲強。凡一私人之治身也。蓋未有不以省克爲自立之基者。輕浮者而不能自克以進於沈實。巽懦者而不能自克以進於剛強。怠荒者而不能自克以進於勤愼。以此立於世。未有不爲人役者也。夫國亦何莫不然。大憝蟠於朝宁。不能鋤而去之。而謂可以禦寇於境外。伊古以來。未之前聞。此如一家主人。常受制於悍僕。欲免鄰里之淩蔑。豈可得哉。以如此之國民。則雖絕無敵國外患。亦必魚爛於內而莫之救。此如積年瘵疾者。不必冒風寒。然後致死也。以如此之國民。正白拉安所謂理合永爲奴隸自業自得者也。而猶仰首伸眉以言對外。則亦爲外人笑而已矣。

然與國民言對外。則動聽甚易。與言對內。則動聽甚難者。斯亦有故。（第一）外侮之相加。其事件常爲具體的。強訂一條約也。割一地也。奪一路掠一礦也。皆有確實顯著之一迹象予人以共見者也。故稍有血氣者。無待思索。而可以立生其義憤。政府之稔惡。其事件常爲抽象的。每一惡政出之者爲何人。成之者爲何人。常迷離惝怳而不得主名。故民聽易惑。而惡政結果之及於吾民之身也。恆幾經曲折。非稍具常識者。不能明其因果關係也。（第二）外侮相加。恆予吾民以新苦痛。政府爲惡。則相沿已久。人民於惡現象之驟現者。則驚而惡之。其習之久者。則相忘而莫之察也。（第三）對外運動常爲間接的。苟非蠻橫如義和團者。決不肯以無意識之排外見諸事實。（卽義利團亦由有政府嗾於其後耳否則此運動豈能成爲事實哉）欲見諸事實。仍不得不賴國家機關之力。故其與敵交綏。終無其期。此如去敵營百里吶喊呼殺。不必勇者然後能之也。對內運動。則常爲直接的。動則須與政府短兵相接。性命相搏。而政府亦感其直接不利於己。則或以威偪之。或以利誘之。自非極強毅之人。未或能持久也。坐是之故。則國民輕於言對外而憚於言對內。亦宜。

雖然。知具體的新害。而不知抽象的舊害。是智識低下之表徵也。敢於爲間接的運動。而不敢爲直接的運動。是志行薄弱之表徵也。二者有一於此。國其何以競。吾願我國民之深有所自省而已。

政黨與政治上之信條

何謂政治上之信條。謂國人對於政治上所公共信仰之條件也。人之相集而爲羣也。則必有其一羣所公認爲不可不循之理法。無以名之。名之曰信條。是故有宗教上之信條。有道德上之信條。有學問文藝上之信條。有社會交際上之信條。其他莫不有之。不能縷舉。而此信條者。隨地而異。隨時而異。甲國之信條。非可以喻諸乙國也。卽在同一國中。甲時代之信條。非可以喻諸乙時代也。例如埃及希臘人之崇祀物鬽。崇祀人鬼。以語佛教耶教之國民。莫之喻也。而佛教耶教國民之所信。以語彼等。亦莫之喻也。例如斯巴達人以竊盜爲美德。以語他國人莫之喻也。例如古代諸國。多分人類爲若干階級。不許通婚姻。以語尊平等愛自由之國民。莫之喻也。例如今世歐美人以婦女當社會交際之樞主。婦謝客則羣訏爲無禮。以語東方人。莫之喻也。例如本朝攷據家之治經學。引書必求其朔。家法必宗於一。以語元明人。莫之喻也。是故凡一信條之存於社會也。則全社會之人。凛乎莫敢或犯。自能於冥冥無形之中宰制羣衆心理。其有犯焉者。則相率駭而嘩之。必使其人不能自存於本社會而後已。是故凡活動者。則活動於信條之下而已。凡競爭者。則競爭於信條之下而已。其信條異者。則其活動競爭之方式亦從而異。以甲國甲時代之方式移諸乙國乙時代。莫能適用也。豈惟宗教上道德上學問文藝上社會交際上為然耳。卽政治上亦有然。

諺有之。『秀才遇著兵。』此言夫以思想懸絕之兩人相交涉。勢必窮於因應也。是故無論為一人與一人之交涉。為國內一團體與一團體之交涉。為一國與一國之交涉。要必先有彼此心目中所共守之信條。然後可據以為規律之鵠。而言動之秩序。於是生矣。例如有兩學派於此。皆宗法孔子。甲派引孔子之義理以難乙派。則可以使乙派帖服。作乙派而本不悅服孔子者。則甲派雖徧徵六經。無當也。例如有兩國於此。同認國際法。乙國若違反國際法。則甲國可據法例以折之。使乙國而並不知國際法為何物。則甲國雖廣引先例。無當也。夫政治上國民與政府之交涉也。則亦有然。專制國自有其上下所共守之信條。立憲國又別自有其上下所共守之信條。苟立憲政治之信條未能深入人心而共視為神聖不可犯。而欲遽效立憲國民活動競爭之方式。未有能奏功者也。

然則立憲政治之信條。何自生乎。其一由於憲法。其二由於政治上之習慣。憲法則有形之信條也。政治上習慣。則無形之信條也。是故凡立憲國民之活動於政界也。其第一義。須確認憲法。共信憲法為神聖不可侵犯。雖君主猶不敢為違憲之舉動。國中無論何人。其有違憲者。盡人得而誅之也。其第二義。則或憲法未嘗有明文規定者。或雖有規定而中含疑義。可容解釋之餘地者。或雖無疑義。而當其行使此權利。有可容伸縮之餘地者。例如君主對於議院議決之議案有不裁可權然君主不行用此權不爲違憲也又如人民有選舉權然人民不行用此權不爲違憲也此所謂容伸縮之餘地也凡此則皆由政治上之習慣積累而醞釀之醞釀既熟則亦深入人心而莫之敢犯試舉他例以明之如朝會必具衣冠此有形之信條也稠坐不宜袒裼此無形之信條也居喪必當衰服此有形之信條也喪中不宜宴樂此無形之信條也兩者之効力相等而無形者之宰制人心時或視有形者爲更甚以立憲政治之信條論之則憲法與政治習慣迭相生而迭相成兩者和合自產出種種條件而畫然以示異於非立憲之政凡立憲國臣民之活動於政界者莫不明遵之而默認之無或敢悍然與此信條抗其有抗者則立即爲全國政界所嘩而頓失其活動之力立憲政治之所以勿壞皆賴是也試舉其目

一凡加束縛於人民公私權者或新課人民以負擔者皆須以法律定之

二凡法律必須提出於議會經多數可決而始成立否則不能施行

三凡命令不能侵法律範圍不能以命令變更法律

四凡豫算非經議會可決不能施行豫算外不能擅行支銷豫算各項不得挪用

五凡議會必須每年召集

六凡議會閉會中政府雖得發緊急勅令以代法律雖得爲豫算外之緊急支出然必須於次會期提出於議會求事後承諾不承諾則須將前案撤銷

七凡議會議決之法案君主照例裁可公布之

八凡君主對於政治上之行爲或不行爲行爲如發勅諭之類不行爲如不裁可法律之類一切皆由國務大臣負其責任

九凡政府與議會衝突。則或政府辭職。或解散議會。二者必居其一。

十凡國務大臣必須常赴議會演說政見答辨質問。

其他信條尚多。不能備舉。此特其最著者耳。而凡在號稱立憲之國。則此諸條者。其朝野政客。皆視之若日月經天江河行地。凛乎莫敢或犯。脫有犯之。則必全國人所集矢。不能一日安於其地位。夫如是然後政黨之勢力得以發生。人民前此有不慊於君主者。非革命不能易之。今則無須爾也。君主在法律不能爲惡。但責問大臣足矣。前此大臣不愜輿望者。非暗殺不能去之。今則無須爾也。所提出之法律案豫算案。不予通過。緊急勅令緊急支出。不予承諾。更甚則或爲不信任投票。或上奏彈劾。則大臣無所容其戀棧矣。是故在野之俊秀。懷抱政見而欲實行之者。但使能結集爲一大黨。占多數於議院。則政府固不得不唯唯聽命。而怙權之政府。勢亦不得不植大黨以自固。即不爾。亦須與一二黨提攜。採用其政見。務使得多助於議院。然後即安。故曰。非有政黨。不能運用立憲政治。蓋謂是也。是故在英美等國。其政府員必須從政黨出者。固無論矣。即如德日等國。其政府員雖亦常以超然不黨自號於衆。然語其實際。則苟非擇一二黨與之交歡。則安能一日尸其位。質而言之。則凡在立憲國。未有失議會多數後援之內閣。而猶能存續者。立憲所以異於專制者。全在此。政黨所以能爲立憲政體之中堅者亦全在此。是故雖有狡猾頑強之內閣。不過弄陰謀以操縱議會之政黨而已。不過解散議會干涉選舉而已。彼曷爲而操縱。曷爲而干涉。凡欲以得多助於議會也。彼確知非得多助於議會。則法律豫算不能通過。勅令不能得承諾。而被彈劾以辭職。終不能免也。故合以上諸信條。尤可以一總信條括之。曰。凡立憲國內閣。必須設法求得多助於議會是也。若並此信條而不肯公認。則更不能名之曰立憲政體。而政黨之爲物。又斷未有能發揚光大於其間者也。

今之政府全不識立憲政體爲何物。以上諸信條。未嘗有一焉懸其心目中者。法律與命令之區別及其範圍。漫不省也。一切用上諭之舊形式頒布之而已。故有種種事項在立憲各國例須以法律規定者。而始終不以提出於資政院或資政院否決之法案。不轉瞬而發上諭施行之。其可決之法案。動輒留中不發也。雖前此早經裁可公布之法律政府公然違反之恬然不爲怪也。豫算案雖經提出議定。視之若無物也。不識事後承諾爲維持憲政之一大義。故舉凡一切重要政務。悉瞯資政院閉會後開會前而擅自行之。若鼠之晝伏夜動。自謂此遂足以逃責也。不知君主無責任一語作何解釋。故凡百舉措。自審爲輿論所不容者。輒假詔旨爲護符。動以違制入人罪。而其得失若於副署大臣無與也。大臣悍然不到院。凡百詰質。充耳不聞也。視院如仇。而始終不肯解散。惟閣置其議案。使悉歸無效也。質而言之。則自始未嘗認民意機關爲一法定有效之機關。而對於此機關之言論。視之與尋常報館之言論與尋常集會演說之言論相等。聽其喧呶。目笑存之。蓋立憲政治公共之信條。彼一無所喩。一無所恤也。而人民舉立憲國通行之成例以責望之。此如索文繡於裸國。希韶響於聾俗。云胡可致。苟循此不變。則雖有極大之政黨。終不能得絲毫之勢力以左右政治。政府則非惟不必聯絡政黨。並不必操縱政黨。過抑政黨。聽其自生自滅而已。久而久之。人心厭倦。人才益去政黨而他適。政黨之命脈。日漸澌絕。立憲徒存虛名。而國命遂將永斬矣。吾每念此。未嘗不汗流浹背也。

夫立憲政治之信條。其養成之雖非一日。而助長之亦非無道。則今年資政院之舉動。所關最鉅矣。竊謂開院伊始。宜將無關重要之議案。暫行閣置。惟注全力督促政府。使承諾立憲政治之諸大原則。略舉其要者如下。

一嚴定法律命令之範圍及其效力等差。
二分別詔旨種類。勿以政治責任瀆君上。
三確定事後承諾之作用。杜政府之取巧。
四議案之留中者。須大臣說明理由。以防不裁可權之濫用。
五强迫大臣臨院。毋許規避。
六閣院衝突。則辭職解散。務行其一。
此數義若能辦到。則憲政之形式精神。庶幾略具。而政黨之作用。始漸可覩矣。

立憲國詔旨之種類及其在國法上之地位

立憲政體。以君主不負政治上之責任爲一大原則。其所以示別於專制政體者。惟在此點。然當由何道。乃能舉君主不負責任之實。此非明詔旨之種類及其在國法上之地位焉不可也。我政府絕不知此義。故動則假詔旨爲護符以自卸責任。我國民對於此義。亦不甚明瞭。故一遇政府假詔旨爲護符。輒不敢復糾問其責任。苟循此不變。則所謂責任內閣者。永無成立之時。而君主以一身當人民責備之衝。一無以異於專制時代。則立憲政體之精神。遂從根本破壞以盡。是故吾對於此事。不能無言。

今世立憲君主國亦多矣。其憲政精神之完缺。憲政程度之高下。等差至多。其上焉者且勿具舉。若日本者。歐美人所指爲半專制的立憲國也。憲政精神之不完。憲政程度之劣下。至日本而極矣。苟更下於此。則殊不能復謂之憲政。今我政府乃至曲學阿世之新進。動輒以效法日本憲政爲詞。此其適應於我國國情與否且勿論。然既曰效日本矣。則亦當知日本之制度。固自有其相維於不敝者。若徒取其便於己者而效之。其不便者則隱而不言。是又得爲效日本矣乎。今試取日本各種詔旨之種類及其性質而論列之。

日本詔旨之種類。可區爲二大部。

(一)政治以外之詔旨。以國務大臣不副署爲原則。臣民但有祇奉。稍挾異議。卽爲大不敬者也。復分爲四。

(甲)誥勉臣民之詔　此種或謂之詔書。或謂之勅語。或謂之勅旨。或單謂之勅。彼中最有名之敎育勅語。(示人倫道德之要旨)軍人詔勅。(示軍人之模範)戊申詔書。(敎民以勤儉貯蓄)是其例也。每年親臨議會所頒之勅語亦屬之。(親臨議會之勅語雖似含有政治上之意味然其措詞大率皆極泛常不着邊際但誥勉諸臣及議員而已)凡此等類。只能謂之道德上之訓條。而非政治上之命令也。臣民不容挾異議。自無待言。

(乙)恩詔　今年二月日皇特賜勅旨頒百五十萬元以賑恤窮民。其最著也。此外遇事恩賜。固常有之。其他下恩賜於個人者亦然。凡此皆格外施仁。與政治無關。固甚易見。

(丙)皇室令之與國務無關者　日本之皇帝典範與憲法別行。皇室事項。多規定於國家根本法以外。與國務異其範圍。故頒布皇室令之上諭。僅以宮內大臣副署而已足。然其公式令(明治四十年改定)第一條所規定。則宣誥皇室大事之詔書。當由宮內大臣與總理大臣同副署。第四條規定改正皇室典範之手續亦然。第五條關於皇室令項下。則言皇室事務與國務有關連者。國務大臣一併副署。凡所以畫淸界限。其單純之皇室事務。固不許人民參預。其皇室事務與國務有關者。仍許人民參與也。

(丁)尋常體制上之詔勅　如紀元節萬壽節等例頒之勅語是也此其於政治得失毫無關係又不待言凡此等詔旨其所以不要國務大臣副署者以其與政治絕無關係無責任之可負斷不至緣此而府怨於人民以損及皇室尊嚴也然此不過詔旨之一小部分耳其大部分則屬於下方所舉之第二類

(二)政治上之詔旨以國務大臣副署爲原則而副署之大臣一字一句皆負責任議會常正式糾其責任即全國國民亦人人皆得起而問其責任也復分爲七

(甲)改正憲法皇室典範及裁可法律公布之上諭(公式令第三第四第六條)　改正憲法及皇室典範爲不常見之事可勿論若夫法律則非經裁可不生效力裁可後則以上諭公布之此詔旨之最強有力者也而此種詔旨非經國會議決該法律之後不得下之苟其法律未經提出議會或提出而被否決者而擅發上諭以頒布焉則副署大臣違憲之罪決無可逭也

(乙)公布勅令之上諭(公式令第七條)　勅令一語吾國人聞之以爲即是詔旨然在日本國法上實爲特別之一名詞蓋所謂法規者分爲法律與命令之兩大類而勅令則命令之一種也其別復三

(子)緊急勅令　據彼憲法第八條所定當議會不能召集時得發之以代法律者也故其效力與法律同等雖然苟非迫不及待之事又非値議會實不能召集之時而漫然發之則副署大臣不能逃違憲之責任(去年日本合併朝鮮發多數之緊急勅令今年議會即爲此事生出違憲責任問題攻擊政府不遺餘力其學者亦嘵嘵有所論列)若緣此勅令而生出政治上之惡果則副署大臣尤不能逃失政之責任故此種勅令必須於次期議會開會時提出以求承諾求承諾云者即求免除責任也(歐洲各國憲法皆用求免除責任字樣)　苟議會不承諾則此勅令立須取消不能以有一勅字而謂言莫

予違甚者則副署大臣當引責辭職尤不許假一勅字而自庇也

(丑)獨立勅令　此日本所獨有也據彼憲法第九條則其天皇爲保持公共安寧秩序增進臣民幸福得發之惟不得以之變更法律此種勅令必須大臣副署苟其與法律相牴觸則副署大臣當負違法之責任若不能舉保持公安增進幸福之實則副署大臣當負失政之責任

(寅)執行勅令　爲執行法律而發也各國皆有之而日本亦以之規定於憲法之第九條此種勅令專以法律所委任爲範圍苟軼此範圍則副署大臣不得辭違法之責

(丙)公布條約之上諭(公式令第八條)　歐美各國締結國際條約多須經議會協贊惟日本則否此其君權獨廣於他國者也雖然凡條約必須冠以上諭而公布之(我國直至今日尚未聞以正式公布條約其怪狀實亘古未有也)　其末則大臣副署而條約苟有戾於國利民福者則副署大臣失政之罪決無從諉也

(丁)關於預算及結契約以增加國庫負擔之上諭(公式令第九條)　所謂結契約以增加國庫負擔者如借國債其最著也(此外尚多)　日本憲法所規定凡預算公債及其他關於此項之契約皆須經議會協贊(第六十二六十五條)而以上諭公布之其上諭要大臣副署苟預算案未通過於議會公債案未提出於議會或提出而不能通過而貿然以上諭布之則副署大臣不能逃違憲之罪(如我國會雖未頒憲法而資政院章程實效力最强之法律也章程第十四條明賦予院中以議決公債之權而此次借債之大臣乃假上諭爲護符其違法之罪則豈能末減者)　使預算內容戾於國利民福所借之債弊餘於利則副署大臣尤不能逃失政之責此斷非可藉口於上諭而卸其咎者也

(戊)其他關於行使大權之詔書勅書(公式令第一第二條)　如宣戰媾和戒嚴等其最著也日本憲法上屬於大權事

項者甚多，不能枚舉。其行使大權，以不經議會協贊爲原則，則似此等詔旨，惟由君主孤行其意，絕非人民所得容喙，而抑知不然。此等詔旨，其違憲違法之責任問題，固甚難發生。（不過少耳，亦非盡無。例如忽然無端而布戒嚴令於全國者，一年中止憲法，此固大權之所得行也。然坐是不召集議會，則違犯彼憲法第四十一條矣。）而失政責任問題，則所常有。副署大臣不容狡卸也。蓋行使大權無一不關涉於政治，其有失政，苟責任不歸諸大臣，必還以歸君上也，是烏可者。

（己）皇室令之關於國務者（公式令第五條第二項） 前文已詳。

（庚）親任官之任免辭令書 彼所謂親任者，我所謂特簡也。辭令書即任官免官之上諭也。用人本爲君上大權，非人民所得參末議，然此項辭令書必由大臣副署，苟所用非人，則副署者不能辭其咎。不然，濫引私人而諉過於君上，則君上不其危哉。

以上七種，皆所謂政治上之詔旨也。其所以示別於第一類之四種者，全在大臣副署之有無。曷爲必以大臣之副署，凡以定責任之所歸，而使君上無責任之大義得以圓滿貫徹也。既爲經副署之政治詔旨，苟有闕失，則舉國臣民皆得起而詰難之，所詰難者非君上而副署之大臣也。不然，以日本人之崇敬其萬世一系之大皇，古今萬國，豈復有加者，臨以勅令上諭等名義，其孰敢不戢戢聽命，顧何以其議會常以此爲集矢之的，其報館及集會演說，亦繩糾不稍假借。（最近而最著者，則去年所頒之五種緊急勅令，被攻擊無完膚也。）在流俗之見，豈不以爲侵犯君上神聖大不敬乎哉。而彼乃舉國上下視爲當然者，誠以政治上之詔旨，片語隻字，皆當由輔弼君上之大臣任其責，君上一無與焉。而督責大臣使不敢不竭忠輔弼，又立憲國民所當盡之天職也。夫日本君權之重，可謂至矣，言憲政而師日本，亦可謂取法乎下矣。然苟誠能師日本，則憲政之根本精神，固尚不謬焉，即此一事者，豈不足以爲吾師乎哉。

吾固嘗言之矣。立憲政體非他。君權有限而已。此非吾私言。天下學者之公言也。故英人之諺曰。君主不能爲惡。夫人之性固可以爲惡。君主亦人耳。而胡爲獨不能。豈知彼固眞有所不能者存。非英民之虛搆此言以貢諛也。蓋君主一言一話。無關於政治則已。稍有關者。則非經大臣副署不能有效。然則君主雖欲爲惡。苟非大臣長之逢之。又安得成乎惡者。則惡之所歸。宜在大臣而不在君主明矣。夫此實保持君主尊嚴之不二法門也。如吾前文所論列。政治上之詔旨。其易惹起責任問題者有三大端。（其一）則違憲責任也。（其二）則違法責任也。（其三）則失政責任也。夫違憲違法之責任。苟非冥頑不靈。暴戾無狀如我政府者。自不至於屢犯。可勿深論。若夫失政責任。則無論何國。無論何時。皆所常起之問題也。書不云乎。夏暑雨。小民惟曰怨咨。冬祁寒。小民亦惟曰怨咨。凡政治之爲物。有一利必有一害與之相緣。欲求絕對之美。勢固不可。而稍有闕失。即爲衆怨之府。以君主而當此衝。則皇室之危。豈堪設想。夫旣爲君主國體。則庶政不能不以詔旨行之明矣。苟非使副署詔旨之大臣悉任其責。則當夫詔旨之或違憲或違法或失政也。人民置而不問耶。則國家之本將撥。其起而問之耶。則是與君主爲難耳。故詔旨中一字一句。皆由副署大臣負完全責任。而人民亦繩愆糾繆。不肯絲毫放過。皇室之保世滋大。國家之長治久安。皆恃此也。

今之政府。蠢如鹿豕。曾不解憲政之爲何物。曾不解副署之有何作用。其平居失政之罪。旣罄南山之竹。不足以書之矣。不寧惟是。猶復日日悍然敢於違法而無所顧忌。（今尙無憲之可違耳。而今日敢於違法者。何也。即他日敢於違憲者也。）一遇輿論攻擊。則假詔旨爲護符。曰非我欲之。吾奉令承敎耳。而輿論之所以待之者。則亦奉一詔旨。相率以箝口而奪氣矣。夫此本出於尊君親上之誠。寧不可敬。不知此非所以行其尊親。乃適以陷君上於危而已矣。夫政府之諉過於君上。

其罪本爲大不敬。故雖以俾斯麥之有大勳於德國。其在議院中。偶出一語。借德皇爲護符。則全院唾罵。卒服罪然後釋之。所謂見無禮於其君者誅之。如鷹鸇之逐鳥雀。不當如是耶。今我國民坐視政府之不負責任。諉過君上。而戢戢焉不敢起而詰之。是無異與政府狼狽以行大不敬也。曾是尊君親上者而宜如是耶。率此不變。其不至毆全國憔悴虐政之民。盡移其嫉視政府之心以嫉視皇室焉而不止也。

夫政府則何足責。而我國民之見愚弄見脅制於政府。而若失其對待之力者。毋亦於立憲國詔旨之種類性質而不甚明瞭。不知政治上詔旨與普通詔旨之別。遂乃聽政府之狐假虎威以怙其惡。而莫敢誰何也。吾故有不能已於言者。

（附言）吾爲此文。非徒欲吾民懲既往也。成事不說。雖喧爭亦奚補者。但茲非驢非馬之內閣。亦既告成立矣。將來類此之事。且將日出不窮。我國民所以待之者。總要設法使內閣不能濫演此手段。雖其事非易致乎。然固不可不向此目的以進行矣。其下手第一著。則宜以法律嚴定公文格式。此雖似形式上之末節。然實憲政根本所賴以維持。不可不察也。竊謂今年資政院議決上奏之法案。莫亟於是矣。容當別著專篇論之。

敬告國人之誤解憲政者

我國朝野上下。競言憲政。亦既有年。而國中大多數人。實全不解憲政爲何物者。其在官吏社會。蓋夢夢更甚。故比年以來。舉凡事之變更成法。而便於私己者。則指爲憲政。於是籌備憲政之文牘。高可隱人。而一遇乎事之稍有近於憲政之眞精神者。則相與駭怪之而破壞之。葉公好龍。好其似而非者。逮眞龍窺牖。斯顏色沮異。今國人之言憲政。正此類也。自劉廷琛參劾資政院之摺上。稍有識者。莫不斥劉爲破壞憲政之罪人。豈知一切大小行政官吏之舉措，何一非與劉同類者。劉之言，正乃代表全官吏社會之理想而已。夫一劉廷琛誠無足輕重，然舉國皆劉廷琛，則憲政前途洵危乎殆矣。吾竊計多數人之懷彼理想者，雖强半出於懷祿之私，而其坐不解憲政之眞相以生迷惑者，亦未始無之。夫今日之立憲，開數千年未有之創局，稽諸經典，則僅有其意而無其法，徵諸史乘，則非直乏其例，而且闕其名。而今日徧國中號稱謀新之士，或未洽國聞，故雖有他技，而不足以語於治道。卽有妙解斯義者，亦未嘗思所以廣宣之以喻諸庸衆，則民聽易惑，固其所也。吾故舉憲政最重要之特質且爲吾國人最易生迷執者，敷陳其概，以正告天下焉。

學者言憲政之所以示別於非憲政者有三：民選議院，其一也；責任內閣，其二也；司法獨立，其三也。然司法之事與政治別爲系統，其關係於政體變遷者，非甚密切，故語憲政之特色，實維前二義，而議院與內閣又必相倚而始爲用，二義實一義也。夫憲政有君主立憲與共和立憲之異，共和立憲非我國所宜儌，不必論矣。所謂君主立憲之異乎君主專制者，其在專制之國，則立憲與行政兩大權，皆由君主獨斷而躬行之。立憲國不爾，立法權則君主待議院協贊而行之，行政權則君主命大臣負責任而行之。質言之，則專制國之君權無限制者也，立憲國之君權有限制者也。立憲之與專制所爭，祇此一點，而我國人士所最苦於索解者，亦卽在此一點。蓋我國數千年來之視君權應無限制，幾若天經地義，故一聞限制君權之說，卽疑與侵犯君權同義，此最不可不辯也。試舉國權以明其例。夫國之立於天地之間，必恃有完全獨立之主權，反是則不成爲國，此盡人所知也。然不能謂此主權之行使絕無限制，各國所公認之國際公法，及甲乙兩國互締結之條約，卽其限制也。雖有至强之國，終不能明犯國際法及條約所規定，而專欲以行其志，非限制而何？然此得指爲國權之不完全乎？曰：決不然。蓋承認此國際法與否。締結此條約與否。純出於國家之自由意志。絕非他國之所能強。既已承認矣。締結矣。則此後惟於國際法及條約之範圍內行其國權。不能軼乎其外。若此者限制則誠限制矣。然實自己限制自己。而非受限制於他國。苟我軼此範圍外以行國權。而他國起而責我撓我。則亦其義所宜然。不能謂彼之侵犯我明矣。君權亦然。君主國之君權。其性質宜完全獨立。而絕不容或侵犯者也。雖然。其行使之也。得立限制。雖立限制。而於其完全獨立之本性。曾無所損。何也。立憲君主國所以行使君權之法式。皆以憲法規定之。而其憲法。或由君主獨斷制定。或由君主諮詢人民。從其所欲以協和制定。要之制定之者。恆在君主。故無論其於行使君權之形式設何種限制。要之皆君主限制自己。而絕非受限制於臣民。此如承認國際法。或締結條約以自限制其國權。全出本國之自爲。非他國所得而限制我也。則於其完全獨立之本性。豈損毫末焉。況乎限制云者。決非放棄之謂。雖以條約限制國權之行使。然苟屬獨立國。則決無或以放棄君權之文句入憲法中者。此自然之理也。是故立憲國之君主。其行使立法大權。與專制國無以異也。所異者則以經議院協贊爲限制而已。而議院所決議之事件。非得君主裁可。不成爲法律。議院欲稍侵君主大權而不得也。其行使行政大權。亦與專制國無異也。所異者則以副署大臣負責任爲限制而已。而任免大臣。惟君主所欲。內閣欲稍侵君主大權而不得也。故曰非放棄也。然既已立憲。則斷無或不經議院而專行立法權者。斷無或不經內閣而徑行行政權者。故曰限制也。議院與內閣。實立憲國君主所自設之以爲限制自己之機關。其所以與專制異者。徒視此君主限制自己之機關之有無而已。故學者或稱專制政體爲君權無限之政體。而稱立憲政體爲君權有限之政體。斯眞可謂片言居要者矣。而我國自先帝既頒大誥。采立憲制度爲國是。是卽先帝以君權有限之政體貽謀百世。凡我臣庶。宜永永不愆不忘以率由之者也。

夫君權行使自立限制與否。純由君主所自主。既已若彼。然則今世各立憲國之君主。曷爲必設此限制以自束縛耶。曰此則非法理上之問題。而事實上之問題也。國家之承認國際法與否。與鄰國結條約與否。原由國家所自擇。然無論何國。皆無不認之結之。寧自限制其國權之一部分而不肯離羣獨處者。以此爲有利於國家也。君主之采用立憲制度與否。原由其所自擇。而列國君主皆采用之。既采用則決不肯廢之。寧自限制其君權之一部分而不肯專欲自恣者。以此爲最有利於皇室。且最有利於國家也。夫限制君權之行使。則曷言乎最有利於國家耶。君主賢否。爲一國盛衰存亡所攸繫。此不煩言而解者也。爲臣子者。恆必自私其君。而頌爲至聖至明。雖然此文辭耳。平心以論其實。則君主雖貴。固猶是人也。人性不能有善而無惡。析薪之荷。堯舜不能以得之於朱均。祖武之繩。禹湯不能以得之於桀紂。故欲代代繼體之必爲賢君。實事理之絕無可冀。此盡人所同信也矣。又不徒繼體者爲然也。人生數十年間。雖以大聖。不能無過舉。故放勛之聖。失諸驩兜。成王之賢。惑於管蔡。齊桓公梁武帝唐玄宗。皆不世英主。而以艱難始。以耄荒終。人類自然之缺點。誰則能免。況乎君主固有之特別位置。其習於爲不善。有視齊民爲更易者耶。夫齊民之過舉也。則社會之制裁。國家之憲典。常有以抑之。使不克恣。即偶不及抑。災亦僅及其身已耳。若君主則異是。哀公問孔子一言而喪邦有諸。孔子曰。言不可以若是其幾也。人之言曰。予無樂乎爲君。惟其言而莫予違也。如其善而莫之違也。不亦善乎。如不善而莫之違也。不幾乎一言而喪邦乎。夫言而莫違。即行政權無限制之謂也。而孔子危之若此。豈不以君權無限之國。必代代篤生堯舜。乃可以久安長治。然茲事終亦非人力所能及也哉。抑限制君權之行使。曷言乎最有利於皇室耶。夫皇室者。國存與存。

國亡與亡者也國而不綱皇室將安所麗以尊榮況乎君主之失政往往禍未中於國而先中於厥躬大則放集流彘墜其神器小則海陵昌邑覆其本支論史者咸謂當時苟有人臣救其惡豈其至是則君權無限之效可以覩矣是故古昔聖帝明王恆汲汲思所以自限制其權惟恐不逮書曰予違汝弼汝無面從又曰用顧畏於民嵒傳曰豈其使一人肆於民上又曰專欲難成又曰好民之所惡惡民之所好是謂拂民之性凡此之類若條舉之雖累千百條而不能盡我國民苟能讀書識字者當必知此種理想爲我國政治上之天經地義無俟予喋喋矣而此種理想當由何道而始使之現於實此則五千年間千聖百王所殫精焦慮而未有得直至我德宗皇帝始竟其志者也先王憂君權無限之不勝其敝也而設爲種種制度以自坊於是置誹謗木建敢諫鼓瞽史誦詩庶人傳語上之立師保疑丞使有所嚴憚置起居注君舉必書及其崩殂則稱天而諡名曰幽厲百世莫改令日兢惕及後世則有御史臺有直言極諫科以拾遺補闕爲專職黃門給事得封駁詔書凡此等類其立法之意豈有一焉非以限制大權之行使務使毋或自恣以貽隕越者耶然而其效卒不覩即偶有效而亦鮮能持久不敝者何也其所設種種限制機關皆隸屬於行政機關之下而未嘗別爲一獨立系統其司此機關之人皆由君主任免而無他途以使之發生夫隸屬機關欲對於上級機關而施限制其所能限制者幾何而以君主所任免之人司限制君權之機關則趙孟所貴趙孟能賤之欲使舉其職難矣苟遇令辟固常能妙選賢才使當此機關之任亦常能自節制以尊重此機關之權則此機關洵爲有效矣雖然既曰令辟則雖行使大權絕無限制而斷無或貽禍害於國家則此機關即勿設焉可耳所以必設此機關者爲不令之辟置坊也而不令之辟則其蹂躪此脆弱之機關固自易易又常能將己所嚴憚之人屏諸此機關之外而使此機關變爲長惡逢惡之具者也夫如是

故立法之意初雖至美。而立法之效終不可期。數千年來所以亡國破家相隨屬。且治日少而亂日多者。豈不以此耶。是故我睿聖文武德宗景皇帝有憂之。近之爲聖子神孫立不拔之基。遠之爲億兆烝黎積無疆之福。以我國歷代相傳之理想爲體。以各國經驗有效之成例爲用。遂以倡此君權有限之立憲政治。其行使行政權則責成於副署之內閣。而不以衡石量書爲能。其行使立法權則察邇於民選之議院。而不以防口若川爲事。是故德宗景皇帝所建之立憲政體。使君主常立於無爲而治之地者也。惟無爲也。故無不爲也。無爲而無不爲。故無不治也。由此言之。則君權行使之自立限制與否。雖由君主所自擇。而先帝所以必立此限制以貽子孫者。良非猥自貶抑。徒以有此限制。則國家與皇室兩蒙其利。無焉則害亦如之。而所以爲限制之具。亦非自先帝而始謀建設。不過歷代哲王屢易其途。未得一當。至先帝乃深探其本而舉其綱云爾。是故今日凡我國人。首當知所謂憲政者。惟以君權有限之一義。示異於專制。次當知君權有限。乃君主自限之。於君權尊嚴神聖之本體。無損毫末。復次當知欲保持君權勿墜。舍君權有限外更無他法。復次當知此君權有限之理想。爲我國堯舜孔孟所發明垂教。絕非稗販之於他國。最後當知此君權有限之制度。實根本於先帝大誥申之以末命。更非爲人臣子者所能私議。明乎此義。則庶可以自列於中國之立憲國民也已矣。

今國中言論之最易惑民聽者。則號稱老師宿儒者流。動以今日之立憲制度。爲有大權旁落之患。宜亟設法以爲坊也。倡此說者。其果出於忠愛之誠與否。且勿問。然吾以爲苟誠忠愛。則當思所以使其忠愛現於實際者。吾請得爲彼輩更進一言。

夫今世之立憲國。其君主不能如專制國出言爲法也。而必有待於議院之協贊。則似大權旁落於內閣大臣。彼老師宿儒之憂大權旁落者。豈不以此耶。吾試詰之。公等以設此限制卽爲大權旁落。然則必以無此限制者爲大權不旁落明矣。然而按諸事實。果爾爾耶。吾固言之矣。君主雖貴。固猶是人也。旣名之曰人。則其聰明才力所能及者。要自有限界。雖烏獲之勇。終不能以挾泰山。雖離婁之明。終不能以察野馬。謂一日萬幾而能以一人悉躬親之。非過則諛已耳。是故無論若何天縱神武之君主。終不能無所待於羣策羣力而獨以致治。而稍一不謹。卽爲魁柄下漸之階。試觀秦漢以來。二千年之史乘。擧國威令何嘗有一時代焉不號稱自天子出者。然又何嘗有一時代焉實自天子出者。其闇昧之主。則梟桀者劫而持之。其驕汰之主。則聚斂者迎而賣之。其明察之主。則深刻者伺而中之。其恭儉之主。則鄉愿者承而謾之。以新進爲不可信而求諸耆舊。則權移於耆舊。以大臣爲不可信而求諸小臣。則權移於小臣。以異姓爲不可信而求諸宗藩。則權移於宗藩。以草莽爲不可信而求諸外戚。則權移於外戚。以朝列爲不可信而求諸方鎭。則權移於方鎭。甚至以外廷爲不可信而求諸宦官宮妾。則權移諸宦官宮妾。莽莽數千年。一丘之貉。雖有佞口。亦豈能爲諱也哉。夫莽卓操懿之徒。積威福以傾大命者無論矣。乃如秦之李斯趙高。漢之呂霍上官閻梁許史董賢石顯曹節王甫。唐之楊國忠李林甫李輔國盧杞王叔文以逮羣宦豎。宋之蔡京秦檜賈似道。明之劉瑾嚴嵩魏忠賢馬士英。其他歷代類此者千百輩而未有已。其在當時。曷嘗不日日自託於宣上德揚主威。匿影黼座之下。而敷痡毒於四海。有偶語議己者。動則科以指斥乘輿之罪。如劉廷琛羅織資政院所云云。於是擧天下善類草薙而禽獮之。擧全國人養生救死之資。紾臂探喉而篡取以入於懷。徧布其爪牙羽翼。恣搏噬於邦國都鄙。令天下人側目而視。重足而立。深痛極創。無可控愬。乃眞不得不集其怨毒於人主之一身。大則國破社屋。小則幽廢播遷。而彼假君上爲護符之元惡。乃常或先事考終而不身與其難。其羣小則或反覆狡卸以保首領祿位。卽使天道有知。得伏其罪。以與天下共誅之。而生靈則既塗炭什七八。國家元氣。則既喪盡。而大事敗壞已不可收拾矣。吾試請問劉廷琛與夫黨於劉廷琛者。吾此所言。有一字虛謬否耶。彼其時則曷嘗有所謂資政院。曷嘗有所謂國會。宜若君之大權。常中立不倚。峻極於天。永永無旁落之患。然竟何如哉。此非必歷代之人主皆闒冗不肖也。以一人而欲專制一國之事。本爲事理所萬不能致。況乎君主所處之地。階前百里。堂下千里。其審察因應之艱。視常人且什伯者耶。又況乎繼體之主。生於深宮之中。而長於阿保之手者。欲責以知民情僞。爲道本太不諒耶。是故凡行專制政體者。必致大權旁落。專制之與大權旁落。如形影之相附而不可離。其本質則然也。彼闒冗不肖之主。其受敝固最深。卽英君誼辟。亦祇能稍減其害而不能以盡免。此如行於日中。影必隨現。無可逃避者也。卽如我朝聖聖相承。曠古莫比。猶且有鼇拜明珠和珅肅順諸逆。雖浮雲偶翳。不足以傷日月之明。而國家元氣。所損不已多耶。至如我皇上天亶之聰。我監國攝政王碩膚之德。凡有血氣。孰不共見。而試問以全國十一部。二十二行省。一年三百六十日。日日所發生之政事。其果有一一親裁之暇耶。夫今日政治現象之敝。萬目具瞻。此非吾一人敢爲讕言也。數月以來。各督撫之章疏通電。資政院之質問上奏。言之亦已哀切詳盡。雖有工諛之人。亦不敢謂今日之絕無稗政也明矣。夫以我皇上之聖。以我監國攝政王之賢。則安有肯行稗政之理。則稗政之決非出於皇上與攝政王又明矣。稗政既決非出於皇上與攝政王。而稗政之爲物。則又層累出現。章章在人耳目。然則誰爲爲之。而孰令致之。此豈必待吾言。卽彼病狂喪心之劉廷琛與夫無恥小人之黨於劉廷琛者。苟一撫良心自問。其亦必知有竊我皇上與攝政王之名以行之者矣。質而言之。則大權蓋久已旁落也。夫苟非大權旁落。則必政無大小。皆自我皇上我攝政王出。既政自我皇上攝政王出則何以解於聖賢在上而猶有稗政聖賢決無肯行稗政之理而稗政固日出不窮則此稗政之行其必反於聖賢之意明矣既反於聖賢之意而顧假聖賢之名以行之吾請詰彼病狂喪心輩此非大權旁落更有何說也孔子曰盜憎主人民惡其上久矣今日首倡邪說謂憲政實施則大權旁落者實則現在大權已旁落而入於其手深懼立憲以後則取以還諸我皇上乃先距人而以自固而彼附和其說以肆狂吠者亦不過思丐此旁落之大權所沾溉之餘瀝惟恐一立憲則失其所憑故助人刦持不遺餘力夫彼竊此大權之人敢於竊之則既甚矣不寧惟是猶復叢天下之惡於一身而不自居而悉以府之於君父其人眞豺虎之所不食有北之所不受天道有知其終必有三家磔蚩千刀剸莽之一日而彼憑託城社而爲之狐鼠者則亦必至剖巢熏穴之頃而與之俱盡已耳夫吾於彼輩則更何責而獨惜乎國中不乏讀書稽古尊君親上之君子乃亦惑此詖辭從而播之爲盜竊大權者所賣而與擁護大權之良法爲敵許世子不嘗藥而不免於弑父律以春秋之義則其罪又豈可末減也孟子曰齊人莫如我敬王願讀書稽古尊君親上之君子其愼思之

若夫君權有限之立憲政體則正所以擁護大權而使之永無旁落之虞者也何以言之古賢君之於治道也疑人勿用用人勿疑所最勞思慮者則求得一賢宰相而已是故堯以不得舜爲己憂舜以不得禹皋陶爲己憂齊桓公託國於管子一則曰仲父再則曰仲父置相之權操自君上君上常綰此權勿失則一切大權莫不畢擧矣若如今日任一郞曹免一丞尉皆仰勅裁黃河安瀾畿輔得雪皆勞綸旨以此明君上大權之無所不周此秦以後煩苛之政古無是也然則今世各立憲國之以行政權全委內閣實與我國先聖遺訓暗合而非彼之所自創明矣然相權之重既已若彼則得人與否實爲國命所關故聖帝明王咸以爲難而所以旁求之者惟視民之所

好惡。故曰國人皆曰賢。然後察之。見賢焉。然後用之。經籍中數陳此義者。不知凡幾。然則欲察民之所好惡。爲之有道乎。其一則如英國之制。凡宰相爲議院多數黨（政黨之占多數於議院者）所推戴者。必其爲民所好者也。否則非爲人民所好者也。其二則如法國之制。每宰相就任。則將其政綱發表於議院。而議院則對於其政綱而行信任投票。信任票多者。必其爲民所好者也。否則非爲民所好者也。其三則如德國日本之制。宰相以其政綱。表示於諸法律案及預算案中。其案能通過於議院者。必其爲民所好者也。否則非爲民所好者也。而君主則以大公無我之心立乎其上。察民之所好者則進用之。察民之所不好者則罷免之。如是。復何有不得人之患耶。今如曰君上用人不當察民所好惡也。如曰君上察民之好惡以用人。卽爲大權旁落也。則吾復何言。雖孔孟之書。且先當摧燒矣。若孔孟而稍知治體者。則今日各國通行之制。豈非天經地義而無可訾者哉。夫君上察民所好惡而爰立一賢以作相。則其於致治之道。既思過半矣。猶以爲未足也。復假議院以質問彈劾上奏建議事後承諾解除責任等種種職權。令所以監督糾繩諸大臣者。靡或不周。夫大臣之方始就職也。其選擇之愼既若彼。及其既受事也。而匡救之勤又若此。爲大臣者。其孰敢溺職以受千夫之指耶。溺職且不敢。寧更有專權偪上或殃民而貽患害於君父者耶。脫其有之。不終朝而鞶帶褫矣。我國人徒習見乎歷代權臣之禍。遂乃談虎色變。驟聞內閣權力之重。輒大疑駭。以爲嫌於逼君。然苟一平心靜氣。略考世界各國數十年來政治之成績。彼其政府大臣職權之廣。豈復我國史上杞京檜瑾之徒所能逮其萬一。而曾未聞有坐是損主威干國紀者。則其故可思矣。而或者又以爲大權不旁落於政府。必將旁落於議院。此其愚謬尤不可以理喻。議院不過一議決機關。除與政府交涉外。絕不能直接以發號施令於人民。天下又安有以不能發號施令之機關而疑於盜國柄者哉。況乎議院之發案議決權本有限制。雖議決後。而裁可與否。權仍操諸君上。其政府認爲不正當之議決。則可得請於君主以行停會解散之權。議院雖欲跋扈。又何術以跋扈耶。要之立憲政治一言蔽之。則權力有限而已。以議院限制政府。故政府之權力有限。以政府限制議院。則議院之權力有限。（此語就法理上論之頗有語病但取易解耳讀者知其意可也）若夫君上所總攬之國家統治權。本來無限者也。而當其行使立法權。苟非自設限而使議院於其限內以行協贊。則議院無權以對待政府。而政府之權且過重。當其行使行政權。苟非自設限而使政府於其限內負責任。則政府無權以對待議院。而議院之權亦且過重。夫惟君權有限。然後政府議院之權乃各得發生。各得充實。各得保障。政府權非不大。而常以議院之權爲界。議院權非不大。而常以政府之權爲界。兩界不相侵越。而君權遂安於磐石。何也。君權而將旁落於政府也。則議院限之使不得落。君權而將旁落於議院耶。則政府限之使不得落。既不得落於政府。又不得落於議院。則此權非常在君主之手。而何立憲政體之大精神。實在於是。而我德宗景皇帝所以采此政體以貽謀子孫者。其用意亦實在於是。國中人士聞吾此言。其猶有將君權有限與大權旁落併爲一談者乎。則眞冥頑不靈。吾末如之何也已矣。噫。

聞吾言者。幸勿以爲我有所私於資政院也。今次資政院。其舉措不滿人望之處甚多。吾亦何必爲諱。而或者懲於其失。遂疑此監督行政參預立法之機關。爲非吾國人所能適用。甚且疑爲有害。而思蔑棄之摧殘之。此大不可也。夫此種機關。爲吾國數千年來所未嘗有。最初用之。不能盡如法。此實事理上所當然。毫無足怪。初學語者。而責以演說。初學步者。而責以競走乎。況彼資政院議員。亦不過國民全體中之一人耳。國民全體於憲政之精神功用。多未了解。而欲責議員以超羣絕倫之智識才力。云胡可得。且齊民屬望於議員者太奢。觀其結果而覺失望。猶可言也。若以政府官吏而菲薄議員。則厚顏抑更甚矣。政府官吏。其爲國家公人也非一日。且號稱籌備憲政也亦既有年。在理則才智識力。固宜出議員上。而今也官吏之什八九。瞢然不解憲政之精神功用。視議員中之下駟。且更甚焉。愈居上位者則愈夢夢。曾不知恥而顧責人乎。又況議員舉措之失次。更大半由政府激之使然乎。夫一樹之果。有青有黃。一源之水。有清有濁。吾豈敢謂議員中無失職者。顧以之謗及全體。則烏乎可。謗議員全體。猶且不可。而況於謗及機關乎。機關自機關。人自人。今不能以某部常侍之失職。而謂國家可以不設此部。不能以某省督撫之失職。而謂國家可以棄置此省。何獨於資政院而疑之。今政府有意摧殘資政院。固無責也。而一般人民之對於資政院。亦若易希望而爲厭棄。甚則院中議員之賢者。且時或環顧同列。若羞與爲伍。而幾將一瞑不復顧。吾覩此現象。眞乃憂從中來。不可斷絕者也。嗚呼我大夫乎。我邦人諸友乎。當念此機關實先帝所特設以爲國會之範型。而在立憲政體下爲萬不可缺之物。吾儕若謂中國自今以往可以毋立憲也。夫復何言。若信中國非立憲不足以救亡。則此未離襁褓之資政院。宜如何深惜調護。其忍自爲牛羊以牧此萌蘗也。故政府如以資政院議員爲不足代表輿論也。則宜解散別選。雖然無心肝之政府。吾無責也。若夫一般士夫齊民之對於資政院。監督之鞭策之可也。匡救其失可也。謀改造之可也。而冷視之而厭棄之而摧殘之不可也。資政院議員之賢者。則惟有設法自堅壁壘。自整步伐。自增進其政治上之常識。而更思所以普及於同列。自厲氣節。以爲同列倡。共戮力以間執讒慝之口。毋使爲機關羞而已。頹然自放不可也。靡然與之俱化。尤不可也。嗚呼我國民誠能了解立憲政治之性質。則於吾言其庶幾肯垂聽一二乎。

（附言）此文所論。實至粗淺之理。其在外國。幾於婦孺能解。今采援入報。其褻讀者諸君。實太甚。吾初固不欲作此重憾也。然細察國中大多數之士君子。若有並此理而猶未能解者。故終不能已於言。願大方之家毋笑之。

著者識。

飲冰室文集之二十七

責任內閣釋義

比奉明詔。以宣統五年召集國會。而先之以責任內閣。自今以往。立憲政治之重要機關。殆將略具。今所求者。則如何而使名實克相副而已。國會之事。吾既別爲制度私議。有所論列。若乃責任內閣者。其直接關係於國利民福。尤亘且切。而國中多數人士。或習聞其名。未稽其實。萬一虎皮蒙馬。以鶩易雞。將益非所以奉承聖指而慰天下之望。吾故撰爲茲篇。以釋其義。至其與責任內閣相麗之諸事。將更以次論焉。

第一章　釋內閣名義

內閣之名。采自日本也。而日本實又采自我。日本所謂內閣。本以譯英文之 Cabinet。英國喀賓尼特之性質。非惟與吾國現在之內閣有別。卽與明代及順治康熙之間之內閣。亦大有別。夫現在之內閣。不過循例題奏。毫無職權。不必論矣。卽明代及國初之內閣。亦不過出納王命。王之喉舌。與今之軍機處相等。而與英之喀賓尼特絕相異。英之喀賓尼特。實頗有類於我秦漢間之丞相府。漢書百官公卿表云。丞相掌丞天子。助理萬幾。無所不統。天子之待丞相。御座爲起。在輿爲下。未嘗不尊禮嚴憚之。而丞相亦得獨立行其職權。有所建樹。及孝武設尙書令。丞相漸擁虛號。光武益廢相不置。萬幾悉歸台閣。論史者以是爲我國政治之一大變局。此無他故。蓋丞相者國家之公人。而台閣者天子之私人。其性質絕相異也。明洪武初本置丞相。未幾廢之。設內閣。置學士若干人。內閣之名昉於此。其設置內閣之意。亦與漢孝武光武同。皆廢國家公人之機關。而置天子私人之機關也。英國之喀賓尼特。本國家公機關也。而日人以洪武間所設私機關之名名之。則譯者之陋也。故吾平昔持論。謂宜勿襲日人之陋。以免名實混淆之病。（正名爲政府最善）但今者此名既通行全國。且明見諸諭旨。則又敢更立異。今惟就其名以正其義而已。

（附言）今世立憲國之內閣制度。率皆取法英國。故欲知內閣之眞意義。必當於英制沿革求之。而英國內閣最初本建之以爲天子私人機關。其後乃於無意中漸變爲國家公人機關。即以今日論實際上雖純屬國家公人機關。名義上仍爲天子私人機關。此實最有興味之史談也。英國當那曼王朝維廉第一初創業時。（一〇六六年宋治平三年）本有所謂「大議會」者 The great council 由國中閥族組織而成。每三年開會一次。實爲一國政權所從出。蓋英本貴族政治之國。固宜爾也。乃未幾而有所謂「常任顧問院」者 The permanent council 發生。則由大議會之議員中而君主特自選其所親信者。置諸左右以備閉會時之顧問也。而大會議之職權。乃漸移於茲院矣。及亨利第六時。（一四二二年明永樂二十年）又自常任顧問院議員中更選其所親信者若干人。以建所謂「樞密院」者 The privy council 自茲以往。權又趨於樞密院。蓋直至今日。凡英國之發號施令。尚一切以樞密院之名行之也。然前此常任顧問院之院員。必自大議會員中選出。即初設樞密院時。其院員亦仍必自常任顧問院員中選出。其後逐漸遷移。而樞密院員乃至隨一君主所好惡以爲任免。君權之盛。過其舊矣。逮查理第二時。（一六七九年康熙十八年）以樞密院員數太多也。又以其人率皆先朝耆宿有譽望者。任意黜陟。於事不順也。乃復就樞密院員中更拔其少數人。使專任各部之行政。時稱之曰小樞密院。亦稱曰樞密院內部之委員會。即今之內閣也。The cabinet 由此言之。內閣之前身。即樞密院。樞密院之前身。即常任顧問院。常任顧問院之前身。即大議會。其範圍則愈縮愈小。其權力則愈積愈重。而推其所以蛻變之故。皆由君主疏遠其所嚴憚者。而昵近其所私愛者。此如我國漢迄唐宋。政權由三公而移於尙書。移於中書。移於門下。移於樞密院。明迄本朝。政權由丞相而移於內閣。移於內三院。移於南書房。移於軍機處。其動機固酷相似也。

雖然至維廉第三時。（一六九九年康熙卅八年）而有一新例起焉。蓋前此英王日思置其私人以壟斷一國之行政機關。本爲英民所不喜。輿論囂囂。指爲違憲者屢矣。後此國會權力日張。英王施政。動見齟齬。維廉憂之。乃就國會中占優勢之政黨。擢其首領。使居內閣。維廉之意。蓋欲引民黨驍將。使爲王室代表。因得以操縱國會。毋使爲己敵。其廣置私人之意。亦與前朝無異也。然無端而養成政黨內閣之美習。卒使英國憲政鞏固不搖。以迄今日。此則非惟英王所不及料。抑亦英民所不及料也。特來爾者。彼都之宿學也。其所著英國中央政治論。述英國內閣之沿革及其現今之地位頗詳盡。今摘譯以供參考。

（一）最初之內閣。不過一種無規則之小會議。國王就樞密院中人隨意選任。以備顧問。彼閣員之有所忠告於國王也。不過自布其私。而非以公式行之。又非經樞密院之承諾。則一事不能執行。且其時並內閣之名亦不著於世。人但知國王在樞密院中特有所私愛之一小團體而已。此查理士第一時內閣之實狀也。

（二）至第二期。內閣之名稱雖立。然其對於他機關之位置。尙未爲一般所公認。蓋當時仍以樞密院爲唯一之有力諮詢機關。內閣惟蔭於樞密院之下。樞密院法律上之實權。漸移於內閣而已。此查理士第二時之情形也。

(三)內閣發達之第三期。實在維廉第三時。於是內閣始純然代表一國中最有勢力之政黨。蓋前此內閣。雖未嘗不以黨人廁其間。然所謂近世的內閣之地位。實自維廉第三時而始得覩也。自茲以往。內閣雖仍未成爲憲法上之機關。然語其實則固已爲國中唯一之最高議政府最高之行政機關矣。但當時猶不免爲他機關所嫉妒。後此使內閣大臣必列席於國會以舉責任之實。此則積漸而成。非一朝夕之功也。

(四)現今之內閣。其特色有五。(1)內閣員必須以國會議員組織之。(2)內閣員必須以右院多數黨之黨員充之。(3)閣員合議以施行政策。(4)負聯帶責任。以行政遭國會詰責。則總員相率辭職。以舉責任之實。(5)推一人爲總理大臣。閣員皆服從之。此十八世紀末年以來關於組織內閣之慣例。至今爲憲法上之定說。率而不變者也。

由此言之。則英國內閣本君主所建之以爲私人機關。其累代蛻變之迹。與吾國歷朝政治機關之嬗代。殆同循一軌。此無他。故當立憲政治思想未確立以前。政無大小。君主應全負其責任。非特置其所親昵之人於左右。不能圖施政之敏速。舊機關之人物。常不免爲資望文網所拘。時主不能率其意以易置。故經若干年。恆有一新機關與之代興。實非得已也。（曾胡諸公於額設官缺外喜置各種局所以潛奪其權即是此意）而英國內閣本純爲君主私人機關。及今乃忽變爲國家公人機關。君主絕對的不能以此職私其所親愛。其名稱雖與昔同。而精神乃適相反者。此則民權發育之結果。大勢所趨。非人力所能强致。亦非人力所能强遏也。

治國聞者。觀政於英。則亹亹乎其最有味矣。夫今世諸國中內閣權力之重。則未有逮英者也。抑諸國之內閣制度。又未有不以英爲師者也。雖然。今世諸立憲國之內閣。莫不認爲憲法上一最要之機關。（如法國現行憲法第三條第六條德國憲法第十七條日本憲法第五十五條等其他不必縷舉）獨英國則絕無明文。就形式上言之。則英國今日施政之府。仍樞密院也。非內閣也。法律現象不能左右政治現象。而政治現象常能左右法律現象。此其顯證矣。牛津大學教授諦西氏。著名之碩學也。其言曰『內閣二字。吾儕無日不以懸諸齒頰。雖然。合全國之法學大家。竟無一人能爲此團體下一定義者。』夫彼都鉅子。且爲斯言。而況於異邦之後學乎。吾故略述其沿革。使我國人知此制度之所由來。而乃得斟酌國情以圖損益云爾。

夫名稱固無關宏旨也。若夫其義則爲觀念之所繫。非講明之。則生心害政。且將不免。故吾先以賅簡之語。道其崖略。其詳則見下方諸章。

內閣云者。非指內閣衙門所管政務之範圍而已。各國通例。亦往往將不便隸屬於諸部之政務。編歸內閣所管。（如日本內閣所管有法制局賞勳局印刷局鐵道院拓植院等是也）行政法上所謂內閣者指此。然內閣重要之性質。顧不在是。所重者在政治上之性質也。政治上所謂內閣。不能求之於具體的。而祇能求之於抽象的。蓋內閣閣員。以一身而兼有爲國務大臣與爲各部行政長官之兩種資格。當其以國務大臣之資格相集而爲一無形之團體。卽內閣也。故內閣之爲物。指各大臣之個人以當之。固不可也。指內閣及各部之官廳以當之。亦不可也。（官廳之意義本已爲抽象的內閣則又於抽象中更抽象也）卽謂各大臣或各官廳相加而成。仍未可也。彼蓋爲統一而分化之一體。存乎各大臣與各官廳之中。而又立乎各大臣與各官廳之上。明乎此義。而取次章所論地位職權等證之。則庶幾可得其概矣。

(附言)我國人於國家機關之一觀念已不甚明瞭以機關本爲抽象的觀念也況內閣之一機關尤爲抽象中之抽象乎今驟語人以內閣爲統一分化之一體聞者將茫然不知所措此無他故蓋我國向爲專制政體政治上之統一惟存於君主之本身於君主之下而別有統一機關吾國多數人所苦難索解也然既以君主爲統一機關而於其下雜置多數之機關以分掌各部分之行政君主與各部爲上級機關與下級機關之關係則又非以一機關而分化者矣內閣之爲物總理大臣與各部大臣立於同等之地位各有所職而其中自有統一者存求諸我國前古制度未有一焉能與脗合者也今者新內閣行將取軍機大臣與各部尚書相加(數學上之加法)而命以此名夫雜排多數之絲縷不能指爲帛雜堆多數之瓦石不能指爲室以其非組織體也非組織體之內閣又可以冒內閣之名乎哉

第二章　論內閣之組織

近世各國內閣之組織其內部節目固不能從同然有兩原則爲萬國所共遵者焉

(其一)以內閣爲行政之府故恆必以各部行政長官組織之各國內閣皆取法英國而英國內閣爲樞密院之化身既如前述樞密院之初建凡百政務由院總領初無分司至愛德華第六時(一五五三年明嘉靖三十二年)始分院爲五部每部置委員會此即今日行政各部之濫觴也后安時(一五五六年)病王室與樞密闊隔乃由后自派祕書官五人入院其後遂爲各部之委員長此即今日各部大臣之濫觴也夫內閣爲一國政令所從出必籌畫之人同時即爲執行之人然後事無扞格而責有所歸故各國通例必以各部行政長官組織內閣其閣臣不領部

者。雖間有之。然亦希矣。

（附言）我國漢制。丞相府中有諸曹掾。然分爲佐屬。不能自達於上。與今世各國內閣之諸大臣與總揆同僚者異矣。自東漢以降。權歸尙書。分設諸曹。分位略等。（置尙書五人其一人爲僕射他則分領常侍曹二千石曹民曹客曹凡四曹）魏晉六朝隋唐謂之八座。（吏禮刑兵戶工六部益以令及僕射謂之八座）而各部尙書率皆有同平章事參知政事等職。實攝相事。（文獻通考卷五十二云開元以前諸司之官兼知政事者午前議政於朝堂午後理務於本司）實以一職而兼有國務大臣與行政長官之兩資格。與今世各國通制最相近矣。中間晉宋齊梁。權移於中書省。寖復移於門下。而中書省之監令門下省之侍中皆無專掌。執政不躬親政務自茲始矣。宋制平章參政樞使職皆宰相。而並不有專司。元明亦然。治政與行政之乖離。自爾益甚。本朝大學士。名雖宰相。實權不屬。無關重輕。雍正以還。事歸軍機。而軍機大臣爲差不爲官。恆以各部尙書充之。其大學士入直者。亦什九管部。政治與行政稍獲調和。其制較美於宋明。惟各部之長。不能盡列樞府。偏畸爲病耳。及丁未改官制。有持不許兼官之論者。於是軍機大臣一職。始畫然與各部分離。揆諸祖制既多乖。按諸學理又無取。此則當日改制者之陋也。（今世立憲國之閣臣以一身而兼國務大臣與行政長官之兩資格此自其職務之性質使然非兼官也）（丁未新官制於京外各大小官之兼攝多差者一毫不能釐革而惟使軍機大臣爲獨立官何取焉）

（其二）以內閣爲政治之府。故故恆采合議制度。置總理大臣一人以爲之長。而閣僚悉由總理大臣延攬汲引。夫內閣者。由各大臣以其爲國務大臣之資格。相集而爲統一分化之一團體。吾既言之矣。夫行政機關之組織。常以獨裁制度爲善。（署中置一長官而其下僚屬惟受其指揮謂之獨裁制行政機關皆當如此我國一部置堂官數人行合議制戾此原則矣）而內閣獨采合議制者。以內閣本爲政治機關。與普通之行政機關有異。而各大臣皆有輔弼君主經綸國務之責任。其地位無所高下也。然聚多數地位相等之人於一堂。而無所以統一之。則政且勢而不可理。故總理尙焉。總理若何而能統一其僚。則非由彼自延攬同主義同政見之人以組織之不可得也。然則內閣之必須由總理組織。實事勢之不可避者矣。

（附言）漢初之制。九卿受成於丞相。固大能收統一之效。然一人獨斷。常不免偏蔽以貽誤。且各行政長官既有所受成。其責任自有所諉卸。唐制尙書八座。位望略等。固可以各舉其職。而其各曹之長。非與令僕同其進退。故無所得統一。若今制軍機大臣與各尙侍。位階既不能相臨。任務又互不相屬。則兩失之矣。

據此兩原則。則我國將來內閣之組織。有應商榷之問題四焉。

問題一　副總理大臣與各部之副大臣。果當設置乎。

頗聞今議閣制。有於總理大臣外。復置副總理一人或二人之說。此義果何取乎。求諸各國成例。當組織內閣時。添入不管部務者一二人以爲閣員。雖未始無之。（蓋閣員本兼有國務大臣與爲行政長官之兩資格。不管部務之閣員。則兩資格中僅有其一者也。）然亦僅矣。其偶出於此。必有別故。今我國則政治上有何所不得已耶。夫總理大臣往往不兼部務。然必設之者。以非此無所統一也。（若美國之制。則無總理大臣。其統一之者。則大統領也。）且其在內閣本衙門。亦尙有行政上專責。固非高而無位焉矣。今復設副以爲之丞。則何取焉。其人既可以爲副。則曷爲而不畀以一部之事權。而令其坐嘯畫諾。徒縻重糈。比於綴旒也。故副總理之決不當設置。無可疑者。至於各部設副大臣之失當。則吾於評新官制之副大臣既言之矣。

問題二　總理大臣尙當管部乎

總理大臣本爲統一內閣之樞軸。不親庶務。義亦有然。顧吾猶設此疑問者。則以我國今日若欲樹立一有力之內閣。則以總理管一要部。其事較順。若此義不謬。則其應管之部有二。

（一）度支部　度支部大臣之地位。本視他部略有不同。以其掌一國財政計畫。而財政計畫即政策之中堅也。故學者論度支大臣之人物資格。謂於種種美德之外。仍須具有威望。乃足以鎮服其僚。故英國例以首相兼度支總裁。他國時亦效之。（日本現內閣首相桂太郎即兼大藏大臣）我國財政。各部各省。紛紛攘奪。紊亂殆不可收拾。由總理大臣任此以重其事。亦一道也。

（二）民政部　我國督撫之權。久已積重難返。若欲舉中央集權之實。則以總理大臣領民政部而使受其成。是亦一道。但此事非今所宜及。懸之以待將來耳。

問題三　閣員非由總理大臣汲引。則內閣可得成立乎。

就各國共通之法理言之。任免大臣其權全在君主。不容有所假手也。然事實上則恆由總理大臣獨受組織內閣之大命。組織既成。乃奏請親任。蓋非是無以收統一之效者也。今者新內閣行將成立矣。頗聞即以現在軍機及各部尚書之舊。易其名號而已。在當道者本無改革之誠心。其爲此敷衍。固不足怪。然此必等於無內閣而已。夫吾固言之矣。雜排絲縷。不能謂之帛。雜堆瓦石。不能謂之屋也。吾以爲今茲內閣雖難望得人。然爲養成善良習慣起見。則當組織新內閣時。各部大臣宜悉辭職以待後命。雖轉瞬仍就新職。茲舉亦足以示後也。

問題四　各省督撫。果宜列於內閣乎。

我國行省制度、爲萬國所無、督撫權限問題、政論家苦難解決、昔日本博士有賀長雄、嘗語我考察憲政大臣、謂當以督撫列於內閣、其論新奇可喜、國中人士、頗有祖述之者、雖然所貴乎內閣制度者、謂其能於分化之中保統一而已、統一之方(其一)則緣全體閣員皆由總理大臣延攬組織、(其二)則由常開閣議、交換意見、閣員皆有交讓精神、以避衝突、今督撫既非由總理延攬、且相去遼遠、無從參列閣議、擁此虛名於事何裨、況既爲閣員、例應負連帶責任、內閣一交迭、而全國地方政局悉數動搖、又豈國家之福、故此論雖奇、亦適足資談柄而已、

(附)內閣果對於誰而負責任乎

吾草責任內閣釋義一文、方成二章、屬有台灣之游、憂然中止、未幾而閣制遂發表、大不饜國人之望、內地各報所以糾其謬者亦既多矣、夫有治人無治法、今以彼哉彼哉尸內閣之位、內閣復有何可語、故在今日而徒論閣制當若何組織、實無價值之閑言語耳、吾念此感憤、幾欲將前論閣筆也、雖然我國民既已辛勞孟晉、欲進吾國於立憲政體、且舍此一著、亦更無起衰救敝之途、然則相與講明立憲主義之眞精神、亦安可以已、吾之賡續以成此文、抑亦無用之用也、前列章目、頗有病其類於著書體裁、入諸報紙、不免使讀者望洋而歎、乃散其結構、擇問題之尤要者先論之、乃次及其他、讀者合諸篇以觀其會通、則亦猶前志也、偶讀憲政編查館奏議、覺其言大有足熒人聽者、不得不一辨、故先爲此篇、實原文之一節也、　辛亥四月著者識

憲政編查館會奏遵擬內閣官制摺云，『查各立憲國內閣之設，在負國務之責任，而對於何者應負責任，各國立法，又復不同。恭繹欽定憲法大綱，統治之權，屬諸君上，則內閣官制，自以參仿日德兩國為合宜。日本憲法，各大臣輔弼天皇，任其責，以國務大臣責任關於輔弼之任務而生，故對於君主負責任，而國務大臣任免黜陟，君主皆得自由，與英法之注重議院者不同，與德意志宰相對於其君負責任，非對於議會負責任者，則相類。我國已確定為君主立憲政體，則國務大臣責任所負，自當用對於君上主義，任免進退，皆在朝廷，方符君主立憲宗旨，議院有彈劾之權，而不得干黜陟之柄。』此其言將法理論與政治論併為一談，支離滅裂，不可究詰，即以文理論，亦前後不相銜接，絕似頑鈍學童之學作搭截題之八股文者，不暇深論，但取其文中「對於何者應負責任」一語，疏通證明之。

國務大臣果對於誰而負責任乎，此在稍治國法學，稍明國家性質者，視之實不成問題，蓋茲義可一言而決，曰：對於國家負責任而已。曲學阿世之徒，無端造為對君主負責任之說，其陋固不值一笑，而矯之者則曰，是對於議院而負責任也，按諸法理，則其不完亦正相等，所謂楚固失而齊亦未為得，是故予曲學之輩以口實，而詭辯無已時也。我國多數人於國家性質，所見未瑩，故此種誤解，得而中之。今不避複沓，先簡單論述國家性質，以為論據焉。

國家者，法人也，若君主，若內閣，及其他行政官署，若議會，若法院，皆其機關也。我國人於法人與機關之意義，多不能明瞭，去年軍機大臣某君在資政院演說，自稱為法人，最近某某等報之論說，亦稱內閣為法人，窺其意，殆指凡奉公職者皆為法人歟，雖然，此可謂之公人，不能謂之法人也，公人者，對私人言之也，法人者，對自然人言之也，自然人者，據生理上之狀態而命之為人也，法人者，據法律上之狀態而命之為人也，法人固有其機關，自然人亦有其機關，自然人之機關，則眼耳舌鼻身意等是也，法人之機關，則公司之總理監督等，國家之政府議會等皆是也，今指軍機大臣及內閣

（閣等爲法人。是無異指眼耳等爲人也。得乎。是故新名詞不可妄用。科學上之術語。尤當謹諸。因有所感觸。附論之如右）凡「人格者」莫不各有其目的。有目的故有意思以決定之。有行爲以成就之。（「人格者」亦法學上一術語也。謂凡有人之資格者也。兼自然人與法人而言之）其意思行爲。莫不假途於其機關以表現。然自然人者。有形體可指者也。其機關。（即眼耳等）皆附着於其體中者也。故眼耳鼻舌等之運動。非別自有其目的。而惟以本人之目的爲目的。稍明事理者。皆能知之。法人之國家。則無形體可指者也。常假自然人以爲其機關。故淺識者流。常誤認機關（政府議會等）之意思行爲。爲屬於運用此機關之自然人。（君主大臣議員等）之意思行爲。而不知非也。運用國家機關之自然人。當其立於機關之地位也。則不容自有其目的。而惟以國家之目的爲目的。是故君主也。政府也。議會也。雖其所司之職務各有不同。至其爲國家機關則一也。各機關同時對於國家而負責任。非甲機關對乙機關而負責任。譬猶心臟耳目手足。並爲人身之一體。而各率其職。非耳目對於心臟而有應盡之職。非手足對於耳目而有應盡之職也。準此以談。則謂政府對於君主而負責任固不可。謂政府對於議會而負責任。亦安見其可。

夫謂大臣對於君主而負責任。此其義。在專制政體之國誠無以易。若以之解釋立憲政體之責任內閣。此惟日本陋儒之讆言耳。歐美無有也。（若美國之采絕對的三權分立主義不行責任內閣制者又當別論）日本陋儒。認國家爲一物。而不認之爲一人。質言之。則彼蓋視國家如一什器然。而謂此器卽屬於君主之私產也。（世界學者皆謂國家爲統治權之主體。而日本陋儒則有指爲統治權之客體者。夫一切權利之主體皆人也。一切權利之客體皆物也。國家者本爲有人格而能統治之人也。日本陋儒則指爲無人格而謂爲被統治之死物也）彼亦明知此說之不能通也。乃爲之詞曰。『日本國體。爲世界所無。故在他國。則應以國家爲人格。而以君主爲國家之機關。在吾日本。則應以君主爲人格。而以國家爲君主所統治之物也。』嘻甚矣其僨也。既命曰國家。則必凡國家共通之現象。悉已具備。然後能錫以此名所謂共通現象者萬國之所同而決非一國之所能獨外也謂日本國家而與他國家異其性質則必日本國非國家焉然後可耳夫謂國家而非有人格謂國家而非統治權之主體則以推諸一切法律現象政治現象將無一而可通彼陋儒之說自謂將以此尊其君主而不知乃適以衊其國家故彼中稍有識者已抨擊此邪說不遺餘力而舉國中亦殆無復更爲所惑者矣顧不料我國之小人儒乃復有摭此糞土之言以恣其簧鼓者也夫使國家而果爲君主私產則君主固自應非國家機關即政府議會等亦不過爲君主之機關而非國家之機關（吾國古代稱王之喉舌稱臣作朕股肱耳目正指百執事皆爲君主機關者也）則語責任內閣問題其結論必歸宿於對君主負責任固其所也然此說究可通乎如曰君主非國家機關而國家爲君主所有也則必君主得任意割裂國家如人之析產以授諸子焉然後可則必君主得任意舉全國以畀人如人之以己物餽贈朋友焉然後可則必舊君殂落而一國家隨以亡新君即位而一國家隨以建焉然後可此非惟天下萬國無此事理即按諸吾中國古訓其不相容亦明矣故孔子曰天生民而立之君使司牧之豈其使一人肆於民上此以言乎君主實爲國家一機關其義最著明者也晏子曰君人者豈以陵民社稷是主臣君者豈爲其口實社稷是養故君爲社稷死則死之爲社稷亡則亡之若爲己死而爲己亡非其私暱誰敢任之此以言乎大臣惟對於國家而負責任非對於君主而負責任其義最著者也若曰大臣惟當對於君主負責任乎則凡君主之所欲行大臣有將順而成遂之而已脫有君主於此如漢哀帝之欲禪位董賢則若何而策加九錫若何而勸進若何而築壇墠授璽綬正大臣之責任也脫有君主於此如石敬塘之欲以燕雲十六州賂契丹則若何而繪圖若何而繕表若何而遣使畫界正大臣之責任也脫有君主於此若金海陵之嗜淫嗜殺非此不歡則若何而爲之物色妖冶擄掠良家若何而爲之張鉗網礪刀鋸

陳鼎鑊。正大臣之責任也。此非吾好爲詭激之言也。蓋盡責任云者。質言之。則忠於所職而已。既對於君主負責任。則無論君主命以何職。皆當忠之。賢主命以爲善之職。則務成其善。乃其責任。暴主命以爲惡之職。則務盈其惡。亦其責任。論理學上正當之結論。固應如是也。是故龍逢比干。則對於君主最不盡責之人也。蔡京秦檜劉瑾魏忠賢。則對於君主最盡責任之人也。如曰大臣僅對於君主負責任。而可以爲治也。則必君主皆堯舜湯武焉然後可也。夫使君主誠皆堯舜湯武。則專制豈不更有利於國。而何取乎立憲。所貴於立憲者。徒以堯舜湯武不能代有其人。故於君主之下。而別置一機關焉。使對於國家負政治上之責任。立憲國之所以示異於專制者。全在此耳。如曰大臣惟對於君主而負責任也。則是取立憲政體之原則。翻根柢以破壞之。而復返於專制。故曰此陋儒之邪說也。

然則爲對於議會負責任乎。是又不然。凡兩「人格者」以事相委托。則此對於彼之責任得以發生。此如某甲以其財產委某乙經理。則乙必對於甲而負責任。今議會亦機關耳。非人格也。國家非議會所有。國事非議會私事。故議會不能使政府對於己而負責任。亦猶君主不能使政府對於己而負責任也。是故謂政府對於君主負責任。則無以解於大臣之可以拒絕副署。謂政府對議會負責任。則無以解於大臣之可以奏請解散議會。要之。此兩說者。皆由誤認國家機關爲一獨立之人格。忘卻人格之主體惟在國家。忘卻機關之不能離人格而獨存。故無適而可也。夫國家之有議會。猶公司之有監查員也。監查員雖應糾察總理之責任。而總理非對於監查員負責任也。對於公司負責任而已。議會雖應糾察政府之責任。而政府非對於議會負責任也。對於國家負責任而已。

明乎此義則知君主對議會之爭辯實不成問題然則正當之問題何在亦曰當問以某機關糾察此責任而已彼「自然人」之治一事也苟其躬自治之則是非得失皆由一人躬負其責無俟他人過問也若委托他人爲代理則躬自糾察其人之克盡責任與否爲事亦至便也國家則法人而非自然人也國家雖自有意思然非借自然人爲機關則不能發表之國家雖自有行爲然非借自然人爲機關則不能實現之是故國家雖自有目的然非借自然人爲機關則不能貫徹之彼自然人之爲國家機關者固以意國家之意行國家之行貫徹國家之目的爲其責任者也雖然人類之德非能生而粹美者也國家既不能自意其意自行其行自貫徹其目的而悉舉以委諸機關而司機關者又恆爲德非粹美之人類苟其人意私意行私行以反於國家之目的則國家將如之何古今中外之國家其爲此問題所窘而苦於解決者不知幾何世矣曩昔之國家惟置一總攬機關而會凡百機關皆隸屬其下則君主專制政體是也然既已不勝其敝近一二百年來以經驗之結果而別創爲種種之法門（其一）則以數機關分立各行國家職務之一部而不互相統攝若美國瑞士等之共和立憲制是也（其二）則以數機關並立有執行國家職務者有監視之者而別以一最高機關不偏不倚超然立乎其上則英德日等之君主立憲制是也要之其所以異於專制國者專制國之機關以惟一之系統而成立立憲國之機關則於此系統更有其獨立之別系統焉別系統惟何卽議會是也議會最要之功用則在其能糾察政府之責任而已矣夫糾察政府責任之權原不必專畀諸議會也苟使有他機關可以行此權而收效更多於議會者則國家固不憚畀之然無如其不可得也將以托諸君主耶臨之以尊嚴而隨之以賞罰宜若最宜矣然以君主生深宮之中堂上百里階前萬里其地位果能舉糾察政府之實耶使其能之則歷代大臣之欺罔專恣史不絕書者

又何以稱焉。然則將別置一機關妙選官吏使助君主以行糾察耶。古代之御史臺今茲之都察院皆是矣。而其人之得列於此機關者。則皆由政府所拔擢也。以政府所拔擢之人其又能舉糾察政府之實耶。使其能之則歷代權奸。常以臺諫爲鷹犬。而今者豺狼當道。寒蟬俱噤。又何以稱焉。將汎然托諸輿人之誦耶。則彼固不成爲國家機關。又安有力以實行其糾察者。若是乎糾察之道殆窮。其不得不以此權托諸議會。此實東西諸國積數百年經驗之結果。而始得此法。而以吾國數千年經驗之結果反證之。而益當信其法之無以易也。是故今日而欲舉責任之實。則首當問者。爲內閣責任果需人糾察與否。然此殆可一言而決。蓋非有嚴重之糾察。則責任決難期實踐。事理之至易見者也。次所當問者。則當使何機關糾察之。彼曲學阿世之徒。則曰君主糾察之而已足也。而公明正直之學者。則曰君主最不適於行此權。惟議會適於行此權也。兩說之孰是孰非。我國民試平心以斷之。

彼曲學阿世者。動則以危言悚聽。曰謂政府非對於君主負責任。則是蔑君主之神聖也。謂政府對於議會負責任。則政府將夷爲議會之隸屬也。而民黨之主張對議會負責任者。其義雖極正當。而措詞不免有語病。徒使彼輩有所遁飾以助其燄。若首明乎對國家負責任之義。次明乎責任必藉糾察而始舉其實。次明乎國家之設議會。實用之以爲糾察政府之責任之機關。則彼曲學阿世者。其將何說之辭。

(附)論德日兩國關於責任大臣之立法

憲政編查館摺稱責任內閣。各國立法不同。而謂日德兩國皆以對君上負責爲主義。謂爲我國所當采。此言果當乎。夫謂各國之運用責任內閣。其政治習慣。各有不同。斯誠然也。若求諸法文。則館摺所云云。吾苦難索解也。彼言英法之立法。爲采對議院負責主義。（摺中雖無此語合上下文觀之其意必云然）按英國爲不文憲法之國。其法文原不完備。顧勿深論。但據學者所認爲「準英國憲法」者。若大憲章。若權利請願。若權利法典。徧讀其原文。則並大臣負責任之文句且無之。遑論對君主與對議院。法國一八七五年二月之憲法第六條云。『國務大臣關於政府一般政務連帶負責。關於自己之行爲各自負責。』亦未嘗有對議院之明文也。彼言日德之立法爲采對君上負責主義。按德國憲法第十七條云。『宰相緣副署而負責任。』普魯士憲法第四十四條云。『各大臣代國王而任其責。』日本憲法第五十五條云。『國務各大臣輔弼天皇任其責。』其與法國憲法原文。大同小異。又未嘗有對於君上之明文也。據此等條文而指爲對君上主義。不過注釋家之言耳。然此種注釋之當否。固大有容商榷之餘地也。據普國憲法有「代國王」一語。夫既已對此人負責任者。則又安能代此人負責。然則不能指普國爲采對君上主義甚明。卽德帝國及日本之條文。其意義亦漠然而含極富之彈力性。强以對君上主義解之固可也。卽以對議院主義解之。又安見其不可。彼瑪耶、伊陵尼、美濃部達吉、市村光惠、輩所著書言之已詳。無俟吾喋喋矣。而館摺之論日本也。謂『其國務大臣之責任。關於輔弼之任務而生。故對於君主負責任。』此數語者。以論理學衡之。適見其不可通耳。何也。輔有將順其美之義。弼有匡救其惡之義。（書曰予違汝弼）謂緣輔而生出對君主責任可也。謂緣弼而生出對君主責任。則苦難索解。若君主不聽其弼。而大臣抗拒。不背副署。此果爲對君主負責任者所當出乎。此一疑問也。反是若君主不聽其弼。而大臣徒以順從君主之故。漫然副署。以致生出政治上之惡果。此責任將歸諸大臣乎。抑歸諸君主乎。此又一疑問也。若持對君主負責之主義。則此兩疑問皆不可解決。然則據輔弼二字。何從生出對君主負責之結論耶。夫咬文嚼字以解釋法文。猾吏之所爲耳。博通君子固所不取。善解法者。惟當貫通全法系以求其精神之所在。夫立憲之所以異於專制。惟在君權有限之一大義。大臣責任制之所由立。皆爲是也。無論何國之憲法。要不能背戾此精神。陋儒强爲曲解。徒增其醜耳。明夫茲義。則知館摺所謂各國立法不同者。實蒡言也。若夫政治習慣。則固有異矣。英法議會之勢力日强。而日德議會之勢力較弱。此事實之昭然共見者也。然此則安可以與立法論併爲一談者。夫以英國憲法中絕無大臣負責之條文。而議會糾責之權乃如彼其厖大。法德日之憲法條文略相類。而所演之事實乃互殊異。是知法律條文爲一事。政治現象又爲一事。安得援此而誣彼乎哉。且卽以政治現象論。若日本者。館臣所指爲采對君上主義而陳采對議院主義者也。吾且與之言日本政府議會交涉之事實。彼第一次伊藤內閣何以辭職（明治二十四年四月）。豈非以與議會約言節減政費而不能實行乎。彼第一次松方內閣何以辭職（明治二十五年八月）。豈非以議會提出干涉選舉之上奏案乎。彼第二次伊藤內閣何以辭職（二十八年八月）。豈非以三國干涉還遼外交失敗爲議會所攻擊乎。彼第二次松方內閣何以辭職（三十年十二月）。豈非以進步黨中途與政府絕。而不信任案以大多數通過於議會乎。彼第三次伊藤內閣何以旋起旋仆（三十一年正月成五月倒）。豈非以自由進步兩黨聯合。在議會以全力搏政府乎。彼隈阪內閣何以旋起旋仆（同年六月成十一月倒）。豈非以憲政黨中道分裂。在議會不復能制多數乎。彼山縣內閣何以能支持三年餘（自三十一年十二月至三十四年六月）。豈非以與自由黨提攜。在議院得其助乎。其何以瓦解。豈非以逢立憲政友會之反抗乎。彼第一次桂內閣何以能亙五年（自三十四年六月至三十九年一月）。固緣當日俄戰役內訌盡息。抑亦恃立憲政友會之保障也。其何以瓦解。豈非以戰後外交失敗爲議會所指攻乎。要而論之。日本自明治二十三年開設國會以來。凡內閣大臣之能立乎其位者。未有不恃議會之多數為後援者也。其顛蹶瓦解者。未有不緣議會之反抗者也。然則日本之糺問內閣責任者。為君主乎。為議會乎。願館臣有以語我來。夫以法理一方面言之。則日德立法之本意。既非如館臣所云云。即以政治方面言之。則日德與英法之差異。亦不過程度問題。而非性質問題。曲學阿世者。其亦可以已矣。

(附)論大臣責任與君主任免權之關係

館摺述日本之制。於「對於君主負責任」句下。緊接以「國務大臣任免黜陟君主皆得自由」二語。而謂其與英法不同。其論我國所當采之制。則於「用對於君上主義」一語下。緊接以「任免進退皆在朝廷」二語。謂以符君主立憲宗旨。玩其語氣。一若苟非行此對君上負責任主義。則君主任免大臣之權立即失墜者。一若英皇與法大統領。在憲法上無任免大臣之權者。嘻吾不知館臣所據者為何項之法文。而所宗者為誰氏之法理也。英國為不文憲法。故任免大臣權之安屬。不能於法文中求之。然向來研究英國憲法者。皆以為除大憲章權利請願權利法典所明列限制者之外。自餘權利。一切保留於君主手中。故英王任免大臣。有完全之自由。絕非他機關所得干預。此全世界法學者所同認也。至法大統領之任免權。則更明載於彼憲法第三條。無所容疑議矣。館臣欲為將來政府開一逃責之塗徑。懼議院之持其短長也。乃敢於造作詖說。以危言聳聽。一若議院稍申其職權。君主即淪墮其魁柄。嗚呼。是安得此不祥之言。抑各國成規具在。又安能以一手掩盡天下目也。若夫以政治現象論之。則英法大臣之進退。誠若惟議院所左右矣。然以此指為制度所生之結果焉。不可得也。法國本爲共和政體。加以政黨未能完全發達。故其政治習慣。無甚可誦法者。茲勿具論。事言英國。據英國之法理。則君主欲任何人爲內閣大臣。本有絕對的自由權也。雖舉一不識字之屠沽博徒以爰立作相。不爲違憲也。其國務大臣原不必視議院之向背以爲進退也。苟遇議院之反對。則雖奏請解散之數次乃至十數次。不爲違憲也。然而實際上不爾爾。其大臣一失多數之援於議會。恆立即辭職。而君主恆必擇多數黨之首領而任命之者。蓋其大臣深知反於民意之政治。決不能施行圓滑。故非得多助。不肯濫尸其位。其君主亦知爲國擇賢。其道莫妙於從民之所欲。察輿誦所歸而授之以政。此皆爲國利民福起見。夫豈有法制强之使不得不然者哉。若德日兩國。推館臣之意。一其若君主藉憲法成文之擁護。可以悍然不恤輿論。濫引私人而委以大權也。然按諸實際。又豈其然。彼德國本爲聯邦。其憲法之系統。自不能與單一國同科。就法理言之。則爲德國元首者。乃聯邦參議院也。非皇帝也。皇帝對於事項。無發案權。無不裁可權。無單獨宣戰媾和之權。質言之。則皇帝不過對於兩議院所議決之事。而自爲其執行機關而已。其在法理上之權力既如此其薄。則運用之於實際上。不能不有所以補之。故其政治現象發達之方向。適與英國相反。其任免宰相。所以不能專視帝國議院之向背者。蓋以帝國宰相。苟非以普魯士王國宰相兼充之。則一切施政不能圓滑。而帝國之基礎且將危。普魯士王國之宰相。自有普魯士議會監督之。其不容以此權更畀諸帝國議會。固其所也。此其第一原因也。又創建此帝國者。實出俾斯麥一人之力。俾公卽爲建國後第一次之宰相。以迄維廉大帝之殂落。其威望固足以服全國。而舍此亦更無可以代之之人。故雖間遇議會之反抗。而其君不忍易之也。此其第二原因也。然俾公執政數十年。固無日不以操縱政黨爲事。其在議會。固未嘗不常得多數贊成其政策。遇反抗太劇。則解散議會。仍必以得多數然後已。其操術果軌於正道與否。且勿具論。而要之謂其專恃君權以蹂躪議會。則固俾公所不肯出也。及其晚年之失職也。雖曰新帝猜忌之所致。然亦猶其所提出之排斥社會黨法案。爲帝國議會所反對。及舉行新選舉。而反對黨之燄益張。蓋至是而俾公之操縱政黨。已窮其術。其辭職蓋不得已也。由此言之。謂德國議會全然不能左右宰相之進退。得乎。至如日本。則吾前文所列舉。彼其自明治二十三年以迄今日。內閣之起仆以十數。當其仆也。何一非以議會攻擊爲其原因者。其支持稍久之內閣。何一非由與議會多數黨提攜而得之者。卽以最近政界現象論。彼首相桂太郎。向以不黨主義號於衆。曷爲而今春乃納降於政友會。（今春桂太郎親詣政友會本部相談判宣言與之情投意合彼中各報多譁笑之）彼得君方如彼其專。則何不怙天威以蹴踏議院。而胡乃憚之至此。彼任免大臣之權。自法理上論之。固全操自天皇也。顧天皇曷爲而不以畀諸其所最愛昵之皇族。而必擇輿望所歸者。而每當一內閣之見窘於議會而辭職也。天皇曷爲而不強留之。且現在桂內閣之將倒。盡人皆知矣。而繼其後者必爲西園寺公。亦盡人皆知。其天皇是否能扶桂氏。使不倒。是否能於西園寺之外。別任一人。若其不能。則彼任免之自由權。尚足稱爲完全具足否。此中消息。可以參矣。由此言之。謂日本議會全然不能左右內閣之進退。得乎。夫以法理言之。則不惟德日之元首能自由任免大臣也。卽英法亦何莫不然。以政治現象言之。則非惟英法之元首常察議會之向背以行任免也。卽德日亦何莫不然。今館搢既混二者爲一談。而於英法則揭其政治現象而匿其法理。於德日則揭其法理而匿其政治現象。任意上下其手。顚倒是非。苟以熒惑視聽而已。其不知而妄爲此言耶。並此且不知而猶靦然敢尸立法之職。無恥孰甚焉。其知之而故爲此言也。則欺罔君父。罪且不容於誅矣。

抑吾嘗聞日本學者齋藤隆夫之言矣曰、

眞正之立憲政治亦務於憲法法理範圍內養成憲法的習慣而已此徵諸日本憲法而最易見者也據日本憲法則天皇雖解散議會幾何次惟其所欲對於議會議決之法案可以行其不裁可權議會不通過之法律得發緊急命令或獨立命令以補之議會不肯協贊預算得施行前年度預算又認爲必要時得爲豫算外之支出欲任命何人爲國務大臣全屬天皇之自由又大臣雖被彈劾可以不去其位凡此皆日本憲法上所表現之法理也若一一適用之則所謂立憲精神者將從根柢破壞以盡並國會可以不設並憲政之名可以擺棄矣何也苟不阿附政府之國會則累解散以解散與政府意見不合之法案則行不裁可權以抑之既可濫發緊急勅令獨立命令而爲國務大臣者無論遇國民若何抵抗猶戀其職而不肯去如是則純粹的專制政治耳而復何立憲之可云而或者猶爲之辯護曰是固未嘗違背憲法法理也是徒知有法律學而不知有政治學適成其爲陋儒之論而已

富哉言乎憲政妙用盡於是矣今憲政編查館館員所爲刻意模仿惟恐不肖者乃欲利用最無聊最無價值之法理以文飾其最惡劣之政治習慣其與他國殷殷求治之心不亦相反耶吾請爲一言以正告館中起草員曰貴館中老朽大員本未嘗夢見憲政之爲何物不足責也若公等則大率皆嘗留學東西洋以博學達識聞於時者也否則曾歷聘外國考察憲政飫聞其賢士大夫之言論者也豈其於此至淺之理論而無所知焉苟能出其絲毫愛國之良心舉所學以忠告當道或未始不可冀其一寤若終不見采則潔身而退亦可以告無罪於天下而徒徇區區薄祿倡邪說以受天下萬世之唾罵竊爲公等惜之夫國民所爲想望憲政先朝所

謂斷行憲政者豈不以有鑒於專制之極敝知非此不足以轉危爲安耶夫憲政之所以能成立全恃上下有交讓之精神而不然者勢必出於革命而已前此未嘗以立憲號於衆國民猶冀其一旦幡然而改也今乃假立憲之名以行專制之實而公等復杜撰支離滅裂之法理以逢其惡則國民益何望哉嗚呼公等而猶有人心者其庶幾改之

(附)內閣是否代君主負責任

內閣是否代君主負責任此就法理上以明內閣責任之所從出也疇昔學者多有謂責任本在君主特以君主神聖不可侵犯之故不能以他機關起而問其責於是乎別置內閣之一機關以代之此責任內閣之義所由生也而各國憲法甚且有以「代君主之一語」著於正文中者徵諸我國則如周公抗法於伯禽如魏絳戮楊干之僕如商君黥太子之傅凡此之類皆以法不可枉而又不可加諸尊者故權宜以出此兩全之策是說也其足以說明責任內閣之眞意義乎此治國法學者所欲深論也

各國學者論此義雖多要以德國碩學波倫哈克之說爲最當今節譯如下

波倫哈克曰『君主以一人而兼有二人之資格其一則國法上之資格其他則私法上之資格也就國法上之資格言之君主與國家同體（按波氏持論主張君主主體說與國家人格說不能相容但本節所論卻甚正當即揆以國家人格說亦不矛盾吾於下方更釋其義）君主恆遵依國法所規定之形式以表示意思若此者其所表示之意思即認爲國家之意思者也夫國家者正義之源泉也自法理上言之國家萬不能爲惡何以故以善惡之標準惟國家爲能決定之故夫國家既不能爲惡則

與國家同體之君主。其不能爲惡。自不待言。此非擬議之詞。實法理上顚撲不破之事實也。（按所謂不能爲惡者與不可爲惡有異與不肯爲惡亦有異不可爲惡者謂事實本能爲善亦能爲惡而道義上詔之以不可爲惡也不肯爲惡者亦事實上本能爲善或爲惡而其人遵守道義上之原則故不肯爲惡也若不能爲惡則異是雖欲爲惡而事實上有所不能也與國家曷爲不能爲惡以善惡之標準由國家出故善惡之標準曷爲必由國家出必須先知性理上所謂善惡與法理上所謂善惡之區別然後能明之性理上所謂善惡者據人類之良知所認爲善惡者是也然此不過抽象的意思耳而非具象的行爲法理上所謂惡祇能專指具象的行爲言之耳必有某種某種之行爲表現於實乃認以爲惡從而罰之此法理上罰惡之原則也而所謂認某種某種行爲爲惡者舍法律所規定外末從求之易詞以言則法律所禁之行爲而或犯之者是卽爲惡也是故國家無法律無法律則無所謂善惡各國法律不同故各國所謂善惡亦隨而不同例如在君主國有謀侵犯君主者則爲大逆在民主國有謀擁戴君主者則爲大逆執善執惡舍國法外無從得標準也又如在古代閉關之國見外國人格殺勿論在今世文明國殺外國人與殺本國人同罪執善執惡舍國法外無從得標準也又如古代埃及奉蛇爲神殺蛇者爲上刑古代斯巴達凡竊盜財物者不惟無罪而或且得賞執善執惡舍國法外無從得標準也由此言之則善惡由法律出旣章章矣而制定法律者則國家也國家旣爲法律所從出自然卽爲善惡所從出雖有惡事然國家旣不認爲惡則其性質自立變爲不惡矣（例如在斯巴達行竊）然則國家雖欲自爲惡豈可得哉法理上所謂善惡之意義略如右驟聞之若甚足駭怪然按諸實際則無以易矣夫國家旣不能爲惡則與國家同體之君主亦自不能爲惡固不待言）雖然。此必其所表示之意思眞爲國家意思者。始足以語於是耳。必如何而後眞爲國家意思。則以一定之形式表示者是也。（參觀拙著「論立憲國之詔旨」及「違制論」又「論立憲國之公文格式」等篇）苟不遵此形式乎。則所表示者非與國家同體之君主的意思。不過一私人的意思而已。（解釋詳下文附言）君主以其爲一私人之資格。無論何種惡事皆可得爲。然猶謂之不能爲惡者。則君主以其爲君主之資格。雖欲爲惡而決不可得也。其樞機何在。則大臣副署之一形式是也。吾據普國憲法第十四條之意趣。凡國王政治上之詔令。必以一大臣副署而始有效。該大臣卽依之而負責任。然則凡政治上之詔令。必以大臣副署爲發生效力之一條件。無副署者。純然無效。雖發之亦與未發等。至易見也。然各種國務上之發令。尚須各循特別之形式。例如法律如預算等。必須經議會之協贊。苟不依此種形式。則違法也。雖有大臣副署。依然違法也。易詞以申明之。則此種舉動非君主以其爲君主之資格而發令。實君主以其爲一私人之資格而發令也。大臣也者。惟對於國法上之君主而輔弼之耳。若副署違法之發令。則非輔弼國法上之君主。而加擔於私法上一私人之違法行爲也。而副署此種行爲。以施諸有政。則大臣實無所逃罪。此大臣責任所由發生也。』（原著普魯士國法論上卷第一百三十七葉以下）

（附言）波氏主張君主即國家。故有君主與國家同體之說。或疑其與吾黨所信之國家人格說君主機關說（謂國家爲一人格而君主爲國家之機關）不相容。而不知非也。波氏所謂君主以一人而兼有國法上及私法上之兩資格者。惟以機關之意義爲最能證明之。蓋凡以自然人而司法人之機關者。未有不以一人而兼兩資格者也。例如以某甲爲某公司總辦。彼某甲者固有時以公司機關之資格而爲公司治事。有時亦以一私人之資格而自治其私事。彼其一私人之債權債務與公司之債權債務不相蒙。至易見也。又如以某乙爲某署長官。彼有時以長官之資格（即國家機關之資格）而爲國家治政務。有時亦以一私人之資格而自治其私事。而彼之僚屬。惟對於彼所委辦之政務。理宜服從遵辦。若長官私事。則僚屬無服從辦理之義務。又至易見也。然凡屬法人之事務。必有一定之形式以爲成立之條件。例如公司之事務。必須於商律及本公司章程之範圍內行之。而欲使之生效力。尤必須用簽名蓋印貼印花稅等種種形式。苟踰越範圍。缺損形式。則只能認爲總辦私人之行爲。不能認爲公司之行爲矣。又如官署長官之治政務。亦必須遵守法令及備具公事上種種形式。否則亦認爲長官私人之行爲而已。長官私人之行爲。僚屬固無服從協辦之義務。苟協辦而至於干犯國紀。則僚屬亦不能辭其咎明也。波氏謂大臣副署違法之發令。無異加擔於私法上一私人之違法行爲。即是此意。

由是言之。則大臣代君主負責任之說。其不衷於理論也甚明。蓋責任內閣制與君主無責任之大義。實相依而不可離。使大臣而爲代君主負責任也。則是君主本有責任。而名義上移之於大臣云爾。而議會之糺問大臣責任者。實則本當糺問君主責任。徒以君主不可斥言。姑以大臣尸其名云爾。此義非是。蓋罪惡之爲物。自作者宜自當之。在法不容諉諸他人。常人有然。卽君臣之際。亦何莫不然。昔周太史勸楚昭王禳災以移諸令尹司馬。昭王猶以爲不可。使君主果有過舉。而大臣尸咎。揆諸法理。豈得曰平。且君主神聖。不可侵犯。各國無不明著諸憲法。夫不可侵犯云者。非徒不許有侵犯之迹而已。抑亦不許開侵犯之門。故禮曰。以足蹴路馬芻有誅。齒路馬有誅。謂其嫌其逼君也。使過責本在君主。而人民徒以畏憚尊嚴之故。集矢於其所信任之大臣。而使之聞之。則先自有褻其君之心。而何神聖之可言。彼豫讓擊趙襄子之衣。以寄其報仇之宿志。謂豫讓未嘗加無禮於襄子焉。不可得也。然則大臣代君主負責之說。其不能貫徹君主神聖之本旨。蓋可見矣。立憲國之法理。則使君主無責任一語。成爲顚撲不破之事實。而絕非虛構擬議之辭。夫如是然後君主神聖不可侵犯。亦成顚撲不破之事實。而絕非循例頌揚之比。立憲國皇室所以安如磐石者。道皆在是也。語其樞紐。則亦曰以大臣副署爲君主行爲成立所必須之條件。苟無副署。則君主雖欲爲惡。而不成於惡。更易詞以申明之。則國中無論何人。皆可以獨力爲惡事。惟君主不爾。君主苟非得大臣之協助。則在理在勢。皆斷不能爲惡事者也。非惟不能爲違法之惡事。抑且不能爲失政之惡事。其有幾微之違法失政。則罔不由協助之大臣成之。故大臣責任。實其本身所固有。絕非由代君主而始發生也。

夫曰代君主負責。猶且乖於法理。況於言對君主負責任乎。夫使大臣爲對於君主負責。則誰歟爲對於國家負責者。據論理學以窮其旨歸。則責仍在君主而已。如是則於立憲國法理上所謂君主無責任君主神聖不可侵犯之兩大原則。枘鑿而不能相容。則立憲國與專制更奚擇哉。此義言之已屢。今不復沓述也。

新中國建設問題

敘言

十年來之中國。若支破屋於淖澤之上。非大亂後不能大治。此五尺之童所能知也。武漢事起。舉國雲集響應。此實應於時勢之要求。冥契乎全國民心理之所同然。是故聲氣所感。不期而洽乎中外也。今者破壞之功已逾半矣。自今以往。時勢所要求者。乃在新中國建設之大業。而斯業之艱鉅。乃什百於疇曩。此非一二人之智力所能取決。實全國人所當殫精竭慮。以求止於至善者也。啓超學譾才綿。豈足以語於此。顧亦嘗積十年之孳索。加以一月來苦思極慮。於多數人心目所懸之諸大問題。窮極其利害。有敢決言者。亦有未敢決言者。姑就所得條舉之。以質諸國民。他日更有見。當續布也。

辛亥九月　著者識

上篇　單一國體與聯邦國體之問題

我國之大一統。逾二千年。單一國聯邦國之問題。本無從發生也。自一月來。各省相繼宣告獨立。識微之士。始思標此義以謀結合。其利害若何。其進行方法若何。最今日所宜熟講也。今分三節論之。

第一節　聯邦國體單一國體之利害

治國法學者稱聯邦國爲完全國家之過渡。凡以聯邦組織立國者。皆一時不得已之所爲。非欲以此終焉已也。今世聯邦國之最著者。莫如德美。而彼兩國之政治。方日趨於集中。其渴思糅聯邦以歸於單一。至易見也。故兩者之利害本無商榷之餘地。惟誠不得已而出於此。斯不可不商榷耳。今中國之議采聯邦制。果爲不得已與否。吾今猶未能確言。然其利害固有可先論者。

（甲）主聯邦論者所持之說

一　中國幅員廣漠。交通未便。斷非恃一中央政府所能善其治理。剖爲聯邦。治具易張。

二　各省利害關係不同。惟本省人最善知本省利病。利用人民兩重愛國心。發達可期周密。

三　各省競爭。互相淬厲。進步愈捷。

四　以現在情形論之。全國未得確定之中心點。將來各省慮難相下。聯邦可以息爭。

五　舊朝若未遽顚覆淨盡。就令暫保一境。使加入聯邦。亦可弭兵。

六　蒙回藏疆。各爲聯邦。自由加入。可免分裂。

（乙）非聯邦論者所持之說

一　聯邦憲法。其政權之分賦於中央政府者。皆取列舉主義。中央活動之範圍甚狹。不能得强有力之政府。恐不適於今之時勢。

二　我國近年。已微以省界爲病。采聯邦制。將益助長人民之地方觀念。妨國家之統一。

三　政治問題。畫爲中央與各邦之兩部分。兩皆不能具足。政治家無論就何方面。皆不能盡其才。將釀成美國人厭倦政界之習。

四 無歷史的根柢。恐事實上之聯邦。不能成立。

五 現在各省。多有仰他省補助政費者。析爲聯邦。發達必至偏枯。

六 蒙回藏疆更無各自成邦之理。標此以期結合事實等於拋棄。

以上兩造之說其所根據之理由皆甚强。請於次節擷其要點論列之。

第二節　中國將遵何道乃得成聯邦國體乎

國家爲一種有機體。非一時所驟能意造也。其政治現象之變化。必根據於歷史。今世聯邦國有三。曰德意志聯邦。曰瑞士聯邦。曰北美聯邦。瑞太小。實則二十二村耳。可勿深論。德則君主聯邦國之代表也。美則民主聯邦國之代表也。德之各邦。自中世史以來。久已存在。建國最古者垂千年。新者亦二百餘年。新帝國之建。不過排奧戴普。一轉移間耳。其歷史之深遠若彼。美則自清教徒移植以來。各州本爲自治體。英王所給約劵。即爲各州憲法淵源。蓋成爲具體而微之國家者。四百餘年於茲矣。脫英軛而易以共和政府。中央之統屬變。而地方之組織未嘗變也。其歷史之深遠又若此。我國驟欲效之。其果克致乎。此盡人所不能無疑也。我國昔雖爲封建。而廢絕已二千年。無復痕跡。雖人民私權。政府向不干涉。緣放任之結果。留自治之美風。然歐美人所謂完全自治機關。求諸我國。實渺不可得。夫德之各邦。美之各州。其內部之構造。實與一國無異者也。今日合全國俊髦。以謀構造唯一之新中國。猶懼不給。其更有餘力以先構造此二十餘邦乎。此不可不熟審也。夫構造唯一之新中國。不過由舊而之新耳。爲事雖難而尚易。構造二十餘邦。乃自無而之有。爲事似易而實難。此不可不熟審也。且我國今日。

必須構造此二十餘邦。然後能間接以構造唯一之新中國乎。抑毋須爾。而可以直接構造新中國乎。此不可不熟審也。以吾國幅員之廓。治具之疏。若誠能以聯邦爲基礎。然後置完全中央政府於其上。則政治之密度增。人民之幸福進。此吾所禱祀以求也。雖然吾求聯邦之基礎而不可得。吾恐陳義雖高。終屬理想。此吾所以不敢堅持也。本節所論。非可與不可之問題。乃能與不能之問題。願我國民稍留意也。

第三節　采聯邦制所當審愼之諸端

吾前既言之矣。聯邦國不過單一國之過渡。究極必求趨於單一。求之而未得。乃以聯邦爲一時權宜。故聯邦云者。必前此僅有羣小國。本無一大國。乃聯小以爲大也。若前此本有一大國。乃剖之爲羣小。更謀聯之爲一大。微論不能。卽能矣。而手段毋乃太迂曲。吾平素所以不敢持聯邦論者以此也。雖然。凡一問題之發生。皆起於不得已。今既有各省獨立之事實。人人憂將來統一之艱。然後心理乃趨於此著。謂非有所不得已焉不可也。若誠不得已而終出於聯邦。則吾對於聯邦組織。有願國民注意者數事焉。

第一　聯邦首長之資格

聯邦之各邦。實具體而微之國家也。凡國家所有之機關。不可以不備。則首長其最要矣。今世各聯邦首長之資格。其種類有三。

一　世襲者　德意志聯邦除三自由市外。其餘各邦是。

二　由本地方人民公舉者　北美聯邦瑞士聯邦是。

三　由中央首長任命者　英屬加拿大聯邦澳洲聯邦是。

第一種絕非我所能效。可勿具論。第二種按諸理論。最爲正當。然行之恐多流弊。蓋以吾國向來政治習慣。驟使人民全體投票以舉首長。則或失之太冷。徒受運動而盲從。或失之太熱。緣劇爭而釀亂。謂公舉必能得國民所眞好惡。實空想耳。此義當於次節論民主共和制項下詳發之。今不先贅。夫全國閱數年舉一民主。識者猶憂其險艱。況各邦又各自公舉哉。藉曰無險艱。而爲國民者。既須舉中央首長。舉中央國會兩院議員。復須舉各邦首長及邦會議員。其下地方團體之公職尚不計。是每歲平均當行選舉數次。勞費不亦甚乎。然則必不得已而行聯邦制。似惟當采第三種之法而已。加拿大澳洲各有一總督。總督下有巡撫。加拿大七 澳洲六 皆由倫頓政府任命。然皆不負政治上之責任。各自有其國務大臣代負之。實一種之君主立憲制也。可以保威嚴。可以杜爭競。爲法最良。但中國將來苟非立君。或恐難采此法。無已。則猶當由中央共和政府任命。使之對於各該邦之議會負責任。雖然。信如是也。則中央政府之權力甚重。各邦獨立之範圍僅矣。名則聯邦。實與今之行省相去一間耳。顧吾以爲中國國家之組織。實當如是。吾於完全之聯邦精神。蓋不敢妄贊也。

第二　聯邦與中央之權限

聯邦之爲物。其統治全權本爲各小邦之所固有。及聯羣小爲一大。乃將此權割出一部分。獻諸中央。其所割獻者。列舉於憲法正文。憲法所未舉者。則各邦之所保留也。如德國美國是。若純粹之單一國。則中央所賦予地方之權限。僅用地方自治法規定之。而不以著諸憲法。如英法日本等國是。亦有在兩者之中者。中央權限地方權限。各各列舉於憲法中。如奧大利是。我國於此三者。當何擇乎。以吾平素所持論。則謂必當采英法日之制。然此則已非復聯邦矣。若用奧制。驟視若兩無偏畸。然天下事理。非列舉所能罄。有列舉必有罣漏。兩方列舉。則其罣漏者不知應保留於何方權限之紛議必生無已其仍用德美制乎若事勢必至爾爾則當制定憲法時各省人士萬不可存猜忌中央之心不可務削減中央之權以自廣蓋處今日國競至劇之世苟非得强有力之中央政府國無道以圖存也昔美國之始制憲法地方感情較强限制中央過甚後卒釀南北戰爭至今盧斯福所倡新國家主義即欲以藥斯病蓋其沮滯美國之進步不爲少矣我國民愛鄉之念甚摯豐於所昵亦情之恆且中央專制久攖衆忌難保無主極端分權之論指爲與人民幸福最相應者雖然吾望我國民其毋爾也彼美國之憲法根於彼之歷史非我所能學也況彼猶且不勝其弊我何爲效之治今日之中國實當以整齊嚴肅爲第一義若鑑舊朝中央集權之弊而務矯之安見其可彼舊朝豈識機關之集權但有私人之攘奪耳夫安可因彼之噎廢我之食夫軍政外交司法之必當集中無論矣即如財政政策工商政策交通政策敎育政策等全國方針安可以不定於一質言之則各部之事其行政上應分權者雖甚多其立法上應分權者實甚少以吾之意竊謂苟不得已而用聯邦制則憲法之規定當與美相反對於各邦權限取列舉主舉其不列舉者盡保留於中央夫似此則已幾於非聯邦矣所異於英法日諸國者彼以普通法律列舉之我則以憲法列舉之輕重微有別耳

第三　聯邦之區域

若必采聯邦制則即以今之行省爲聯邦區域乎抑別定聯邦區域乎此一問題也吾屢言我國聯邦無歷史上之根柢若必於無中而强求其有則惟行省差爲近之雖然省界思想本足以爲統一之梗今方當同袍敵愾之時此種病徵似不發現或緣此次事變而革除之誠國家前途莫大之幸然底定之後能否長爾爾實盡人所難斷言也今締造新國誠不可不注意此事將各種行政區域錯綜而溝通之實融合之一種手段也今若仍各省

之舊面範之以聯邦，得毋助長此倓乎。斯不可不熟計也。且現在行省之區分，其幅員大小境界系屬，實多不適。允宜修正。域以聯邦，毋乃增障。故吾於行省聯邦說不敢深贊也。若別畫疆而新造之，則爲道又益艱矣。抑既稱爲聯邦，必須將其所得行之統治權，充分以行於境內。質言之，則各邦政府必須能有實力以圓滿宰制其本邦也。以今者各省改造之新邦，其果能有此實力乎。將來當用何道可以得此實力乎。此國民所當熟審也。萬一力薄不任，而於大聯邦內復分爲小聯邦，小聯邦內復分爲更小聯邦，則中國成虀粉矣。吾固日祝我國民之決不爾爾。雖然，凡當革命之際，人民距心力恆發動甚劇，而向心力每爲所抑。此徵諸各國歷史而皆然者也。我國民不可不引爲深戒也。

第四　聯邦與舊朝

謂聯邦可以暫容舊朝，使之加入。此亦出於調和之苦心。雖然，吾以爲直幻想耳。中國聯邦，而使舊朝擁片土爲普魯士，謂我國民能承認之乎。使能承認者，則又不如行虛君共和制之爲得策矣。若以此爲應行聯邦制之理由，則吾疑其無理由也。

第五　聯邦與藩疆

聯邦制所最難處置者，則蒙回藏諸藩疆也。使彼等能各自爲邦以加入聯邦中，豈非大善。然平心論其程度，實未足以語於建國。此爲所困衡也。或曰：如美國雖爲聯邦，固多中央政府之直轄地。今之阿拉士加及菲律賓，無論矣。即如阿利根華盛頓新墨西哥夏威夷諸州，前此皆不認爲邦而認爲屬郡。我今效之，何爲不可。斯固然也。然我諸藩疆與本部之關係，乎昔本已閡隔。爾來强鄰介煽，久已生心外向。今若非別有道以維繫之，則惟有俟戡難之後。陳兵鎮撫。竊恐此願未償。而物已非我有矣。此憂國之士所最宜兢兢也。

或者謂歐洲諸國壤地率皆比我數郡。猶能泱泱稱雄。我但擁十八省舊疆。安在不可以立國。況地大難治。甫田莠驕。稍縮政區。易收臂使。卽暫時放棄諸藩疆。未足爲病也。雖然。今列國方以機會均等相揭櫫。我一放棄。則諸藩不能自保。勢必將有所屬。泰東之均勢一破。則本部金甌。又安能保。況人滿之患。我亦猶人。移植之圖。急不容緩。人方不惜糜爛其民以求闢新地。我安可舉所固有而棄若弁髦。故今者建設伊始。當刻刻以蒙回藏疆爲念。務使不自屏於中國之外。而不然者。則對內成功奏凱之時。卽對外一敗塗地之時也。

要之吾國今日所要求者。首在得一強固統一之中央政府。今采聯邦制。若能用德國式。則此願誠易償。然事勢旣不許爾爾。若用美國式。則無論若何。而於強固統一之程度。總有所不慊。吾所以始終不能釋然於聯邦制者以此。今所最當熟審者。則今日之中國。是否必須經過聯邦之一階級。乃能進於單一。此則須俟全國俊傑之公判。非不佞所能臆斷也。若將來事勢所趨。可以毋經此級。吾所馨香以禱也。若必須經者。則吾願當草制時。於其流弊三致意也。

下篇　虛君共和政體與民主共和政體之問題

今後新中國之當采用共和政體。殆已成爲多數之輿論。顧等是共和政體也。其種類復千差萬別。我國將何所適從。是當臚察其利害。而愼所擇也。

第一種　人民公舉大統領而大統領掌行政實權之共和政體　此共和政體之最顯著者。美國是也。中美南美諸共和國皆屬此種。

第二種　國會公舉大統領而大統領無責任之共和政體　法國是也。法國大統領由上下兩議院公舉。與美國之由人民選舉者殊。而其地位亦與美統領絕異。乃略同英之君主。不負政治上之責任。政權悉在內閣。故美國選舉大統領競爭極劇。法國易一大統領。遠不如內閣更迭之聳人耳目也。

第三種　人民選舉終身大統領之共和政體　羅馬奧古斯丁時代。法國兩拿破崙時代曾行之。此皆僭帝之階梯。非共和之正軌。現世已無其例。然墨西哥當爹亞士時代連任二十餘年。亦幾於終身矣。凡行此制者。名雖共和。實則最劇之專制也。

第四種　不置首長之共和政體　如瑞士聯邦是。瑞士之元首。乃合議機關。非獨裁機關也。瑞士之最高機關爲參議院。議員七人。互選一人爲議長。對外則以議長之名行之。然議長與其他六人職權實平等也。

第五種　虛戴君主之共和政體　英國是也。英人恆自稱爲大不列顚合衆王國。Great British United Kingdom 或自稱爲共和王國。Public Kingdom 其名稱與美無異。淺人驟聞之。或且訝爲不詞。不知英之有王。不過以爲裝飾品。無絲毫實權。號爲神聖。等於偶像。故論政體者。恆以英編入共和之一種。其後比利時本此意編爲成文憲法。歐洲各小邦多效之。故今日歐洲各國。什九皆屬虛戴君主之共和政體也。今省名曰虛君共和制。

第六種　虛戴名譽長官之共和政體　英屬之自治殖民地。如加拿大如澳洲如南非洲皆是也。此等名雖藩屬。實自爲一國。而英廷所置總督。地位正同英王。故國法學者統目爲共和政體也。

右六種共和政體中。我國人所最熟知者。則美法兩國之式。其尤想望者。則美國式也。實則六者各有所長。而後進國擇所仿效。要當以適於己國情形爲斷。就中第六種。不行於完全之獨立國。我國除非采聯邦制以施諸各邦。（即今之各省）容有商榷之餘地耳。今勿具論。請得取前五種比較其利病。

第一　人民選舉終身大統領之共和政體何如

此共和政體之最可厭惡者也。何以故。以他種皆爲共和立憲政體。獨此種爲共和專制政體。故謂此種政體可采。度國民必唾吾面。雖然。西哲有恆言。政治無絕對之美。不能謂立憲之必爲美。而專制之必爲惡也。凡行此種政體之國。其被舉爲終身大統領者。必爲雄才大略之怪傑。內之則實行開明專制以整齊其民。外之則揚國威於四海。苟中國今日而有其人。則正最適應於時勢之要求者也。雖然。此其人固可遇而不可求。苟其有之。則彼自能取之。無勞我輩之商榷。故可置勿論也。

又此種政體最後之結果。必變爲君主專制政體。果復爲因。因復生果。必釀第二次革命。墨之爹亞士。其近證之最切著者也。故吾國若有此人。固足以救時。竟無此人。亦國家之福也。

或曰。欲防選舉大統領紛爭之弊。任舉一中材爲終身大統領。使之如法國制不負責任。似亦一法。答之曰。此殆不可行。一國元首。恆情所同歆也。世襲君主。視爲固然。故雖童騃。或不爲怪。既屬公舉。而使庸才終身在人上。勢所不克致也。

第二　不置首長之共和政體何如

此惟極小國若瑞士者。乃能行之而無弊。瑞士一切中央機關。權力皆甚微弱。稍重大之法案。國會輒不敢擅決。

以付諸國民投票。不獨執行機關爲然也。彼爲永世中立國。絕無外患。內之則地狹民寡。而自治之習甚完。無取夫有強大之政府也。我國今日非得一極强有力之中央政府。何以爲國。而以合議機關充一國元首。則於强有力之道。最相反者也。其不足采。蓋無俟辯。

第三　人民公舉大統領而大統領掌行政實權之共和政體何如

此北美合衆國排英獨立後根據孟德斯鳩三權鼎立說所創之新政體。我國民所最豔羡也。而常人所知之共和政體。大都亦僅在此一種。雖然。此可謂諸種共和政體中之最拙劣者。只可以行諸聯邦國。而萬不能行諸單一國。惟美國人能運用之。而他國人決不能運用。我國而貿然欲效之。非惟不能致治。而必至於釀亂。請言其理。

其一　凡立憲國。於元首之下。必別置行政府。對於立法府而負責任。兩府相節相濟。而治以康。獨美國不然。彼固有行政府之國務大臣也。然惟對於大統領負僚屬之責任。未嘗對於議會而負責任。蓋其系統各不相蒙也。然則爲行政首長之大統領。亦對於議會負責任乎。曰、否否。議會由人民選舉。大統領亦由人民選舉。所自受者同。不得而相淩也。故美國政府。實無責任之政府。而與歐洲立憲國所謂責任內閣之大義正相反對者也。然則彼曷爲而不流於專制耶。美國政府。聯邦之國也。政權之大部分。爲各州政府所保留。其割愛以獻諸中央政府者。實至微末耳。而卽此微末之政權。其立法權之全部。在兩議院。行政府並提案權與不裁可權而兩皆無之也。所餘行政權之重要部分。上院猶得掣肘之。故美國行政府實權限至狹。權力至脆之行政府也。我國而欲效彼耶。則亦必如彼之廣賦政權於聯邦。嚴畫界限於兩院。使政府無多地足供回旋。庶幾可以寡弊。而試問此種政府。果適於今之中國否耶。今盧斯福輩日日號呼於衆者。卽欲革此制度。而別建一強有力之政府。蓋深知非是無以競於外也。我熟覩其覆轍。寧容蹈之。

其二　然則卽用此制。而賦予大統領以廣大之權限何如。曰。固可也。然勢則必返於專制。此徵諸中美南美諸國而最可見也。彼諸國皆襲取美國之成文憲法以建國者也。顧名則民主共和。而民之憔悴虐政。乃甚於君主專制。其最爲我國人所新能記憶者。宜莫如數月前墨西哥被革之統領爹亞士矣。彼專制墨國垂三十年。路易十四拿破崙未能彷彿其什一也。其他中南美諸邦。皆類是耳。夫彼諸邦之憲法。與美同系。而所演之結果乃若是相反何也。美國政治之大部分。出於聯邦各州。而彼諸國則全集於中央。大權所集。而他機關末由問其責任。欲其不專制焉。安可得也。今我新共和國之憲法。將純效北美合衆國耶。則政府權限太狹。不適於時勢。將效中美南美耶。則政府權力太横。必返於專制。故以美洲之法系施諸我國。實無一而可也。

其三　吾旣屢言冀得强有力之政府。然若采用美洲法系。則强有力之政府。適以爲繼續革命之媒介已矣。彼中美南美諸國。革命慘劇。幾於無歲無之。此稍治國聞者所能知也。卽如墨西哥彼馬德羅之革爹亞士而代爲大統領。距今三月前事耳。今巴拉拉又起而革馬德羅。掠地得半國。迫墨京而要求遜位矣。謂拉丁民族程度劣下。不能運用憲政。斯固然矣。然歐洲拉丁民族之憲政國。固不少。何以劇爭不如彼其甚。此其源亦半由於立法不善。不可不察也。歐洲諸國。有元首超然於政府之上。政府則對國會負責任。人民不慊於政府。則政府辭職已耳。政府更迭太頻繁。雖已非國家之福。然猶不至破壞秩序危及國本也。美洲諸國。大統領卽爲行政府之首長。而任期有定。不以議會之從違爲進退。人民不慊於政府。舍革命何以哉。夫國家元首與行政部首長。以一人之身兼之。此實天下最險之事。專制君主國所以易釀革命者以此。美洲諸共和民主國所以易釀革命者亦以此也是故歐系之憲法其體圓美系之憲法其體方歐系之憲法其用活美系之憲法其用死而其相異之機括全在此著吾願世之心醉美憲者一味吾言吾願將來有編纂憲法之責者務慎所擇毋貿貿然效顰而貽國家以無窮之戚也

其四　法國之舉大統領民夷然視之其鄭重僅視舉議員稍加一等耳美國舉大統領則兩黨肉薄全國騷然幾類戒嚴賄賂苞苴動逾億兆若中美南美則每屆改選未或不殺人盈野非擁重兵不能得之等是民主共和也而相去懸絕若彼其故可思也法之大統領全摹仿歐洲各國君主不躬親政治以負責任美其名則曰神聖不可侵犯也質言之則無用之裝飾品也不能直接用一人不能直接行一政政權所出全在內閣總理故野心家不樂爭此以爲重美洲諸國不然美國行政府之權雖云狹矣然其權限內所屬之官吏悉由大統領進退雖憲法上規定必須得元老院同意然事實上皆大統領專行故每一次改選大統領苟繼任者非其同黨則上自閣僚公使下逮郵政脚夫稅關驗丁盡行易人此曾游美國者所能熟知也彼候選大統領之人雖或廓然大公其奈攀鱗附翼之徒太多挾之使出於激烈卑劣之一途彼美國幸而爲淸敎徒所建設道德較優美自治之習甚完全國僅兩大黨故雖劇爭而不至召亂耳不然其有以異於中南美者幾何也若中南美則大統領之權愈崇人之欲得之也愈甚而其人民又乏自治之素養缺政黨之訓練爭之不已惟力是視卒成爲軍人政治前後相屠國家永沈九淵累劫不能自拔嗚呼我國民而妄欲效顰美國也吾懼此禍水行滔沒吾神州也彼諸國大率僅比我一郡其元首比我古代一小侯耳而慘爭猶若彼今若以四萬萬人之投票決此一席再益以各省聯邦首長亦用此法決之則其慘劇之比例又當若何言念及此可爲寒心

吾知聞吾言者。必按劍疾視曰。汝何人。乃敢侮國民。汝何由知吾民程度必不如北美。而猥以比諸中美南美。夫吾固非敢侮國民也。然又安敢面諛國民。彼條頓民族所演之英美兩國。最富於自治力。最善訓練政黨。最能爲秩序之政爭。舉全球各國。莫或能及之者。此天下公言也。謂我民程度能與彼抗顏行。徒自欺耳。自欺將焉取之。側聞比者武漢首事諸君子頗能相下。有趙卻廉藺之風。此誠極可喜之現象也。然聞之議道自己而制法以民。凡立法當爲百年之計。使常人皆可以率循。方今大敵在前。同袍敵愾。內訌固可冀不起。而後此變遷。亦安可以不預防。昔法國大革命伊始。狄郎的士黨實爲首義。未幾乃見屠於山嶽黨。山嶽黨中羅拔士比爾、馬拉、丹頓輩。又展轉互屠。夫自始曷嘗非戮力共事之人哉。而後乃若彼者。勢則然耳。吾固祝吾國永無此等不祥之事。然吾尤願締造之始。勿以立法之不臧。助長其勢也。

且尤有一義爲吾國民不可不深念者。吾屢言吾國今日所最渴望者。在得一強有力之中央政府。蓋非是則不能整齊畫一其民以圖競勝於外。此義當爲全國稍有識者所同許也。然既已如此。則無異於共和政體之下而行開明專制。質言之。則爹亞士之奠安墨西哥。卽操茲術也。然似此實最易釀成第二次革命。此我國民所最不可不留意也。（爹亞士前此所以能久於其位者。以其承百餘年大亂之後。人心思治。已極不惜犧牲一切以求得一專制之元首。蓋與法國經大革命恐怖時代後拿破崙應運而興者無異矣。及今年馬德羅革爹亞士後不數月而第二次革命起。則時勢不同也。）是故北美合衆國所以能久安長治。而中美南美則頻年戰亂者。北美人民程度優於中美南美。固其一端也。然亦由國家組織法之根本差異有以致之。差異云何。則聯邦分權與中央集權是也。使中美南美各國中央權限之狹。一如北美。或未始不可以小康。使北美合衆國中央權限之廣。一如中美南美。亦安見其必無爭亂也故專以人民程度問題爲北中南美政治現象差別之根原所謂知其一未知其二也而中南美諸國所以不能行聯邦分權制者實歷史上之根柢使然雖強欲效顰北美而不可得也吾願賢士夫之心儀美制者且勿問吾民程度視美何如尤當問吾國國勢視美何如耳

綜而論之吾國若欲采用美制則有種種先決問題必須研究者（第一）美國之中央共和政府實建設於聯邦共和政府之上而彼之聯邦乃積數百年習慣而成我國能以此至短之日月產出彼鞏固之聯邦乎（第二）美國政權之大部分皆在聯邦各州其所割出以賦與中央者不過一小部分我國效之能適於今日之時勢乎（第三）美國行絕對的三權分立主義中央立法之權行政部不能過問此制果可稱爲善良之制乎我國用之能致國家於盛強乎（第四）美國由英之清教徒移植養成兩大政黨之風故政爭之秩序井然我國人能視彼無遜色乎（第五）美國初建國時地僅十三州民僅三百萬其選舉機關夙已完備我國今日情形與彼同乎異乎吾願心儀美制者於此諸問題一加之意也

第四　國會公舉大統領而大統領無責任之共和政體何如

此法國之制也其優於美制者四

一　選舉大統領不用全國投票紛爭之範圍較狹

二　其大統領與君主立憲國之君主等緣無責任故無權力人不樂爭之故紛擾之程度減

三　大統領既超然政府之外政治有不慊於民心者其極至政府辭職而止非如美洲法系之將大統領與政府合爲一體施政不平動釀革命

四　政府由國會多數黨組織。立法部與行政部常保聯絡。非如美國極端三權分立之拙滯。此其所長也。蓋法人所以創爲此制者。（其一）法之共和政成立在美後。鑒於中美南美之流弊。且亦積八十年間屢次內亂之經驗。不得已而出於此也。（其二）地在歐洲。蒙諸君主立憲國之影響。故晦其名而用其實也。若我國而必采用民主共和制。則師法其優於師美矣。然法制之劣於美制者亦有一焉。美之政府與大統領同體。而大統領任期一定。對於國會不負責任。故常能繼續實行其政見。不致屢屢搖動。以久任而見效。法則大統領雖端拱不遷。而政府更迭頻繁。法之不競。頗由於此。雖然。法制行之而不善。其極則足以致弱耳。美制行之而不善。則足以取亂亡。何也。凡用美國法系之國。苟政府不爲多數人民所信任。則非革命不能易之也。此無他故焉。歐洲法系。以國會監督政府。國會與政府之聯絡甚密。美洲法系。政府與國會同受權於選民。離立而不相攝也。

法制與美制比較。其優劣既如彼。若以與英制比較。其劣於英者復有二焉。

一　英王與法大統領。其超然立於政府與國會之外也雖同。然英王不加入政黨。法大統領則藉政黨之力以得選。使大統領與總理大臣常爲同黨。則固無甚窒礙。然此實絕無僅有之事耳。法內閣每數月必更迭一次。安所得常與大統領同黨者。苟非同黨。則大統領常能用其法定之權。或明或暗以牽制總理大臣。彼麥馬韓第三共和時代之第二大統領之陰謀不軌。遵是道也。而後此且數見不鮮。法國政界常有杌隉之象。此亦其一原因也。

二　英王名雖爲王。實則土偶。此種位置。惟以紈袴世胄處之最宜。法大統領既由選舉。其人非一國之才望。

不能中選。既爲一國之才望。乃投閑置散。使充數年間之裝飾品。未免爲國家惜。昔拿破崙一世初被選爲執政官時。憤然語人曰。吾不願爲受豢之肥豚。即此意也。

準此以談。則法制之視美制。雖有一日之長。以云盡善。則猶未也。

最近葡萄牙之共和憲法。最稱後起。欲並取美法之長而去其短。然其大體實同於美。不過美大統領由人民選舉。葡則采法制。由兩議院選舉耳。美制固有之諸弊。葡終不能免也。

第五　虛戴君主之共和政體何如

此雖未敢稱爲最良之政體。而就現行諸種政體比較之。則圓妙無出其右者矣。此制濫觴英國。全由習慣積漸而成。其後比利時著之成文憲法。遂爲全歐列邦之模範。其爲制也。有一世襲君主。稱尊號於兆民之上。與專制君主國無異也。而政無大小。皆自內閣出。內閣則必得國會多數信任。於始成立者也。國會則由人民公舉。代表國民總意者也。其實際與美法等國之主權在民者。絲毫無異。故言國法學者。或以編入共和政體之列。獨其所以異者。則戴一世襲之大爵主爲裝飾品。國民待以殊禮。且歲供皇室費若干以豢養之而已。夫歐人果何取乎此裝飾品。而全國人屈己以禮之。且出其血汗金錢以豢之也。以其可以杜內爭而定民志也。夫以法國大革命恐怖時代。全國民死亡將半。爭亂經八十餘年而始定。以中美南美之每改選大統領一次。輒起革命一次。試問國家所損失爲數幾何。以區區之皇室費與照例尊崇之虛文易之。天下代價之廉。莫過是也。是故十九世紀歐洲諸國。無國不經革命。夫革命固未有不與君主爲敵者矣。及其成功也。則仍莫不虛戴一君主。其尤取巧者。則不戴本國人爲君主。迎一異國異種之人而立之。但使之宣誓入籍。宣誓守憲而已。若比利時。若布加利牙。若羅馬尼亞若希臘若那威。皆其例也。夫豈其國中無一才智之人可任大統領。而顧出於此迂遠愚謬之舉。此其故可思也。中南美諸國所以革命相尋無已時。而彼諸國所以一革之後邦基永定者。其操術之巧拙異也。且在今日國競極劇之世。苟非得強有力之政府。則其國未有不式微者。而在美洲法系之國。大統領既與政府同體。且同受權於國民。國會不能問其責任。苟非以憲法極力裁減其權。勢必流於專制。故美國政府不能列席於國會。不能提出法案於國會。不能解散國會。惟奉行國會所立之法而已。夫政治貴有計畫。而計畫之人即爲執行之人。然後可以察責任而課功罪也。美制不然。國會計畫之。而政府執行之。兩不相接。而各有所諉。非所以圖治也。在前此墨守門羅主義。與列強罕相角。固可以即安。在今日則大不適於時勢矣。此盧斯福之新國家主義所由倡也。然在美國法系之下。而欲此主義之現於實。吾信其難矣。歐洲之虛君共和制則異是。英人之諺曰。國會之權力。除卻使男女易體外。無一事不能爲。國會之權。如彼其重也。而內閣總理大臣。惟國會多數黨首領爲能尸之。故國會常爲政府之擁護者。國會之權。即政府之權也。然則政府之權力。亦除卻使男女易體外。無一事不能爲也。所謂強有力之政府。莫過是矣。然則曷爲而不流於專制。則以非得多數於國會者。不能執政。而國會實由人民選舉。其得多數者。必其順民心者也。此制也。在專制君主國固不能行之。即在德日等之大權立憲國。仍未能行之。若在美洲之諸民主共和國。尤絕對的不能行之。能行之者。惟虛君共和國而已。此論政體者所以推此爲極軌也。

然則中國亦可行此制乎。曰、嗚呼。吾中國大不幸。乃三百年間戴異族爲君主。久施虐政。屢失信於民。逮於今日。而令此事殆成絕望。貽我國民以極難解決之一問題也。吾十餘年來。日夜竭其力所能逮。以與惡政治奮鬥而皇室實爲惡政治所從出。於是皇室乃大憾我。所以僇辱窘逐之者無所不用其極。雖然。吾之奮鬥。猶專向政府。而不肯以皇室爲射鵠。國中一部分人士。或以吾爲有所畏有所媚。訕笑之辱罵之。而吾不改吾度。蓋吾疇昔確信美法之民主共和制。決不適於中國。欲躋國於治安。宜效英之存虛君。而事勢之最順者。似莫如就現皇統而虛存之。十年來之所以慎於發言。意即在是。吾行吾所信。故知我罪我。俱非所計也。雖然。吾蓋誤矣。今之皇室。乃飲酖以祈速死。甘自取亡。而更貽我中國以難題。使彼數年以來。稍有分毫交讓精神。稍能布誠以待吾民。使所謂十九條信條者。能於一年數月前發布其一二。則吾民雖長戴此裝飾品。視之如希臘那威等國之迎立異族耳。吾知吾民當不屑齗齗與較者。而無如始終不寤。直至人心盡去。舉國皆敵。然後迫於要盟。以冀偷活。而既晚矣。夫國家之建設組織。必以民衆意嚮爲歸。民之所厭。雖與之天下。豈能一朝居。嗚呼。以萬國經驗最良之虛君共和制。吾國民熟知之。而今日殆無道以適用之。誰之罪也。是眞可爲長太息也。

無已。則依比利時那威等國迎立異邦人爲君主。使宣誓入籍。然後即位之例。但使現皇室能改從漢姓。我國民或許其尸此虛位乎。夫昔代既有行之者矣。北魏孝文帝之改拓拔爲元氏是也。更有進者。則憲法中規定冊立皇后。必選漢族名媛。則數傳之後。血統亦既丕變矣。吾以爲苟用此法。則以視糜千萬人之血以爭此土木偶之虛君較爲得計。然人心怨毒所中既若此其甚。其可行與否。吾不敢言也。

又所謂憲法信條十九條者。今已誓廟公布。若能永見實行。則虛君共和基礎確立。吾民誠不必與爭此虛位。然事定之後。舊朝其肯長此退讓。不謀所以恢復其權力乎。此盡人所不能無疑也。竊以爲若萬不得已而戴舊朝以行虛君共和制。則遷都實爲一最重要之條件。誠能南遷。則民權之確立。庶可期矣。且京師久爲首惡之區。非離卻之。則政治之改革。終末由奏效也。然此事果能辦到乎。即能辦到。而吾國民遂能躊躇滿志乎。吾蓋不敢言。然則舍現在皇統外。仍有行虛君共和制之道乎。曰、或有一焉。吾民族中有孔子之裔衍聖公者。舉國世澤之延未有其比也。若不得已而熏丹穴以求君。則將公爵加二級。即爲皇帝。此視希臘那威等之迎立外國王子。其事爲尤順矣。夫既以爲裝飾品等於崇拜偶像。則亦何人不可以尸此位者。此或亦無法中之一法耶。雖然。尚有三疑義焉。

其一　若非現皇室禪讓。則友邦不易承認。而禪讓之事。恐不易期。南北相持既久。是否能保國中秩序。秩序既破。干涉是否能免。

其二　孔子爲一教主。今擁戴其嗣爲一國元首。是否能免政教混合之嫌。是否能不啓他教教徒之疑忌。

其三　蒙回藏之內附。前此由於服本朝之聲威。今茲仍馴於本朝之名分。皇統既易。是否尚能維繫。若其不能。中國有無危險。

凡此三者。皆極難解決之問題。其第一第三項。則無論欲改民主。欲戴衍聖。皆同此患。其第二項。則衍聖所獨也。同是戴虛君。而衍聖公不如現皇室者。即在此。故曰現皇室既不能戴。則我國行虛君共和制之望殆絕也。夫民主共和制之種種不可行也既如彼。虛君共和制之種種不能行也又如此。於是乎吾新中國建設之良法殆窮。夫吾國民終不能以其窮焉而棄不建設也。必當思所以通之者。吾思之思之。既竭吾才矣。而迄未能斷也。吾只能盡舉其所見。臚陳利病於國民之前。求全國民之慎思審擇而已。夫決定一國建設之大問題。惟全國民能有此權。決非一私人所能爲役也。若曰一私人應出其意見以供全國民之參考乎。則吾待吾再苦思有得。乃更以獻也。

與上海某某等報館主筆書

上海某某等報館主筆諸君足下。

數月以來，間讀貴報，知公等所以督過之者良厚，吾自始固付之一笑，未嘗校也。乃近者公等猶呶呶不已，日日以揑造事實誣人名節爲事。鄙人爲全國言論界之道德風紀起見，不能不有所忠告於公等，願垂察焉。

公等之攻擊鄙人，第一因其反對錦愛鐵路，第二因其反對中美同盟，坐此與公等政見有異同，以逢公等之怒。天下無論何種政策，莫不同時有利害之兩方面，緣此而論治者往往各有所主張，而中間容有辯論之餘地，此各國之所同也。吾所主張，豈敢自謂其無誤，特就其所見及者而論之耳。公等不以吾言爲然，從而糾正之，此吾所最樂聞。公等所糾，而足以服吾之心，吾固不憚降心相從，若猶未也，則更相與往復其論，以求最後之眞理。凡以言責自居者，不當如是耶。而公等徒以政見不同之故，而誣吾以受日本人指使，且日日閉門揑造新聞，此則吾所最爲公等不取也。推公等之意，或良出於愛國熱誠，以憤恨日本人之故，但使有政策可以排日本者，則雖加數倍之犧牲而不惜。而鄙人所主張，則謂我國數十年來以外交政策失宜之故，所犧牲者已不少，今良不願更附益之，故於公等所主張，不敢漫然雷同。公等爲感情所激，乃至以竊鈇之疑相加，即鄙人亦未嘗不爲公等諒。今更披肝瀝膽，申明鄙人立論之根據，以釋公等之疑，然後將鄙人歷年來與日本人之交際及其對於日本之態度，與夫吾之所自處者，據實直陳，願公等平心聽之。

鄙人素來持論謂對外不恃空言而恃實力所謂實力者非他卽先設法求得一良政府將內治整頓完備是也故以爲全國言論界惟宜合全力以攻擊現在之惡政府使之雖欲戀棧以敗壞國事而有所不能一方面則以穩健之智識灌輸國人使之有組織善良政府之能力此著辦到然後對外乃有可議而不然者徒日日怒罵外國人之謀我甚無謂也夫國家之對於國家誰則無野心者如兩軍遇於戰場其磨刀霍霍以互欲相屠固其所也我怨罵彼彼遂能因我言而輟其謀乎若云以此警告國人斯固宜然也然警告之本意固當使國人知現在時勢如此其危急尤當使之知所以致此危急之由其原因皆在政府之失政緣此而知改造政府之萬不容已則所警告者爲有力矣而不然者雖四萬萬人人人皆瞋目切齒於外國之謀我顧能以個人之力各各持梃以抗之乎蓋人之謀我者乃挾其國家之力以謀我我欲與之抗亦惟挾國家之力以與之抗而司國家之總樞機者實惟政府故欲使國民敵愾心得有道以自效者非先得一良政府以統率之於上決無當也彼外國之先覺者固亦常借外交問題以鞭策其民矣例如日本人因美艦入浦賀而奏勤王討幕之功因改正條約問題而數次推倒政府其報館之立言雖借對外爲題而結論則未有不歸於督責政府者也而彼政府之欲自固其位者則又往往導其民氣使洩於對外使無暇攻我而因得以自卽安觀於此則國民對待惡政府之手段與夫對內對外先後緩急之次第不從可察耶今我國對內問題不解決而徒日日鼓吹對外論推其效果之所極不過多發起幾處國民軍多成立幾個拒款會耳夫此等寧得曰非佳事而試問能收分毫之實效否耶能絲毫達其愛國敵愾之目的否耶而全國報館一若以此爲最大之天職而見他人持論其對外詞鋒稍緩者輒指爲漢奸此吾所大不解也

夫對內問題不解決。而徒鼓吹國民以個人之對外。則固已難免於不知本之譏矣。若夫以現在冥頑不靈之政府。而語之以積極的對外政策。則其危險抑更甚焉。政策之當否。固屬於別問題。且勿具論。卽使有極良之政策。而一落現政府之手。則未有不生出極惡之結果者。故立言又不可不愼也。卽以錦愛鐵路與中美同盟之兩事論之。則其間固有容有商量之餘地者。有不容有商量之餘地者。請先言錦愛鐵路。所謂容有商量之餘地者。則此政策是否適當之一問題是也。以吾所見。則謂專就東三省政策言之。或可稱適當。就全國政策言之。則不能認爲適當者也。吾素不主張借債以辦邊境鐵路。在國風報中屢言之矣。夫借債以辦邊境鐵路。無異借債以練兵也。使吾國力充實。百事可以無待於外。而能自舉。則此等寧得非曰至急之一要政。在今日而借債以辦之。則最要者當問其所借之債影響於國家財政基礎者何如。就東三省言東三省。則錦愛鐵路誠急。然他路之急則又豈讓錦愛者。今者因中俄交涉而議辦張恰伊犂等路矣。因中英交涉而議辦川藏川滇等路矣。爲國防計。則何一不當辦者。然此諸路。一切皆爲不生產者。借債數萬萬以辦之。非惟將來償還計畫。絲毫無著。且養路之費。每年尙不知幾何。現在國家歲入。旣以其四之一充外債本息。更益以此等不生產之債。恐路未成而國已先爲埃及矣。此吾對於一般邊境鐵路之意見也。若專就東三省而論錦愛。則吾固非絕對的不主張。吾於國風報第三號論文。歷言此路政治上之關係。及國民生計上之關係。全文具在。可覆按也。（請公等稍出其良心以紬繹原文。觀其立言之意如何。勿徒摭一二字句爲攻擊之口實也。）顧吾謂必有他種事業與之相輔。然後其效或有可期。若謂但有一錦愛鐵路。而滿洲所喪損之主權。卽可以還於中國之手。吾不信也。吾文之結論實如此。吾亦不敢謂必中於事理。吾特言吾之所見而已。其有能糾正吾說者。吾固歡迎之。此所謂有商量之餘地者也。若夫以現在之政府現在之制度爲人擇官。而官如傳舍東三省總督既不易得人卽得人亦不易行其志無論何種良政策斷無能成功之理不成功則徒將爲喪失權利之媒介且如主持辦錦愛之錫淸帥今且去其位矣而政府且有繼以增祺之議亦幸而中變耳而不然者當借債築路之約既成後而以此輩承其乏則後事寧堪設想今雖得趙次山又誰敢保其能久於其位者又誰敢保無第二之增祺者故非改造政府之後則此等事多辦一件卽多一件之後患此所謂無商量之餘地者也就中美同盟一事言之吾國一部分人所以起此妄想者不過欲借以牽制他國耳欲以得外債之財源耳中國誠能改造政府以後則外交上應爲有名譽之孤立耶應覓同盟國耶若覓同盟國則以何國爲最宜耶此容有商量之餘地者也又改造政府以後應否利用外債外債當求諸何國此亦容有商量之餘地者也若如今之倡此論者欲仰一強國之庇我而冀其爲我擯斥他強國此引虎自衞之愚計奴隸依賴之惡根性絕無容商量之餘地者也以現在冥頑不靈之政府而國民乃贊成其借債聽其犧牲無量數權利以買債權國之歡心而國民猶誦其能此則無異國民之自殺絕無容商量之餘地者也今公等所想望之中美同盟其目的之一部分則既達矣所得者則一萬萬圓新外債之負擔落於國民頭上也公等或以此爲極可慶之事耶吾不敢知吾則徒見爲中國自縊之繩又加緊一度耳且勿論干涉財政之禍立見與否而全國報館鼓吹不健全之借債論以得一債權國之眄睞爲無上之光榮使政府得乘此心理以致現在一月之間而訂結借債之約三四增加債務將二萬萬政府及諸勢要之官吏遂得聚而咕嘬之津津乎其有餘味而陷國民於萬劫不復之厄此誰之咎也夫向來各國憲政之成立其國民無不以財政監督權爲唯一之武器所謂「不出代議士不納租稅」是其義也今政府既不敢言加租稅則惟以借外債爲自救之不二法門我國民所以能制政府之專橫者舍監督借債權

亦更無術。此眞民黨所宜認淸題目。絲毫不容放過者也。而今者國中輿論之對於此大事。何其夢夢也。吾之倡反對論。吾知一二年後。我國民將有味乎吾言耳。

吾之對於此兩事。其立論之根據。大略如右。其他言論。尙往往與之相發明。去年國風報全年之文。可覆按也。雖日本人亦直接間接反對此兩事。然彼自有彼之理由。我自有我之理由。萬不能謂天下事凡不利於日本者。必其有利於我國。卽如此次一萬萬圓之四國借款。日本人固反對甚力也。我等寧得緣此故而不敢倡反對論乎。假使現政府忽焉而將某地割與某國。吾敢信日本人之亦必反對也。我等又寧得緣此故而不敢倡反對論乎。有倡之者。則公等將遽攘臂而言曰。日本人所言而彼亦言之。是必受日本嗾使也。是必賣國奴也。天下有此無理取鬧之言論乎。

公等所日日引爲攻擊之口實者。則以吾文中有謂滿洲爲覆水難收之一語。此其言憤激過甚。立言稍爲失體。吾固自承之。雖然。我將以何道而始能收此覆水。此我國民所最不可不熟察也。我輩日日言日本人可惡。全國人嘗起而與日本人爲敵。彼日本人其遂畏我乎。我遂因此而能得絲毫之實益乎。質而言之。凡滿洲一切權利爲吾前此讓與俄人。而俄人轉讓與日人者。無一而非制吾死命者也。而我國欲恢復之。則非經一次戰爭後。決無望者也。夫戰亦何恤。然當思我國而欲能一戰。則其道當何從。其亦必俟改造政府十年訓練之後已耳。今不此之務。而徒爲大言壯語以刺激個人。多一次巡警鬧事。人民鬧事。則經一次交涉。後多失一部權利耳。於事何濟焉。若云於條約上所已失之權利外。非無餘地可容經營。斯固然也。然亦嘗考日本人所投資本以經營滿洲者幾何額。我雖大借外債。能逮其十之一乎。亦嘗考日本人之經營滿洲者用多少人材。我雖合全國人物以萃此一隅。能逮其十之一乎。此且勿具論。就使財與之敵矣。才與之敵矣。現在之政府。能使經營滿洲者。得行其志乎。今以滿洲時局如彼之艱。凡巧吏皆不願當其衝。故總督一缺。有力者避之若浼焉。然猶且有不知進退如增祺輩者。竊竊焉謀之。苟使滿洲辦事之款稍能順手。則全國大小之蛀米蟲（指官吏）將攘臂爭分一臠矣。而忠直任事之人。復何能一日安其位者。故吾極厭言滿洲政策。以其實無可言也。公等試平心思之。吾所言果中於事理否耶。要之公等之結論。爲滿洲不保則中國不能保。欲保中國。宜集全力於滿洲。吾之結論則異。是謂中國能保則滿洲不期保而自保。中國不保則滿洲決無術能保。欲保滿洲。宜集全力於中國。此兩結論之孰當孰否。願公等平心思之。吾所最恨者。今日國中忠愛之彥。踸踔之才。本已稀如星鳳。其有一二眼光輒局於一部分而不知大體。其或躬游歷滿洲。或聞人語滿洲事。覩聞其危急情狀。則奔走相告曰。中國萬事可緩。惟經營滿洲爲急。一旦聞俄之窺蒙古窺伊犁也。則又曰。惟經營蒙古伊犁爲急。聞英人之窺藏英法人之窺滇桂也。則曰。惟經營西藏滇桂爲急。夫滿洲寧得曰非急者。蒙古伊犁西藏滇桂甯能曰非急者。然如論者之意。集全國之人。集全國之財。以經營此一隅。其經營遂能有效乎。而此一隅遂卒可得保乎。由今之形。無變今之政府。則終亦必亡而已矣。況乎既昌言經營此諸地。則所以爲經營之資者。必需財。政府一聞此說。又得假此名目以爲借一大批外債之口實。究其極則全國人民加數重負擔。以促國家之亡而已。而於此諸地何嘗有絲毫之補益焉。就令邊吏得人。其於此一隅之經營。得有眉目。而政府腐爛於內。邊境更何道以圖存。夫以政府得人而言之。則全國所應急起直追之事。不知凡幾。此區區之財力。斷不能以偏投諸滿洲。專爲滿洲而借萬萬圓以上之債。在政策上決不能謂爲得輕重緩急之序。以現在之政府言之。則無論何種良政策。皆不可向彼開口。一開口則弊餘於利。

故吾之意。謂國中凡有言責者。惟當剪除閑言。單刀直指。一味攻擊惡政府而已。不此之致力。而日日言某事當辦某事當辦。皆所謂不知務也。所言當辦之事而又偏於一隅。尤其不知務者也。吾所持論實如此。公等若緣此而指爲教國人放棄滿洲。則吾誠知罪矣。顧不知公等教人不放棄滿洲者。其結局又能有絲毫補益於滿洲焉否也。中國人之心理。與之言排外。則煽動極易。與之言對抗政府。則瑟然不敢前。實則國人苟無對抗政府之能力。則安能對抗外人。不過如諺所謂躲在牀底下駡人耳。辦報館者。多作反抗政府之論。則易見忌而惹荆棘。多作無責任之排外論。則易買一般人之歡心。故曲學阿世之徒。每舍此而就彼。雖然。此豈鄙人與公等相期許之本意哉。鄙人惟見夫張空拳以言排外者之毫無實益也。故詞鋒別有所向。而公等乃以蜚語相誣。何其不諒乎。記亡友黃公度京卿昔辦蘇杭租界事。草約既成。而忌之者誣其受日人賄十六萬。大吏遂議廢約。公度曰。日本新乘戰勝之威。何求不得。使必以賄而始得此區區者。則黃某重於數鐵甲矣。未幾而日政府亦怒其委員內田康哉。謂其爲公度所愚。撤之歸。此丙申夏秋間事也。謂日本人謀中國而必須納賄於窮措大如鄙人者。鄙人無似。誠不能不受寵若驚也。

尤可笑者。公等謂吾論亡韓事。專責韓人而不及日人。指爲袒庇日人之確據。不知吾所爲日本併吞朝鮮記數萬言。公等亦嘗讀之否耶。竊料吾國人得以知日本數十年來處心積慮之陰鷙者。亦未始不由鄙文。此雖共見之事實。其奈鄙文未印出以前。舉國言論界竟未有發之如此其透闢者也。公等但返心自問。其良知吾此言果虛誑否耶。吾之言日人謀韓。自謂則既無餘蘊矣。而公等以爲未足。更進焉亦不過痛詆日本之無人道而已。嗚呼。公等乎。生存競爭之世。則安有人道者。虎狼食人。而人將與之評理乎。人食鷄鴨。而鷄鴨亦將與人評理乎。強食弱而弱見食於強。卽今世界上所謂最高之德義也。謂日本可責。日本則有何可責者。人之愛其國。誰不如我。古人有言。竊鉤者誅。竊國者侯。侯之門仁義存。今世所謂強國。豈有一焉不從此道來者。雖欲責之。又烏從責之。至於鄙人之痛責朝鮮人。其意實爲吾國人說法。匣劍帷燈。稍解文義者皆能知之。卽公等亦寧不知之。以此爲口實。不過昧著本心以強入人罪耳。且公等得毋謂朝鮮人不當責耶。日本曷爲不能以此施諸英俄法德美。而獨施諸朝鮮耶。夫豈惟朝鮮。卽我國亦如是而已。我怒人之謀我耶。英何嘗不謀俄德。何嘗不謀英者。吾固言之矣。國與國相遇。未有不磨刀霍霍以互欲相屠者也。使我國而能自立之後。而謂我不欲謀人耶。明乎此義。則知強之謀弱。絕無可怨。絕無可責。彼自爲其國。義固然也。所可責者。則弱國不自爲謀。而任人之謀之耳。公等平心思之。吾之言當耶否耶。則公等所以鍛鍊人罪者。其毋乃太無味已乎。

更奇者。吾此次薄遊臺灣。亦足以供公等造謠之資料。謂吾受日本臺灣總督之招。將往頌其功德。殊不知吾遊臺之志。已蓄之數年。凡稍與吾習者。誰不知之。而此次之行。乃不知託幾多人情。忍幾多垢辱。始得登岸。而到彼以後。每日又不知積幾多氣憤。夫閱貴報之人。皆未嘗與吾同遊。則任從公等顛倒黑白。亦誰能辨者。然吾之此行。臺灣三百萬人皆具瞻焉。一舉一動。莫不共見。吾能欺人乎。公等之意。以爲吾此行遊記。於日本行政之美。必多所誦說。固得自實其言以爲羅織之口實。夫吾數年來欲往臺灣之本意。則固在調查其行政也。固欲舉其美者以告我國人也。使此行所調查。而能令吾躊躇滿志。則吾固不畏公等之羅織。吾必昌言之。無奈此行乃以傷心之現象充塞吾心目中。若有鯁在喉。非吐之不能卽安。公等亦知我在彼日日所作遊記。作何語者。公等亦嘗見我在彼通信作何語者。公等日日惟以閉門揑造新聞爲事。不轉瞬而所發現之事實。適與相反。其毋乃太心勞日拙矣乎。

公等又屢稱吾嘗以無擔保品而借金於日本之正金銀行。以是爲吾受日人賄賂之確據。夫借金則誠有其事也。然此事之由來人多知之。吾十餘年播越於外。負債山積。債主以數十計。前年欲清理之。乃託神戶一有力之商人。爲介紹於正金銀行買辦之同鄉人葉某者。求借數千金以淸宿逋。約按月以賣文之資分還。其初則與葉某交涉。非與正金交涉也。乃無端而葉某破產失職。於是吾乃驟變爲正金之債務者。正金日夜責償。吾無以應。其極則處分吾家產耳。而敝書數簏處分之。曾不抵債務之十一。乃再四與婉商。覓得我公使館員之一友人爲擔保而負彼四千金。限六個月償還。其後尙得三四良友之助。居然銷卻此債務矣。公等所謂無擔保品而得借金者。其卽此耶。我所受莫大之賄賂於日本人者。其卽此耶。

吾居日本十餘年。其與日本人之交涉。稍與我習者所共見也。吾自初來時。爲極致殷勤於我者二三人。至今日本人中吾認之爲友者。亦僅此二三人。其交際固始終無間也。然亦私人交際而已。若事及兩國。則惟避而不言。免以此傷故舊之情也。而此數人者在東京。吾自避地須磨後。乃輒經年不一面。近頗樂與其學者遊。欲有以廣我學識。然所交亦不過數人耳。至其政府當局者。我固始終未一見。而彼輩亦常以猜忌之眼視我。自前辦政聞社以後。日日派偵探伺我行動。並及吾友。經數年而不已。吾惟以厭與日本人交際之故。故日本全國人亦不知我爲何種人。日日加以可笑之批評。前年二辰丸案。舉國報紙咸指我爲抵制日貨之張本人。去年公等正誣我受日本重賂時。而大阪朝日新聞之「東人西人」一門。登我相片。題爲排日派之主動者。兩兩對照。不覺爲之失笑。夫日本人不知我。則何足怪。若公等則並非不知我者。而惟思揑造謠言以相誣。斯乃可怪耳。吾與日本人、之關係實如此。公等信耶聽之。不信耶聽之。吾惟質直以言其實耳。

公等又日日造謠謂吾運動開黨禁。輦致巨金以賂政府。甚且言其曾親自入京往某處謁某人。若一一目覩者然。似此記事。則作報者亦何患無新聞哉。吾請開心見誠與公等一言。謂吾不欲開黨禁耶。此違心之言也。吾固日夜望之。以私情言。則不親祖宗邱墓者十餘年。堂上有老親。不得一定省。遊子思歸。情安能免。以公義言。則吾固日日思有所以自效於祖國也。吾固確自信爲現在中國不可少之一人也。雖復時人莫之許。而吾固以此自居而不疑。而吾之所以自處者。又非能如革命黨之從事秘密也。恆必張旗鼓以與天下共見。故吾信吾足跡若能履中國之土。則於中國前途。必有一部分之裨益。謂吾不欲開黨禁。此違心之論也。雖然。屈己以求政府。而謂吾爲之乎。凡有求於人者。恆畏人。吾之言論。固日日與天下共見也。曾是乞憐於其人者。而乃日日罵其人不遺餘力乎。手段與目的相反若是。雖至愚不爲也。吾嘗有一不慙之大言在此。曰、吾之能歸國與否。此自關四萬萬人之福命。非人力所能強致也。吾知公等聞吾此言。必嗤之以鼻。然人苦不自知。吾亦無如吾何也。故吾常以爲天如不死此四萬萬人者。終必有令我自效之一日。若此四萬萬人而應墮永劫者。則吾先化爲異域之灰塵。固其宜也。是故近年以來。國中有心人。或爲吾摯交。或與吾不相識者。常思汲汲運動開黨禁。彼固自認爲一種義務。吾無從止之。然竊憐其不知命也。而公等乃日日以欲得一官相誚。吾數年來早有一宣言在此矣。若梁某某者。除卻做國務大臣外。終身決不做一官者也。然苟非能實行吾政見。則亦終身決不做國務大臣者也。夫以逋亡之身。日夕槁餓。而作此壯語。寧不可笑。雖然。舉國笑我。我不爲動也。雖以此供公等無數諧謔之資料。吾不恤也。數年以後。無論中國亡與不亡。舉國行當思我耳。而公等乃以欲得官相猜。何所見之不廣若是。鵷鸞翔寥廓。

鴟銜腐鼠而視之曰嚇。嗚呼。吾今乃覩子之志矣。

至公等記事中。乃至有造褻語以汚衊吾妻吾女者。此則請公等捫心自問。凡上流社會人而應作此語耶。凡有價値之報館。而應造此等謠言耶。語至此。吾眞不屑與公等校。惟憐公等之自待太薄耳。

諺有之。若欲人不知。除非己莫爲。吾若果有虧心事。雖日日自辯。而終必有暴露之一日。而不然者。則眞所謂禮義不愆。何恤於人言。雖公等日日造謠。亦安能汚我豪末哉。顧吾猶不能不有所忠告於公等者。其一。則以凡立身於言論界者。當稍知自重。不可以讒謗爲生涯。日日閉門造新聞。一般人如仰天自唾。於人無傷。徒自損其價値。其二。須知逢人便駡。雖足以迎合一般社會之心理。爲推廣銷報之一手段。然此心理實爲社會不健全之心理。辦報館者宜矯正其一部分。不可專以迎合爲能。辦報之目的。又非可徒以推廣銷數爲事。而不顧其他。其三。當知今日之中國。危急存亡。僅餘一髮。爲國民者。惟當併力一致攻擊惡政府。以謀建設良政府。凡有向此目的進行者。宜互相提攜。捐小異而取大同。無爲排擠以相消其力。而令政府竊笑於旁。夫有明末葉。雖國破社屋。而傾軋之風猶未已。殷鑒不遠。我輩豈宜尤而效之。其四。當思現今人才。寥落已極。吾輩雖盡數結合。猶恐不足以救亡。苟其人而稍有一節之長。固當隱惡揚善。以期相與有成。安可更萋斐以相戕者。夫鄙人則何有焉。二十年來。日日與腐敗社會嘵鬬。曾不能動其分毫。無所短長之效。於斯可見矣。今也舉國人心厭倦。魑魑作鬼氣。嘵音瘏口。迄不得傾聽者。自分終爲世所棄。又豈待公等擠之九淵哉。使鄙人而能忘中國者。則隨波逐流。自枉所見。迎合社會心理。而月賣文數萬言以自活。則亦何處不得區區饔飱以爲送老之具者。則舉國亦可以忘我。而相忌之言。亦可以永息矣。無奈稟賦之受之於天者。不能自制。欲餔糟歠醨。而盡然有所不能自安於其心。故常以一身爲萬矢之的而不悔也若夫社會之所以待我者如何此則社會之責任而非我之責任矣。吾之此書非有怨於公等也公等因與吾政見不合又因吾所居之地爲日本以愛國嫉俗之故而致疑於我此何足怪者至於記事失實則或由採訪不確而非公等之咎或以惡其人過甚不惜深文以入其罪此亦社會向來之惡習不能盡爲公等責也然吾立言立身之本末則亦既盡情以語公等矣若公等必強指吾爲巧言文過之小人則吾亦何從辨然公等所言有種種正反對之證據其又可盡掩乎抑吾之此書又非乞憐於公等也吾生平受人誣謗非止一次公等所能增益之者幾何筆在公手手在公身公等日日閉門握筆造新聞誰能禁之雖能淆觀聽於一時而是非終在天下後世於吾何損焉顧竊欲有所忠告者爲公等人格起見爲貴報價値起見爲全國言論界風紀起見竊謂公等宜稍出其良知以讀吾此文而於他日再欲揑造新聞時亦當一撫良知自問須知人自受其良知之督責實天下莫大之苦痛也傾臆盡陳吾言不再。

月　日　某頓首

時事雜感

北京調查戶口之報告

民政部頃奏報調查北京戶口竣事其結果則得戶數十三萬八千五百七十戶人口七十六萬四千六百五十七人內男五十萬八千十九人女二十五萬六千六百三十八人云吾對於此報告竊有所感。

第一　前此各國人所著地志大率稱北京人口有二百萬以上雖不知其何所據然以今茲調查之結果乃僅得其三之一强其稀少實出意外前此中國人口通稱四萬萬而美人洛克希爾（前曾任中國公使）日人根岸結等立

種種證據。謂其實數不能過二萬萬五千萬以上。吾昔常詫其說之不倫。今若以此次調査者比例推之。恐彼等之說非無因。而以歐美日本諸國人口增加之速率與我比較。不能不令人瞿然失驚。我國凡百不如人。惟人口蕃殖力。謂足以自豪於他國。而今竟何如者。

第二　據統計學之原則。在一國或一地方。其男女之數恆相若。今此次調査結果。女子僅得男子半數。實太不合情理。其在新開之工業礦業地。單身之勞力者麕集。時或不免有此種現象。（如十年前美國西部各州）然相懸已不能如此其遠。今北京爲千年來余余發達之大都會。居民什九皆有家室。此現象從何而來。況其地爲官吏闒闑之淵藪。此輩率皆廣置姬妾。多蓄奴婢。平均一戶中女多於男。決無可疑。而今者報告之結果。乃正相反。然則此次調査之不足徵信亦明矣。夫調査之業。非有完備之機關與專門之技術。決不能奏效。我國今日官吏。則安往而能舉綜核名實之政者。茲事雖小。可以喻大也。（正月二十九日稿）

俄國與達賴喇嘛

達賴喇嘛已逋至俄京聖彼得堡。我國民亦知之否耶。據外電所傳。謂其將借俄力以返拉薩。其果克如願與否。所不敢知。要之蒙藏益自此多事矣。

俄皇使其臣德支埃仕於達賴爲堪布。而歲給以莫大之祕密費。茲事久已播於衆口。留心時局者當能知之。前年達賴出京。德支埃屢思導之游俄。而我既撓之。英復沮之。是以中止。今則以我之罪臣。而儼然爲他國國賓。此其第二次矣。（達賴前在印度英以國賓禮之）

俄之籠絡達賴，專以綏撫蒙古也。英人昔懼其將假塗西藏以危印度，故猜沮甚至。自英俄協商成，其關於西藏一部之權利相約以不侵越，英人安之，遂不甚與俄爲難。故今茲達賴朝俄，英人乃視若無睹也。俄方有事於回疆，而英亦侵片馬，法復急起窺騰越，三國協商之團體，同時爲同一之舉動，甯得曰事出偶然。嗚呼，靜觀此中消息，不寒而栗也。（二月初一日稿）

我政府之對俄政策

自俄人作示威之舉，而旬日以來，建議防俄者日有所聞。若派人往邊界練兵也，嚴訂蒙回人國籍也，禁止蒙古王公擅借外債也，議墾邊移民也，議修東蒙鐵路及蘭迪鐵路也，凡此諸策，無一非當務之急，吾悉承之。若能實行，則可以制强鄰使不得逞，吾亦承之。顧吾有所不解者三焉。

第一　此種政策，宜行之之日久矣，何以曩昔未嘗議及，而今始議及。夫見兎顧犬，或未爲晚，今能議及，豈不猶愈於已。顧吾所最痛者，我國人之性質，惟見有感情作用，而不見有其他禍害之伏本已甚深，中智以下審其無幸，當其未發，則舉國人熟視無覩，先覺者日提其耳而告之，莫或省也。及其既發，始周章狼狽，而思所以爲救，所謂曲突徙薪見誚讓，而焦頭爛額蒙上賞，自昔然矣。夫此皆感情作用也。當外境界之忽焉相刺激也，則此作用驟發，其鋒時若銳不可當。及所刺激者既去，則又苶然反其故態矣。試觀我國歷年所辦之事，所倡之論，何一非此類。而舉國朝野上下之人士，何一不含有此種性質乎。嗚呼，此質不變，吾眞不知所屆也。

第二　凡一國政策，不可不通盤籌算，預立計畫，而循一定軌以進行。如弈棋者穩布局勢，爲不可勝以待敵之可勝。夫然後好整以暇。綽綽有餘。而不然者。自無所主。敵來乃應。必至手忙脚亂。疲於奔命。全盤覆沒而已。今以刺激於感情之故。一時而建議若干政策。微論此種政策各各有其先決問題。各各與他政策相連屬。不能舍他事而獨求舉此一事也。且他方面之危險。豈其讓此方面他事之當急。豈其讓此事。而感情一有所衝動。則若百事皆可緩。而惟此事之爲急。甯犧牲凡百方面之利益。而必欲於此方面求一逞者。究竟頭痛灸頭。脚痛灸脚。所患曷嘗能已。徒自耗其元氣耳。此所謂不知務也。（卽如鐵路政策之一問題。吾生平所主張。總以內地之生產的鐵路爲先。而以邊境之軍事的鐵路爲後。力能兼舉。豈不至善。如其不能。則甯先此而後彼矣。今吾國人日日攘臂言邊境鐵路。而邊境鐵路。又非止一處。吾國今日之國力。果足以辦此否。借外債以從事於此種不生產事業。負累益重。危險豈可思議。且治邊境鐵路。凡以運兵耳。而我國今日之兵。果有可以一戰之價値否乎。是故凡專倡此論者。皆有所蔽。而不審輕重本末耳。）

第三　凡建一政策。必賴有行此政策之人。見兎顧犬。亡羊補牢。雖未始不可。然必有能顧焉者。能補焉者。夫乃可以及此也。今之當局。果足以語於政策乎哉。他國民之受外侮者。皆能推原其受侮之由。而責備政府之失政。羣起而謀改造之。我國人不然。對外則惟攘臂切齒。大言壯語。而國之內治。則無一人肯負責任。日受惡政府之蹴踏屠戮。而安之若命。殊不知政治組織不變。無論若何善良之政策。皆不過紙上空談。而行之必且弊於利。眞愛國者。盍亦反其本矣。（二月初三日稿）

俄國之第二次哀的美敦書

俄人恃强無理要挾我政府第一次覆答稍徇其意謂可無事而乃得寸進尺愈予我以難堪我略持正而第二次之哀的美敦書遂下今且將沁米巴拉張士克之軍隊全部動員以壓伊犂矣則友誼已全行破裂純立於交戰國之地位則我伈伈俔俔之政府則何如者

嗚呼今日舍戰外尙有何言不戰則惟有無條件服從已耳雖然吾卽極狂妄亦何敢以主戰說進於政府蓋我國家爲惡政府所陷其成爲無戰鬥力之國家也久矣顧吾願我國民重思之政府自倡議練新軍以來將及十年其絞我國民粒粒辛苦之脂膏以養此軍士者數在十萬萬兩以上卽以今年預算全國歲入二萬七千餘萬而軍事費歲出一萬萬居三分之一而强我國民盍亦一問政府需索此款究作何用所養之兵將以爲美觀乎抑眞以防家賊乎吾民對於國防費絕未嘗肯稍怠其義務而以國防託於現政府今則何如者吾又願我國民重思之二十年來當外交之局者爲何人其敗壞外交之事已經凡幾他人可有辭諉卸此其人能有辭諉卸否而今後之外交依然託於此等人之手其危險又何如者

我國民愛國家而惡政府與國家不兩立我國民愛皇室而惡政府與皇室不兩立我國民自愛其身家性命而惡政府與我之身家性命不兩立嗚呼我國民其知之耶其不知之耶

我國民日日攘臂瞋目以言禦侮此何益者我雖欲致死於敵政府其予我以死所乎先哲有言自勝之謂强不能克己而能上人者未之前聞我國民而不謀所以克此惡政府也我國民之力而終不能克此惡政府也則我國民其必終古爲全世界人所踐踏而已矣（二月十九日稿）

英美與英日

吾前著將來百論嘗論英日同盟之將來。謂其恐難賡續。據最近所發生之事實。更有足爲顯證者。昨日英美發表協商結平和條約。其文云『本條約以保障兩國永久平和爲目的。凡兩國間所起紛爭事件乃至關於國家威嚴名譽之事項悉包含之。』此實英美兩國於條約有效期間絕對的無交戰之保證也。而英日之第二同盟條約則兩同盟國間。苟有一國緣東方之事而與第三國戰爭。則兩國有互相出兵應援之義務。據此條約。則日本於此四年中若與美戰。英不得不援日以敵美。而果有此事。則與今次之英美條約相衝突。故今次之英美條約。實無異取消前次之英日條約也。夫既爲條約。則安能取消。而英之出此。其意可知矣。質言之。則使美日戰爭無從起也。

嗚呼日本人之驕氣亦庶幾一挫。而思所以自警乎。

嗚呼一萬萬圓之新外債

嗚呼。一萬萬圓之新外債竟成矣。本報所爲疾首蹙額大聲疾呼前後十餘萬言者。至竟無絲毫之反響也。自今以往。此一年中政府可以無憂庫帑之竭蹶。除彌補預算案中七千萬之不足外。尚可以有所贏餘。又可以多立若干名目。多位置若干私人。大小上下。聚而咕嘬之。其高材捷足者腹彪然果。其次者亦得沾餘瀝津津乎其有味也。而當局經手之人。尤得分莫大之扣頭。以置田園長子孫。今年過去。明年事又誰管得。況世界各國之金滿長者。方爭出其所有以餽贈我。惟恐不賞收。到明年。自又有明年之一萬萬。而取諸外府。無慮或竭者耶。

自今以往。我國民其無望能監督政府。其毋望能覩立憲之治。何則。不出代議士不納稅。此促成憲政惟一之武器也。今政府則誰要汝納租稅者。子不我思。豈無他人。吾但能低心下首以博大國之歡。則五陵年少纏頭稠疊。此四萬萬槁項黃馘。一時死絕。於我何有。先帝欽定章程。雖云借債必交資政院議。然先帝之言何足算者。蚩蚩蠖蟻。我乃語之以大計乎。何物資政院。除議地方學務章程貨物運輸章程等外。更配說何話也。

自今以往。吾惟預備一長大之表格。以備年年續借巨額之新外債。次第塡入。自今以往。國庫每年所入。惟以十分之九還外債本息。自今以往。一切政務盡廢撤。一切政費盡停止。全國京外。惟設一機關司借債派息而已。足

自今以往。吾四萬萬人雖饑毋食。雖寒毋衣。所產子女盡淹溺之毋養。終歲勤動。爲政府輸與債主而已。

嗚呼。一萬萬圓新外債成。嗚呼。四萬萬條舊性命絕。

政府何足責者。獨怪乎全國輿論。從而逢其惡而煽其虐。彼自命達識之士。且哆然日號於衆。謂借債爲今日救國不二法門也。夫孰不知借債之可以救國者。曾亦思現時司一國命脈之政府。果足以語此乎。短鎗匕首。誰得云非利器。顧乃以授狂童乎。以授凶豎乎。吾黨對於此事。哀哀號呼半年於茲矣。舉國報館。莫或一作桴鼓應也。豈惟不應。狺狺然指我爲賣國矣。誰爲賣國者。一年數月後。便當共見之。何嘵嘵焉。今聞亦稍稍有論茲事之危者矣。與其今日論之。則何如數月前論之。曲突徙薪則見訶。而焦頭爛額又安得期有功也。吾他無恨焉。恨不健全之輿論之誤國而已。

嗚呼。今事已成。反對何益。吾將更論監督此公債用途之法。冀挽救於一二。又不知我國民尚肯一垂聽焉否也。吾屢言在今日機會均等主義之下。我欲自由選擇債權國。決不可得。我國民尚能記憶之否耶。英美德法一萬萬將成未成之際。而日本之一千萬何以突如其來也。

日本非今世之一大債務國耶。其財政非有舉鼎絶臏之虞耶。其國民非有竭澤而漁之怨耶。其全國經濟界非連年陷於憔悴萎黄之境耶。然而此一千萬者。決不肯放過。然而此一千萬者。上自政府。下至國民所以提倡之而歡受之者。舉國若狂也。嗚呼。此何爲者。

外國人皆曰今茲借款。經濟的借款。而非政治的借款也。我政府我國民亦以自欺。曰此經濟的借款。而非政治的借款也。試問苟非含有政治上之意味。而英德法曷爲不聽美人獨占。試問苟非含有政治上之意味。而日本何以必嘗一臠。質而言之。則惟今日有債權於中國者。斯他日能爲中國之主人翁。今政府日日求主人翁。皇皇然惟慮不得。我國民其亦將求作重儓。皇皇然惟慮不得耶。嗚呼。(三月二十日稿)

粤亂感言

廣東亂事之始末。今雖未知其詳。然據外電所報。則其蓄勢頗極猖獗。而現在已暫歸平熄。此殆實情也。吾乃竊欲有所言。

革命暴動之舉。吾黨所素不贊成也。蓋以歷史之通則言之。革命本屬不祥之事。無論何國。苟經一次大革命後。其元氣恆閱十年或數十年而不能恢復。今日我國彫瘵已極。譬諸萎黄之樹。豈堪復經漂搖之風雨與饕虐之霜雪。且外患方殷。動則牽引干涉。深恐徒糜爛其民。以爲他人作驅除。吾黨所以不敢妄贊革命主義者。凡以此也。雖然。革命黨則亦有辭矣。曰、今者五千年之國命。與四萬萬之民命。皆懸於現政府之手。而現政府則更有何望者。多存留一日。則元氣多斲喪一分。彫瘵以死。與服毒以死。死等耳。其又奚擇。況乎毒藥雖可殺人。有時亦可以治病。毅然投之。尙可以於萬死中求一生。與其坐以待死期之至也。以此難非革命論者。而非革命論者無以應也。復次外國之干涉。洵可畏也。然不革命而遂可得免乎。今之外交當局者。日以賣國爲事業。日敦請外人之干涉我。其干涉者。皆據條約上正當之權利。使我歷刼不能解脫。加之近年以財政紊亂之結果。脅聘顧問。既已見端。會議實行監督財政。早晚事耳。雖無革命。而埃及覆轍。其終不免。毋甯革命焉。而猶可以冀免干涉於萬一。且冀可以減干涉之程度也。以此難非革命論者。而非革命論者又無以應也。要之在今日之中國而持革命論。誠不能自完其說。在今日之中國而持非革命論。其不能自完其說。抑更甚。政府日日以製造革命黨爲事。日日供給革命黨以發榮滋長之資料。則導全國人心理盡趨於革命。亦宜。

今茲革命黨之舉動。果足稱爲有意識與否。且勿具論。而要之死於斯難者。其中不乏愛國熱誠磊落英多之士。斯亦舉國所同認矣。彼自命革命黨首領者。身逍遙於事外。而徒毆人於死。以自成其名。其用心誠可誅。死難諸人。不能得絲毫結果。而惟快數點鐘之意氣。犧牲己身以爲官吏升官發財之資。其手段亦誠可憐。雖然。夫孰使一國中愛國熱誠磊落英多之士。乃至鋌而走險。以出於此一途者。政府之罪。則上通於天矣。今年春間。日本有幸德秋水等謀逆事件。其政府四大臣惶恐引責辭職待罪。雖經溫旨慰留。而彼議會劾之不少貸。謂何以疇昔未聞斯變。而惟今有之。則政府施政失當迫之使然。咎無可逭。其首相桂太郎輩在議院。聞此惟有慚惶。今政府之交迭在卽矣。試問我國今次之事變。與日本之事變相較。其輕重大小爲何如。而我當局者曾不稍自引爲罪。而論功行賞之事。乃日有所聞。君子謂其無人心矣。

抑政府其毋謂今茲之變瞬息敉平。遂可以高枕爲樂也。政府而不自爲製造革命黨之機器則已。今既若此。則革命黨之萌芽暢茂。正未有已時。野火燒不盡。春風吹又生。其不至驅全國人盡化爲革命黨焉而不止。此其禍之中於國家中於朝廷固也。而政府之元惡大憝。其又安能獨免。嗚呼語政府以愛國。吾知其詞費矣。獨不識其曾亦稍一自愛焉否也。

違制論

新內閣成立後次日。發收回鐵路幹線之明諭。內有「煽惑抵抗以違制論」一語。此語與立憲主義有何關係。當一論之。

世界曷爲而有立憲政體耶。各國曷爲而競革專制政體以行立憲政體耶。一言蔽之曰。使君主超然於政爭之外。不致緣政治問題。搖及國本而已。凡政治問題。莫不同時而具有利害之兩方面。故國家每行一政策。國中必有一部分人歡欣鼓舞者。亦必有一部分人憤懣不平者。昔人詩云耕田欲雨刈欲晴。來者順風去者怨。此自然之運。必至之符。雖賢聖無如何者也。孟子亦曰爲政者每人而悅之。日亦不足矣。是故凡當政治之衝者。苟自信一政策爲利餘於弊。則毅然行之宜也。然不可不預備自以其身爲衆矢之的。蓋欲全國人而贊成吾之政策。勢固不可得。必有反對者焉。使反對者而居多數。則雖有極良之政策。亦不能施行。强施行之。則必將爲怨毒所歸。夫以人臣而當政治之衝。雖怨毒歸焉。充其量不過災逮其身而已。君主而府怨毒。則國本危矣。此立憲國君主所以必當超然於政爭之外者。其理由一也。

復次。凡政治家固當堅持其所信以與反對黨力戰。戰而能勝。則舉所信者而實行之。固最善也。戰而不勝。則辭職而已。終不肯枉所信以降服於反對黨。如是然後政治家之道義名節。得以保全。夫在朝之政治家。以不能行其志之故而翩然下野。此最名譽之事。不足爲辱也。然此惟人臣能之耳。若以人主而當斯衝。在勢固不能有辭職之自由。然則當行一政策而反對論蠭起也。則所以對待之者惟有二途。一曰强壓。二曰降服而已。夫衆怒難犯。專欲難成。强壓之危險。前既言之矣。若既已發布一政策。旋因民情不順而收回成命。則是降服也。瀆損威嚴。不亦甚乎。此立憲國君主所以必當超然於政爭之外者。其理由二也。

復次。凡眞理愈辨而愈明。辨之既析。則自足以使人心折。有一政策於此。其利害兩方面。皆可以持之有故。言之成理。而輕重相權之間。果利餘於弊耶。將弊餘於利耶。非使兩造各盡其詞。則無以獲至善之鵠。故在立憲國。恆有政黨對立。每遇一問題起。各發表其所主張。報館論文也。集會演說也。議院討議也。常侃侃不肯相讓。而又未嘗以强力相壓。以詭道相妨。（此種美風英人養之最完彼議院之少數黨無論討論何問題其必敗固早在意中也然少數黨從未聞自餒而斂其論鋒多數黨亦從未聞自恃而抑制他人之論鋒常堂堂正正相見）此非徒言論自由爲尊重人權者所當有事也。凡欲伸己說。當求能服人之心。往往有極良之政策。徒以多數人未能了解。而疑議朋興者矣。俾反對者盡其言。我然後抵其隙而正其誤。則易使之折服而降心以從我。若徒箝其口不使發言。則彼雖理屈而不肯自承。即旁觀者亦將代爲不平。明知其理不甚完。猶且矜惜而表同情於彼。故昔賢之不毀鄉校。以監謗爲大戒。匪惟用示大公。抑亦待敵制勝之一妙術也。若一切傳之於君主。惟其言而莫予違。則不能怒以聲者。必怒以色。不能怒以色者。必怒以目。不能怒以目者。必怒以心。眞是不見而寃氣徒積。此立憲國君主所以必當超然於政爭之外者。其理由三也。

復次。政策既必兼有利害兩方面。則國人之論政者。必分爲兩派。或稱道其利。或稱道其害。常軋轢而不相下。此數之不能免者也。於此時也。必賴一人以調和之。使不致緣軋轢太劇而生擾亂。而此人者必須嚴守中立。常不偏不黨。爲國人所共尊信者也。以君主當之最宜矣。譬諸一家。其兄弟時不免相鬩。惟父母足以判斷而和解之。然使爲父母者。居恆於諸子有所偏愛偏憎。則雖有善言。而終不能使失愛之子怡然聽受。故君主對於在朝在野兩方面之政見。宜常執「第三者」之態度。萬不容與一方面結同盟。而與他方面爲敵。而況於自立陣前以挑戰乎。老子曰。知其雄。守其雌。爲天下谿。知其白。守其黑。爲天下谷。此敎人以遠害全身之道。尋常人學之。或不免以巧滑爲病。若主術則眞當如是矣。（老子之言敎人以不負責任也故盡人而學之則人心世道將受其敝若君主則固應不負責任者學之宜也）此立憲國君主所以當超然於政爭之外者。其理由四也。

是故今世各立憲國。從不肯輕發詔旨。偶有發之。則必其巍巍蕩蕩。全體皆抽象的之語。不着邊際。斷不至緣此而陷君主於政爭之漩渦中者也。（如本年三月初五日訓諭軍人之大誥是其例已）否則湛恩汪濊。使民悅懌者也。（如恩詔）若夫其有關於政治。對於臣民而生具體的拘束力者。則常以法律或勅令之體裁行之。法律勅令。雖亦必冠以詔旨。然其語甚簡單賅括。斷不予民以瑕疵之可指。至於法律勅令之內容。雖或甚複雜。然法律則必先以提出。（或由政府或由議院）次以議定。（由議院）然後以國務大臣副署頒之。勅令則亦必以國務大臣副署頒之。而其內容之利害得失。則副署大臣。全負責任。君主無與焉。人民議其利害得失。則議大臣耳。非議君主也。甚或攻擊之不遺餘力。亦攻擊大臣耳。非攻擊君主也。君主既無專欲之咎。人民無偪上之嫌。輿論以相淬厲而得健全。政府以畏民碞而不敢恣。治化之所以蒸蒸日進。皆恃此也。是故今世各立憲國。聞有違憲問題矣。有違法問題矣。有違令問題矣。而從未聞有違制問題。何也。其制詔本甚少。即偶有之。而其內容則決無從違犯故也。若其大臣而有假制詔以爲護符者耶。則舉國羣起而攻之。雖以德之俾斯麥。日之伊藤博文。偶一出此。彼中輿論。未之或赦也。而制詔中一字一句。副署大臣義當全負其責。雖欲假爲護符。又可得耶。是故不如其已也。今我國而欲實行憲政耶。則嚴定公文格式。而絕對的不發政治上之制詔。此其第一義矣。夫我國以制詔出政令之習慣。行之已數千年。驟聞吾此言。計未有不駭怪而卻走者。殊不知現今各立憲國皆然。毫不足奇。而此中實含有無數之精理妙用。不可不深察也。不然則可駭怪之事。孰有過於改專制以爲立憲者。既改專制以爲立憲。則固已破數千年習慣矣。專制政體。自有其全部組織以相維繫。立憲政體。又別自有其全部組織以相維繫。治國者無論采用何種。皆可也。但既已采用其一種。則必須將此種之全部組織而悉采用之。譬諸被服。朝衣朝冠固佳也。葛巾草服亦未始不佳。若身襲袍笏而足履芒鞵。甚或以偉男而傅脂粉。以弱女而擐甲冑。則未有不爲人笑者也。今中國之大患。在於取立憲政體之一部組織。與專制政體之一部組織。相雜用。欲舉其性質不能相容者而兩存之。其究也則盡棄兩方面之所長。而盡取兩方面之所短耳。是以不勝其敝。反不如前此之純粹專制政體。猶可以自成片段也。夫君主無責任之一大義。實立憲政體之中堅。其全部組織之一切條理。皆從此義引出。而不發政治上之制詔。卽所以舉君主無責任之實。而爲條理中之最要者也。其亦有公忠愛國之大吏。講明此義以寤明主者乎。予日望之。

抑吾更有不能已於言者。凡文告之直接以拘束力及於臣民者。其用語不可不力求明確。如教育勅語軍人勅語之類其功用在感化力非拘束力也卽云有拘束力亦間接而非直接故必當以法規的形式行之。我國詔旨之文多近於論說文體而非法規文體而關於刑事上罪名之規定。尤當謹嚴。否則官吏得以上下其手。輕入人罪。而民將無所措手足矣。卽如此次諭旨云煽惑抵抗。以違制論。夫違制之罪為大不敬。據國法宜處以極刑者也。而煽惑抵抗四字。果足以成罪名耶。若云成罪名。則必以何種程度之行為始構成此罪耶。更質言之。則若何而始為煽惑耶。若何而始為抵抗耶。此最不可不審也。例如有臚述學理。旁證各國先例。攻擊國有鐵路政策。謂其弊餘於利者。如此則認為煽惑抵抗否耶。有指陳前此國有諸路之弊。實證明此政策之不宜於中國者。如此則認為煽惑抵抗否耶。有攻擊郵傳部當局。謂其人非能行此政策之人。如此則認為煽惑抵抗否耶。將來收回此諸路之辦法。今尚未發表。萬一發表後。而其辦法實有病民之處。民為自衞權利起見。不得不力爭。如此則認為煽惑抵抗否耶。緣以上各種理由。而人民開集會演說以講明其得失。如此則認為煽惑抵抗否耶。如曰此皆非煽惑抵抗也。則請政府別臚舉事項。規定煽惑抵抗之界說。使吾民知所趨避。如曰此卽為煽惑抵抗也。則與欽定憲法大綱中所謂臣民有言論集會之自由者。所謂臣民之財產不加侵擾者。正相反對。我臣民固有不許違制之義務。不知政府亦有不許違憲之義務焉否也。夫在立憲國。君主違憲。猶且不可。遑論政府。若政府自行違憲之實。而反嫁君主以違憲之名者。其罪又當居何等也。

夫國有鐵路政策之是非得失。此自為別問題。（參觀前號論說門收回鐵路幹線問題篇）然無論如何。總不宜出以詔旨。陷我皇上於政爭漩渦中。尤不應以此種束縛馳驟之言入於詔旨。致臣民疑朝廷之有意違憲。此則副署大臣不能辭其咎者也。

國民破產之噩兆

嗚呼。吾甚不欲以不祥之言。擾我國民清聽。而使久經沮喪之民氣。益加沮喪也。雖然。諱疾忌醫。徒以速死。見兔顧犬或猶及時吾又安敢徒以吉語佞我國民坐視其瀕於至危而不思所以爲救哉昔堯舜禹之相誥誡咸惴惴於四海困窮天祿永終以今語迻譯之則所謂國民破產者是也徵諸我國前代則宋元明之季當之徵諸歐洲近世則西班牙葡萄牙之所以衰埃及之所以亡皆坐是也夫所謂國民破產者舉一國所資以爲生產之資本歲朘月削至無復餘人民終歲勤動而所得曾不足以自贍於是弱者轉於溝壑悍者鋌而走險人人不樂其生而全社會之秩序破中外古今之亡國者未有不循斯道也嗚呼今日中國之現象近之矣吾故列舉近五年來生計界之噩兆窮其因而推其果俾我國民共思所以挽救焉

近五年來中國恐慌表

	發生地	波及地	發生年月	恐慌之原因	救濟之方法
東盛和事件	營口	波及於鐵嶺奉天長春上海天津等處	起於光緒三十三年十月越八個月清理完結	日俄戰役後滿洲一帶對外貿易驟興盛以營口爲其中樞投機業（即買空賣空）漸行市場日趨險象適有東盛和者以銀爐及油房爲業濫用過爐銀爲穀豆等投機買賣負債五百餘萬遂破產營口之恐慌大起	由奉天官憲及大清銀行支出救濟銀暫時維持營口市面之秩序
天津定貨事件	天津	波及北方各省	起於光緒三十四年春間至宣統二年正月交涉暫妥	日俄戰後外貨之輸入天津者驟增皆定以先期交貨兩個月後結帳然其所定之貨遠過於內地需要額以致滯銷各商在洋行所定之貨不能結數者前後接踵市內大恐慌起合計所欠一千四百餘萬兩	恐慌初起時內外官民無一謀救濟之者各商僅恃悍不還債遷延時日遂屢次受外人責言幾經交涉卒減債務爲六百萬兩年息五釐限二十五年分還
		其影響初僅		外則受美國恐慌之影響內則受滿洲天津恐慌之影響上海市面銀根日緊人心洶洶適上海有吳祥麟吳玉麟兄弟共開一棉花	上海道與商務總會謀由大清銀行借入一百九十萬兩交通銀行六十萬兩四明銀行

人和永事件	上海	在上海一市後乃展轉波及長江沿岸各埠	自光緒三十四年九月迄十一月	行曰人和永祥麟本爲禪臣洋行買辦因得在南北市各錢莊及外國銀行通融借貸生意頗盛昨年來因經理失宜虧累不少因投機買倫敦喜零票益招損失兄弟相率逃亡負債五十萬兩外國各銀行乃收回前所貸與各錢莊之銀恐慌遂起	五十萬兩共三百萬兩然皆無現銀乃以相當之財產作抵更向匯豐銀行借二百三十萬兩向江蘇藩庫借七十萬兩交與錢業會館充救濟之資僅得無事
三怡錢莊事件	漢口	湖北湖南江西各省及長江沿岸	自光緒三十四年十月起雖暫彌縫一而餘波至今未平	怡和興怡和永怡和生三錢莊者江西人黃某之所營也黃家資號稱二百萬兩漢口三莊外復設多數小錢莊於江西各地湖北官款多半經其手陸續挪用不少昨年來因市面不好其資金擱壓而不能收回者頗多屢乞外國銀行通融不見信值彼在上海所素來往之錢莊有破產者底子盡露遂歇業負債銀二百四十萬兩內官款一百萬兩	三莊破產事發鄂中官場狼狽萬狀急向各處查抄黃氏家產無一人顧及市面情形者故恐慌越鬧越大及半月後始由湖北藩庫官錢局各支出五十萬兩交給大清交通兩銀行使擇商民有確實擔保品者貸給之又乞外國銀行之援僅能彌縫一時
信義銀行事件	上海	鎭江漢口各處起小波瀾	宣統元年五月	信義銀行者鎭江人尹克昌所立之儲蓄銀行也政府並許以發行鈔幣之權濫用其信用當昨年恐慌之時已瀕於危尹氏更在鎭江開一製紙公司濫借用銀行資本該公司虧本遂累及銀行持有該行鈔票者紛紛來索兌換遂以三十萬元之負債而破產	無
收回臺伏事件	福州	本市	宣統元年八月	福州之錢莊發行一種鈔票名曰臺伏其業此者五十餘家及大清銀行開支店於福州命以定期收回之恐慌遂起	無
福隆店事件	宿遷	本市	宣統元年臘月	宿遷有福隆布店者於本業之外復發行錢票每年出入號稱一百萬兩偶因與邑紳有隙該紳相率集其所發之票迫兌換遂破產其他發行錢票者亦受波累紛紛求兌相繼破產市面恐慌大起	無
鎭江恐慌	鎭江	本市	宣統二年三月	銅元之由長江上游各省流入者太多物價驟騰銀根緊迫商業日衰遇有乾和棧破產事件恐慌遂起	無

重慶恐慌	重慶	本市	宣統二年二月	緣濫發銅元而起	由商務總會向藩庫借入一百萬兩暫行救濟
源成隆事件	漢口	本市	宣統二年三月	湖北承三怡錢莊事件創痍之後重以去年之水災本年之凶歉漢口商業益彫敝有萬小堂者開一錢莊名曰源成隆業濫用錢莊資金以營商業總數逾二十萬兩其店員亦效之挪用十萬兩而錢莊之營業亦以投機爲主總計虧空九十萬兩遂破產恐慌延及全市	商務總會申請鄂督及湖北官錢局借撥三十萬兩大淸銀行借撥二十萬兩暫充救濟之資
杭州恐慌	杭州	本市	宣統二年四月	杭州絲業日就衰頹市面風聲不好偶因慶餘銀號濫發錢票紛紛索兌遂破產市內恐慌起	浙撫由藩庫及大淸銀行借款暫行救濟
營口恐慌	營口	本市	宣統二年四月	營口向來緣濫用過爐銀之信用屢起小恐慌而大淸銀行與交通銀行及山西票號其買賣曰爐銀利害衝突自本年三月以來屢事暗鬥人心皇皇値有西義順者兼營銀爐油房兩業因濫發豆油期票無實款可支謠言四起過爐銀之信用墜地時價驟落恐慌遂起	無
揚州恐慌	揚州	本市	宣統二年六月	益大乾順兩錢莊緣濫發錢票破產恐慌遂起	無
陳逸卿事件	上海	波及於漢口天津營口及長江沿岸各埠	起自宣統二年六月上旬經一來復後稍鎭靜	自去年以來橡皮投機業驟行於各國波瀾屢起本年春間此風披靡上海各官商競向錢莊及外國銀行調用款項投機若狂虧累總數至一千萬兩以上有陳逸卿者爲新旗昌洋行買辦自開一慶餘洋貨鋪及正元錢莊復得兆康謙餘兩莊之後援調運多款悉以投機而累失敗以失敗各莊相繼倒閉牽動全市生極大之恐慌	上海各錢莊求援於商務總會該會乞上海道與外國銀行交涉借得三百五十萬兩復撥官款一百五十萬兩由商務總會經手令各錢莊連合擔保貸與諸錢莊中之稍有信用者僅得彌縫一時

源豐潤事件	上海	波及於甯波杭州蘇州廈門汕頭香港廣東南京天津北京等處殆徧全國	宣統二年九月發生越兩旬後暫得小康	陳逸卿事件發生時各官商之虧空實在一千萬兩以上僅有救濟資金五百萬兩本未足以弭其變而上海道蔡乃煌本亦緣投機虧空官款被議革職押追[illegible]大窘遂將官款之存於各錢莊者拚命收回市面大亂各家之存銀於錢莊者皆倉卒取回外國銀行亦不肯貸出銀根益驟緊源豐潤者南方有名之票號也有支店十七家分布全[illegible]向存官款極多遂被擱淺全國蒙其影響	當時約計所需救濟金謂當在一千六百萬兩內外後此由大清交通兩銀行合撥二百萬兩由匯豐銀行撥二百萬兩復發公債三百萬兩向外國銀行募集合計七百萬兩經商會之手交給錢莊暫行救濟禍根正未艾也
北京恐慌	北京	本京	宣統三年正月	[illegible]豐等六錢莊因濫發錢票倒閉京內小恐慌	無
義善源事件	南京	波及於上海北京濟南及長江一帶餘波及於閩廣	起自宣統三年二月至今結算未完人心皇皇	義善源票號者合肥李氏一族所開也李經楚爲總司理有支店二十七家徧布全國其來往之錢莊關係密切者三十六家受源豐潤破產之影響資金運轉不能如意李經楚方爲交通銀行總辦常向該行通融款項藉以支持及盛宣懷任郵尚欲攬交通銀行之權迫義善源交回借款無以應遂以一千四百萬兩之負債而破產	救濟方法各處不同然別無善法惟押追義善源之財產而已
長蘆鹽務處事件	天津	現方起於本市影響漸及於全省	起於宣統三年四月初旬現尚未了	長蘆鹽務處者直隸鹽商九十六名之聯合團體也前此鹽商資本豐而獲利多常左右直隸之生計界憑藉勢力與督撫運使等朋比延欠國課兩年前澤公爲鹽政大臣徹究欠課運使張某代各商擔保向外國銀行借七百萬兩以塞責今無以爲償遂致破裂	度支部擬由大清銀行撥七百萬代還外債而收回鹽引歸官辦然津民反對頗力結果未可料也
廣東恐慌	廣州	未詳	起宣統三年五月中旬現尚未了	粵人因反對收回粵漢鐵路歸國有相議抵制大清銀行鈔票紛紛持票迫兌換恐慌遂起	聞粵督擬向臺灣銀行借五百萬現已定約者一百萬欲以敷衍一時尚未得確耗
恆隆廣事件	北京	未詳	宣統三年五月下旬	票莊恆隆廣者本店在北京天津山西庫倫張家口烏里雅蘇台等處皆有支店忽焉倒閉各處恐慌起其損失額未詳	未詳

右表所列。僅舉其大者耳。其他各處之小波瀾。尚未及計。而五年之間。已二十件。以年分計之。則光緒三十三年一件。三十四年三件。宣統元年三件。二年八件。今年僅閱五月而已。有五件。其救濟用之款。約三千餘萬兩。而閣而不理者尚多。坐是之故。而新負外國銀行之債二千六百餘萬兩。（據吾所知者如此實則恐不止此數）其借大清交通兩銀行及各省官錢局之名義。以暫行維持者。亦千餘萬兩。而兩銀行及官錢局者。又並非能有實力也。不過假一空名而已。而私人所受虧累倒閉。其數實不知幾何。而恢復之憑藉。杳然無可指冀。嗚呼。此果何等景象耶。處此社會之下。其尚能一日卽安耶。

市場恐慌之慘。過於兵燹。治生計學者。愾乎其言之矣。在信用制度發達之國。玆事或爲勢所不免。故歐美各國近五十年來。大抵每十年必起一次大恐慌。然則中國之有恐慌。似亦不過事勢之常。遽指爲國民破產之噩兆。毋乃太過。雖然。歐美之恐慌。必閱十年內外始偶起一次。非如吾國之連年頻見。且年起數次或十數次也。夫以去年一年而起八次。今年僅閱五箇月而起五次。準此推之。則來日大難。甯堪設想。其不至終歲常在恐慌之中焉而不止也。此其不同者一也。歐美恐慌。恆爲資本過溢生產過溢之結果。我國則爲資本涸竭生產式微之結果。其不同二也。歐美經恐慌之後。其債權債務之轇轕。仍在本國。我國則此關係移於外國。其不同三也。歐美恐慌。多由一時擱淺。其恢復之實力仍存。故一二年後。反動力起。而繁榮常逾於前。我國恐慌。則由彫敝既極而生。每下愈況。相續無已。其所謂救濟者。不過彌縫一時。而債累日重。竭蹶日告。其不同四也。由此觀之。中國近數年來。此等恐慌之現象。甯得付諸氣數之偶然。而不思所以爲根本救治哉。若其原因所自與救治之法。吾將於次號更論之。

利用外資與消費外資之辨

自利用外資之說與政府以數旬之間驟借二萬萬之款人民有非之者政府則曰吾固利用外資也此各國行之有效而我乃踵其轍也夫使果能利用外資則亦吾黨所亟贊吾於是對於利用外資之定義不能不置一言生產之要素三曰土地曰勞力曰資本我國土地勞力皆居優勝惟苦乏資本故外國人最喜投資本於我國以利用我之土地勞力而爲我國計既據有此優勝之土地勞力亦最宜利用他國過賸之資本故利用外資誠爲中國今日生計政策之最妙法門稍有識者所同認也雖然若何而始足稱爲利用外資此我國民所不可不熟察也欲明此義則先當於資本成立消滅之狀態求之

夫資本曷爲而成立乎凡人用其勞力以加諸土地則必有收入於收入之中除去種種勞費之所需而猶有贏餘名之曰「所得」常將此「所得」者貯蓄其一部分則名曰資本此最初資本之所由發生也既有資本而役之以運用土地勞力則次度之「所得」加增而復貯蓄之則資本亦加增如是相引積而彌厚則私人之富也舉國多數人皆循此道以行則國之富也抑資本又曷爲而消滅乎隨有「所得」隨消費之終不能有所貯蓄則是取將來可以爲資本者而消滅之也企業失敗所收入不足以償其勞費則是取原有資本而消滅之也奢侈過度非惟不能貯蓄其「所得」而所消費者更軼出於「所得」之範圍外以侵入資本之範圍是亦取原有資本而消滅之也如是遞蝕以至於盡則私人之貧也舉國如是則國之貧也

由此言之資本之源泉亦曰土地與勞力而已我國之土地勞力既優勝於萬國在理則資本宜日增者也今非

惟不日增而反日減。以致不得不仰給於外資。其故可思矣。夫資本必由貯蓄「所得」而始成立者也。而「所得」文恆必爲勤勞穫實之結果也。今吾國全國中分利之人。其數遠過於生利者。國人過半數只解爲消費行爲。而不解爲生產行爲。則一國之「所得」更從何來。此資本所以日涸之原因一矣。今世新企業之組織。吾國人曾不解所以運用之之道。每試輒敗。敗則喪其資本。此資本所以日涸之原因二矣。以未慣運用而敗。猶可言也。苟實心任事。則懲前毖後。未慣者固可以卽於慣。我國所有新企業。無論官辦商辦。皆以供司理人舞弊之資。故他國生產事業。恆得增加資本之結果。我國生產事業。則恆得銷蝕資本之結果。此資本所以日涸之原因三矣。夫勤愿之民。其能忠於一業而歲有所得者。豈曰無人。然或以家累太重。或緣外界種種牽累。恆至舉其「所得」之全部而消費之。終不能有所貯蓄以成爲資本。此資本所以日涸之原因四矣。卽偶貯蓄得一二。而無金融機關以資運轉。置諸手次。輒易消費以盡。此資本所以日涸之原因五矣。善理財者。其取租稅於民也。則取諸其所得中之藉供享樂之一部分而已。不侵及其資本之範圍也。民一歲營業所贏餘名曰「所得」而「所得」中大約可分爲三層第一層爲維持其本身及家族之必要費第二層爲資本第三層爲享樂費例如有人於此每年必須得二百金乃足充仰事俯畜之用使其「所得」而僅有二百金則雖有貯蓄一文以爲資本而不可得也使其「所得」而爲三百金則可以將彼一百金貯之一部分爲資本其他一部分則以供享樂此兩部分所占孰多存乎其人而國家之取租稅則恆取之於其享樂之一部分耳若並其擬貯爲資本之一部分而取之則國民之新資本遂無從發生若更進而取及其必要費之一部分則人民萬不得已只有移其舊資本以充必要費而已如是則舊資本遂以消蝕資本愈絀所得亦愈絀不數年則並舊資而銷盡矣租稅制度之影響於國民生計者如此 我國不然。租稅制度拙劣。於其應多取者而寡取之。於其應寡取者而多取之。故國中最能生利之民。政府常蹙之於死地。彼雖欲增殖其資本以爲國富之中堅。而不可得也。此資本所以日涸之原因六矣。國家收租稅以治民事。或直接以增加團體之資本。如國有鐵路及各種官業之資本爲國家之所有卽無異全國人民所公有也 或間接以保護獎厲私人之資本。如軍隊警察衞生教育等或藉以保護私人資本或以養私人使具有增加資本之能力我國一切反之。官業以侵呑資本爲究竟。而私業復不得保護。往往使企業者陷於危險以喪其資。此資本所以日涸之原因七矣。國家盡吸收人民之資本以豢養官吏。而官吏者則爲蠹以蠹木者也。爲鼠以盜米者也。別成一游手無業之階級。人數衆多。而握一國之最高權。習爲奢侈。以盬全國資本之精髓。此資本所以涸竭之原因八矣。是故中國非本無資本也。以此種種原因。故原有之資本滔滔然盡洩諸尾閭而無復餘。以吾所推測。則國中所消耗之資本每年平均恆在數萬萬元。苟能塞此尾閭。斯可以語於利用外資。而不然者。則雖借得數萬萬元之外資。亦如投燥薪於洪爐。不旋踵而燼耳。此實一至嚴之界說。言利用外資者不可不常目在之也。

今之言利用外資者。動則曰。不生產的外債。其不可借者也。生產的外債。其可借者也。此實至當之學理。雖有辯舌。不能致難者也。雖然。生產的云者。不惟其名也。而惟其實。有人於此。向人稱貸以開一商店。謂之非生產的事業焉不可得也。然使司店者非才。緣辦理失宜之故。不轉瞬而虧衂以盡。則等於不生產焉矣。甚則店員通同舞弊。以盡蝕股東之資。則益等於不生產焉矣。更甚則股東擅調取其資以充聲色玩好之費。商店有名而無實。則愈益等於不生產焉矣。夫今日我國政府之假利用外資之名以號於衆者。正類是也。即如今玆所借數萬萬元。問其用途。則曰整理幣制也。推廣鐵路也。振興實業也。苟惟名而已。則誰復能訾其非者。雖然。謂政府得此款。而果專以用諸此途。疇能信之。即曰專用矣。而謂其遂足以舉生產之實。又疇能信之。是故言整理幣制。則幣制局造幣廠。增許多差缺。增許多支銷名目已耳。言推廣鐵路。則郵傳部堂屬欣欣向榮。督辦總辦諸大臣紛紛並起。而無量數之失職冗員。延頸以待澤已耳。若夫振興實業之名號廣泛。尤便舞弊者。更無論矣。就令辦幣制辦鐵路辦實業諸衙署。其員缺絕無浮濫。其任事者皆赤誠奉公。然猶當視其學識才器之能否勝任。苟其不能。則亦必將所借之資。不期月而消費以盡。其結果與投諸不生產之途等。而況乎今之當局。自始本未嘗有辦幣制辦鐵路辦實業之心。而惟假此以爲名者哉。夫以國中原有之資本。而每年能耗其數萬萬者。今益以一二萬萬。亦不過九牛一毛。祇以供少數盜臣須臾槃樂之用。而國富民富曷嘗絲毫增加焉。豈惟無增加而已。所借之債。遞年須給息也。他日且必須還本也。而原款則既轉瞬消耗以盡矣。他日償還本息之負擔。仍不得不取諸吾民。愈益以租稅蝕資本之範圍。而原有資本之涸竭亦愈益甚。是惟恐國民破產之不速。而更從而促之也。嗚呼。吾亦安知其所終極哉。

今日之中國。有形之瓜分。不足畏也。所可畏者。乃在外國資本家。漸握我生計界之特權。全吸我精髓以爲其利羸。使吾民悉陷於勞動者之地位。而永刼不復。尤可畏者。則乘我財政紊亂之隙。協商以監督我財政。此二者皆立足以召亡。而爲之導線者。其必在現政府之借債政策矣。準此以談。則政府果利用外資耶。抑爲外資所利用耶。願我國民熟思之。夫我國民以身家性命託諸現政府之下。其險狀固不可悉數。而玆事又其貽患最博而受禍最速者也。願我國民熟思而有以處之。

飲冰室文集之二十八

箴立法家

治國非獨恃法也。法雖善。非其人亦不行。然使法而不善。則不肖者私便。而賢者束手焉。無論得人不得人。皆不足以爲治。此義盡人能知之。無取詞費也。今全國法制之所從出。曰法制局。曰國務院會議。曰參議院。曰各部之法案起草員。曰省議會。曰某曰某。凡此皆可權稱之爲立法機關。奉職於此諸機關之人。皆可權稱之爲立法家。國家之休戚。國民之利病。什九皆託於此種立法家之手。故吾欲陳數義以相箴勉焉。

第一　當求以法範人。不可對人制法。蓋法有恆性。而人無定位。今或以甲機關現爲某人所管。而其人有不可置信者存。則以疑忌其人之故。而疑忌其機關。乃並其機關應有之權而靳之。又或以乙機關現爲某人所筦。而其人爲我所親暱也。則以袒護其人之故。而袒護其機關。乃並其機關不應有之權而畀之。此皆所謂對人以制法也。曾不思今日某甲所尸之機關。安知明日不移於乙。今日某乙所尸之機關。又安知明日不移於丙。對人制法。則必易一人而法隨之。是法之紛更將無已也。若人易而法不更。則前此之緣疑忌而設坊。緣親暱而偏袒者。結果將反其所期。而設坊者或反以自縛。偏袒者或乃假寇兵矣。且凡立一法。亦以有適於守法之人爲前提耳。若謂此人爲不適也。則當謀所以別求其適者。苟終不能得。則法亦奚恃。疑忌其人而別設之坊。其人而有可被疑忌之資格者。必其有梟雄陰鷙之才。必將自有道以軼遁於所坊之外。坊之力亦僅矣。至其職分內應治之事。責之使治。彼將曰。有掣吾肘者。吾志焉而不能逮也。而責之者竟無以爲難也。是故以防弊則效寡。以課功則術窮。所立之法。徒貽害於國家。而返諸立法者之私計。亦迄無寸效可睹。此兩失之道也。法之豐於昵者亦然。其人如才。何地不可以自建樹。若其不才。則雖傅以翼。又豈能奮飛也。吾見夫一年來之立法事業。其以對人制法爲手段者。不一而足。吾大懼夫此手段之毒中國未有已也。

第二　法案之草創及修正。其精神系統不可紊也。當淸之季。託名立憲。法如牛毛。然每一紙之頒。動騰天下之笑。蓋當草案伊始。已什九皆撏撦迻譯。其適於國情愜於人心與否。未深問也。及其脫稿傳觀。而某司官增竄數條焉。某堂官塗乙數語焉。經一機關之會議。而增刪塗改多一度。而其人固非有法律智識。又非有喻於立法本來之意也。甚或人持一議。爭論不決。則糅合諸議。駢列成文。斷鶴膝以續鳧脛。折天吳而補紫鳳。遂使一法之中。精神衝突。詞旨矛盾。支離滅裂。無系可尋。及其施用也。以舞文則無往不宜。以馭事則無一而可。淸之不綱。此其一徵矣。今民國肇建。百度更始。而立法現象。能否有以異於昔所云。吾蓋難言也。大抵凡廢一舊法或立一新法。其動機皆起於輿論之敦促。當局者或盲從焉。或虛應焉。然凡一法之廢置。而利害關係人之喜戚隨之。或懼墮其舞弊之宿途。或思濬其營利之新孔。各取道於法。以圖一己之地位。其與倡議者之初志旣謬以千里矣。及其付於衆議。尤復有逞辯於片詞隻義間以自炫者。故益乃治絲而棼也。要之治國之立法。以國家及大多數人之福利爲目的。亂國之立法。以個人或極少數人之福利爲目的。目的不正。則法愈多而愈以速亂亡。固其所也。

第三　立法非以爲觀美也。期於行焉。欲養成人民尊重法律之習慣。則當一法之將頒。必先有能推行此法之實力以盾其後，若法意雖甚善美，而形格勢禁，不獲舉而措之，則毋寧暫緩焉，以竢諸方來之爲得也。又社會事項，若錦之交絲，若機之運輪，單絲不足以成文，隻輪不足以發力，無論何種之單行法，莫不與他法相麗而始完其用，即未能一時並舉，而本末先後，尤以倒置逆施爲病。故立一法者，其精力固當集注於本法之中，其眼光尤當四射於本法之外。今之立法事業，枝枝節節而應之，寸寸銖銖而校之，頭痛灸頭，腳痛灸腳，見彈求鴞炙，見卵求時夜，無論所立之法未必善也，即善矣，亦紙上空文已耳。夫使法成爲紙上空文，則瀆法律之神聖莫甚焉。國民法律思想本已薄弱，更從而薄弱之，則其惡影響所及於將來者，更寧忍道耶。以上三義，僅據意想所偶及，略效忠告。今茲制定憲法之大業，瞬臨吾前，實爲立法家所不可辭之天職，其他制禮考文，益復日不暇給，深願現在之立法家自省其闕，而將來之立法家養之於夙也。

吾黨對於不換紙幣之意見

此緣財政困難，外債決裂，於是國民捐議與不換紙幣議交興於國中。夫恃國民捐以支辦國家政費，各國向無此辦法，且以我國現情論之，雖極力募捐，所得終應有限，杯水車薪，無濟於事。若不換紙幣者，則各國當危急存亡之際，皆以此爲一種救急之良法，倡此議者，以視倡國民捐者，較有常識矣。雖然，吾黨嘗細按國中情實，覺不換紙幣驟難施行，强欲施行，弊且立見，請言其故。

第一　不換紙幣所以驟難施行之故

不換紙幣者。藉法律強制之力。而暫以紙代表貨幣也。凡言代表。則必須先有所被代表之主體存焉。問不換紙幣所被代表之主體維何。吾知盡人皆能立答焉。曰即貨幣其物是已。由是言之。則必有貨幣之國。然後能行不換紙幣。而無貨幣之國決不能行。其理蓋易明。然則吾國爲有貨幣國乎。爲無貨幣國乎。吾黨敢直對曰。無貨幣也。吾知聞吾言者必大駭且惑。然而毋爾也。貨幣者何。立一單位以爲價格標準。全國畫一通行之。而此單位之上有倍數焉。此單位之下有分數焉。成一系統。秩然不紊。斯可謂之貨幣矣。我國中大部分用生金生銀。然生金生銀乃貨物之一種。不能指爲貨幣也。其他或用龍圓小銀元銅元及外國銀元外國紙幣。然皆各各互爲比價。隨時漲落。曾無一焉能超乎其外立乎其上以臨之者。此等亦皆貨物之一種。不能指爲貨幣也。貨幣猶尺也職在量物凡物不能自量而爲尺所量之物決不能指爲尺夫在古代絕對的無貨幣之社會則必日以米若干易鹽若干以鹽若干易薪若干以薪若干易米若干是無異以米量鹽以鹽量薪以薪量米也百物皆互爲能量者互爲被量者終不能得畫一確定之標準矣今在我國則以米鹽薪若干易生銀若干以生銀若干易龍圓若干小銀元若干銅元若干以銅元若干易米鹽薪若干易生銀若干龍圓若干小銀元若干外國紙幣若干亦各互爲能量者互爲被量者雖與實物交易相去一間然求所謂專司量價之貨幣固不可得見也既無貨幣。則何代表之可言。是故英國而發行不換紙幣。則其額面一鎊之紙幣所代表者爲純金七格林三二二三。與硬幣金鎊一枚價相等。與輔幣二十喜林價相等。其在法則代表佛郎。德則代表馬克。美則代表打拉。俄則代表盧比。莫不皆然。司發行之機者。但能愼用金紙平均法。使之對於硬幣。無法補水。則可以推行無弊矣。今中國發行不換紙幣。其所代表者爲何物乎。市面上之生銀及各種輔幣外幣舊鈔幣既已凌亂不堪。其相互之比價錯雜變動。巧曆不能算。今益以不換紙幣。徒使市面上添一種比價以擾人腦耳。曾不能以之量百物。而惟廁身於百物中以互相量。夫百物各自有其本身之價值。其比價之變動。猶有限度也。乃至銅元亦然不換紙幣則本身有何價值乎。是故發不換紙幣者。必嚴定法價。使之與所代表之硬幣常同一若紙幣與硬幣之間忽生出變動無常之比價則紙幣之基礎全崩壞矣然在我國今日而發不換紙幣在勢固不得不聽其與市面上之生銀及各種舊幣外幣隨時互爲比價者也不換紙幣所最忌之原則而我先犯之欲其推行盡利安可冀者然則今日欲發不換紙幣爲之奈何曰先定幣制幣制定系統立然後代表之之紙幣其法價有所麗也然欲確定良好適宜之幣制其事前之準備蓋萬端焉今政府固未嘗一致力也不致力於此而議發不換紙幣吾見其以不換紙幣殺人已耳

第二　强欲施行不換紙幣之弊

不換紙幣之本質非有弊也其弊惟在濫發過度使當局者能有術焉以嚴自約束使永無濫發則雖謂之有百利而無一害焉可也雖然不換紙幣恆與濫發爲緣而在債務國爲尤甚雖有極公忠謹愼純潔歷練之財政家一當其衝往往爲旋渦所卷而不能自拔故吾黨每念及此輒談虎色變焉凡所恃以節制紙幣使勿濫發者不外兩法一曰金紙平均法二曰對外貿易平均法金紙平均法者一見紙幣有補水之機兆則立即收回其一部分待其有申水之機兆然後再發出也對外貿易平均法者務獎勵輸出使對外匯兌常處順境免實幣流出也金紙平均法則公愼之政治家類能行之視其所以自厲自制者何如耳對外貿易平均法則爲國民生計現狀所牽制在產業彫敝之國雖有赤心敏腕之政治家往往無所施其技然此二法者非兼用焉不能奏功第二法既辦不到則第一法亦必隨而破壞故不換紙幣其本質雖無弊然行之而卒能無弊者竟不多覯也歷考各國不換紙幣之歷史無一不貽大患於後來其僅能免此者惟有一次則一八七〇年之法國是已法國一八四八年之不換紙幣

雖有小害而不甚著然其大革命時代亞西尼亞紙幣受毒之深亦遠過他國也至今財政學家常豔道之。指爲不換紙幣之模範。雖然。當時法國情形。有斷非他國所能學步者。不可不察也。何以故。以法國當時爲全世界惟一之債權國。故欲明此理。當先知一國貨幣數量之原則。次考債權國與債務國對外匯兌之差異。次察其與不換紙幣相關之狀況。凡一國於一時代中所需貨幣之數量。大略相等。太少固病。太多亦憂。而此所謂貨幣者。實兼指各種通用之幣言之。硬幣紙幣及各種輔幣皆包在內在支票通行之國支票亦成爲通用貨幣之一種宜統算在內在通用生金生銀之國此等亦通行貨幣宜統算在內在通行外國硬幣外國紙幣之國此等亦宜統算在內合全國市面上所行用交易媒介物之總物即全國所需通幣之總數也例如全國市面上有本位硬幣一萬萬元。各級輔幣合計二萬萬元。兌換鈔幣三萬萬元。合共六萬萬元。而適足敷用。但使該國之人口及商業。非有意外之驟進驟退。則其所需貨幣。恆以此數爲中限。不可少於此。亦不可多於此。少則貨幣價騰物價落。而民病。多則貨幣價落物價騰。而民亦病。但此各種貨幣中其數互有增減出入。而各相補。則非所憂也。例如輔幣減至一萬五千萬。而本位硬幣增至一萬一千萬。兌換鈔幣增至三萬四千萬。或各種硬幣共減至二萬萬。而兌換鈔幣增至四萬萬。或兌換鈔幣減至二萬萬。而各種硬幣合計得四萬萬。凡此皆無所不可。但使其總數常在六萬萬內外。則金融狀態。決不至擾亂。而全國產業。可循次發達矣。而銀行兌換鈔幣。於此間酌盈劑虛。效力最偉。蓋當市面通幣缺乏時。可多發以補其不給。及其過多。則市人自能持鈔兌現。而溢出之鈔。復返於銀行矣。兌換鈔幣之作用如是。故理財者重視之。不換紙幣不然。其已經發出之幣。非取途於租稅及官業收入。末由復返於國庫。苟當局注意稍怠。則其濫發逾量之一部分。長流毒於市場。而不能銷滌。然此猶屬對內之病。可以人力防也。至其對外之病。則有明知之而無從防之者。欲明此義。須先知國際借貸貨幣來往之理。凡兩國既相交通。則每年必有本國人應給與外國人之錢銀。謂之國際債務。舉其種類則入口貨之價值也本國人游歷游學於外國者之所用也本國在外國公使館領事館之費用也本國人營業於外國所投之資本也外國人在本國營業所取得之利息也其在有外債之國則本國償還外國之本利錢也此外尚有數種不備舉同時亦必有外國人應給與本國人之錢銀。謂之國際債權。舉其種類則出口貨之價值也外國人游歷游學於本國者之所用也外國在本國公使館領事館之費用也外國人營業於本國所投之資本也本國在外國工人所寄歸本國之錢也其在借外債時則外債輸本之本錢也此外尚有數種不備舉其所挾國際債權。以之抵銷國際債務而尚有贏餘。名曰債權國。反是而所負國際債務太多。其國際債權不足以相抵。名曰債務國。在債務國而發不換紙幣。欲其因應盡利。天下困衡之業。莫過是矣。蓋不換紙幣之爲物。本身實無價值。其所以能出價值者恃法律之强制耳然法律之效力不能出國外故一越國境。而不換紙幣之價值全消滅矣。其在債權國。由外國來本國之匯票恆多於由本國往外國之匯票。除匯票相抵外。尚應有現款流入本國故境內不換紙幣之法價。絲毫不蒙其影響也。債務國不然。匯出之票多。匯入之票少。出入相抵尚須輦現款以致諸外。例如前此本發不換紙幣一萬萬而已足用。及至輦出實幣千萬。則立須補發不換紙幣千萬以塡此空額非是則市場通幣缺少而不給於用矣於是乎由一萬萬而增爲一萬一千萬。然此輦出之一千萬則往而不返者也而既屬債務國則明年之須輦出現款如故也。第一年輦出之一千萬或可以平價得之。至第二年而國內所存現款較前爲少。得之也漸難。而需用既急。雖出高價以易之亦非得已。則或以不換紙幣千二百萬然後易得現款一千萬者有焉矣。於是乎不換紙幣與實幣相易必須補水。而金紙之差遂開。夫比價開差之現象一發生。則不換紙幣之堤防潰矣既已開差則實幣對於百物之價雖尚如其舊。而不換紙幣對於百物之價則已遞減國中實幣少而不換紙幣多。疇昔有高價之紙幣一萬萬而已足敷易中之用者今用低價之紙幣非一萬二三千萬而不足矣。於斯時也政府雖欲不增發焉而不可何也。以增發爲應於市場之要求無所逃避也。增發愈多。開差愈甚價值愈落。價值再落市場再感通幣之不足。而再求增發。如是展轉相引。必至將全國實幣。悉驅諸境外。國中惟餘廢紙。儲之盈簏。不能博一醉。彼宋元之以惡鈔亡國。豈不然哉。而法國之憂思尼亞紙幣。初時僅發一萬萬黎布。當局者未嘗不以臨深履薄之念行之。不及三年。遂增發至一百八十萬萬黎布。卒乃以七千二百黎布之紙幣。僅換得一黎布之實幣。（此一七九六年二月之價格時當大革命極亂後也）而市民猶要求增發不已。此其故可思矣。要而論之。不換紙幣本無弊也。惟比價開差。然後弊生焉。其比價本可以不開差也。惟增發然後開差之現象起。然增發之機。有由自動者。有由他動者。由自動者節之尚易。由他動者防之實難。我國近三十年對外貿易。無一年非輸入超過輸出。其超過額最多者二萬一千九百餘萬兩。而近十年平均每總在一萬五千萬兩內外。（略舉近年輸入超過額如下前清光緒八年一千三十七萬兩餘十一年二千三百十九萬兩餘十六年三千九百九十四萬兩餘二十一年二千九百五十五萬兩餘二十六年六千四百七十九萬兩餘三十一年二萬一千九百二十一萬兩餘三十二年一萬七千三百八十一萬兩餘三十三年一萬五千二百零二萬兩餘三十四年一萬一千七百八十四萬兩餘近三年統計不記）復加以外債賠款本息。每年五千二三百萬兩。故近七八年來流出國外之現款。其在最高額之年。需二萬萬五六千萬。其在最低額之年。亦需一萬萬七八千萬。然則遞年所恃以彌補者安在。曰是有兩大宗。其一則海外僑民匯回本國之收益金。約七千五百餘萬兩也。其二則外債及外人投資所輸入現款也。其暫時支持彌縫者全賴此。自今以往。一二年間。國內產業彫敝。元氣未復。輸出品當益加減少。而輸入超過率將隨而增進。前淸光緒三十一年之惡現象。恐不免復見。（該年輸入超過額二萬一千餘萬也）又以內地秩序未復。僑民血汗之資。未敢遽行匯歸。故對外匯兌之債權益減少。今若壹意拒絕外債。或緣外交失敗。而外債不能成立。則緣輸入超過及舊債賠款等支出。合計每年所負國際匯兌上之債務。應在二萬五千萬兩以上。今恃不換紙幣以救財政之敝。然不換紙幣之效力。不能出國門一步也。而此二萬五千萬兩。勢固不許延久。則必羅掘以應之除出高價以收買現款外。更有何法。事既至此。則現款與不換紙幣之比價。安得不開差。比價既開差。安得不增發。開差與增發。互相爲因互相爲果。展轉遞引。欲使國家不陷於亡宋亡元之覆轍。安可得也。吾黨所以反對不換紙幣者。其理由在是。願當局愼思之。

財政學家言不換紙幣善後策。其最緊要之一語。必曰金紙平均法與外國貿易法並用。缺一不可既如前述。其所謂外國貿易平均法者。則不外以人爲手段獎勵本國貨物之輸出。蓋謂不換紙幣對外之價值變動雖劇。而對內之價值變動較緩。苟能利用之。則本國物品以較廉之生產費運輸於外。而得較高之價值。則生產業可以驟盛。務使國際匯兌上所負之債務。能以商品抵銷之而有餘。則本國金融不至擾亂。而不換紙幣價格可以維持矣。此其論固極精當。然試問我國能辦到乎。我國輸入超過之現象。賡續三十年。其勢且歲歲增著。今欲遏其歲增之勢。且不敢冀。遑問歲減。更遑問一易前軌而呈反對之現象者。且試問我國人企業能力爲何如。企業資本將安所出。既無資本。復無能力。而徒以獎勵實業之空名。謂欲挽三十年之頽勢。得輸出超過之好況。將誰欺。欺天乎。由此言之。則不換紙幣之善後。非無良策。其奈我萬萬不能學步何也。不寧惟是。不換紙幣價落。則物價必騰。物價騰則外貨輸入者必有利。是適以助長輸入超過之頽勢而已。吾恐不換紙幣發行後。不及一二年。我國國際匯兌上之債務。寖假進爲三萬萬兩。寖假進爲四五萬萬兩。而一一皆須用紙幣折收現款以輦諸境外。三數年後。國內欲求一釐之金一分之銀而不可得。四萬萬人託命於廢紙。而全國眞破產矣。吾黨念此。不寒而慄也。

第三　餘論

欲行不換紙幣。更有兩事極當留意者。其一以現在我國法律强制力之薄弱。如彼以毫無價值之紙。國家果能藉法律之力。傅以價值否耶。國家假塗於官俸兵餉。發出一二萬萬之紙幣。雖非甚難。然民不樂用之。恐不待他力之影響。朝發出而夕已開差矣。國家雖認紙幣爲法幣。而民間易中之具。仍惟銀塊舊幣是貴。國家不能禁也。用銀塊舊幣猶非大害也。所慮者外國銀行乘我通幣之不足。法幣之無信用也。大出兌換鈔幣以補其缺。即利用兌換鈔幣以吸收市場之現款。而現款日歸於外國銀行之庫底矣。且我之國際匯兌。一切皆由外國銀行經手。前所謂差額之債務。須箕斂而輦致諸外者。其大半亦爲外國銀行所吸收而已。如是數年。則全國現款除一部分流出國外外。其他一部分皆集於外國銀行。其所發鈔幣日瀰漫於市場。於是匯豐匯理俄亞德華正金等。儼然占我國中央銀行之位置矣。夫一國貨幣。祇需此數。市面上多一枚之外國鈔幣。則本國銀行自少一枚之發行餘地。今幸而外國銀行之勢力。僅及於通商口岸及其附近。所發鈔幣不多。我欲抵制之。尚易爲力耳。逮彼勢力更張。我雖欲禦。庸可得乎。夫金融機關者。一國之命脈也。用保證準備以發行鈔幣者。又國家之特權。非可許外人以同享者也。而亦救濟政府財政之困。得臨時進款之一妙法門也。今若並此而爲外國銀行所壟斷。而雖有善者。無所爲計矣。而濫發不換紙幣。實足以生此惡果。試問政府果能任此重咎否耶。我國民其果忍坐視政府作此蠹國殃民之舉否耶。

其二、不換紙幣者。財政上之非常手段也。只能偶一用之。用過則必須廢止。此如用劇藥以治病。病已則藥須停也。故當發行不換紙幣之始。即當預爲他日回復兌換之謀。夫必如何然後能回復兌換。則不外蓄積現款而已。誠能慎守金紙平均法與外國貿易平均法。而善用之。加以改良稅制。整頓度支。則自能蓄積現款。所蓄者若能逮鈔幣流通最少額三分之一。（參觀本會前次所刊布第一期財政計畫意見書論保證準備額條下）則可以開始兌換。而險象銷矣。今之言不換紙幣者。果曾計及此否耶。若絕不計及而貿然行之。則是徒顧目前。希卸責任。而不惜貽大患於將來。有人心者豈宜出此。若已計及耶。則由何道以蓄積現款。吾願聞之。以吾黨觀之。苟循現政府之政策。徒見其驅逐現款耳。而何蓄積之可言。

然則不換紙幣竟絕對的不可行於今日乎。曰是又不然。以確立兌換基礎為理財方針。而於極短之期限內。暫使不換。實今日權宜辦法也。吾黨固嘗言矣。『將來中央銀行所發之新鈔幣。應俟兌換條例頒定後。於一年內。定期開始兌換。』（見本會所刊布第一期財政計畫意見書關鍵第十三）夫在未開始兌換之期限內。此種新鈔幣謂之非不換紙幣焉不得也。所以必如此辦法者。（一）現在幣制未定。無兌換之標準。（二）雖幣制定後。而新幣不能遽鑄成。即成亦為數甚少。不足以充兌換。（三）中央銀行初辦時。所蓄現款甚少。兌換準備薄弱。是故假以一年之期限。使一面得確立幣制。趕鑄新幣。一面得設法向國內國外吸集現款也。夫在此一年內。寧得謂之非行不換紙幣者。然其精神則與今日時流所擬議區以別矣。何也。我固以兌換為目的。而暫時之不換。不過為達此目的之一手段耳。夫實行吾黨之兌換政策。則國家於保證準備項下。原可得數萬萬以資挹注。而全國金融。舉受其賜焉。若時流所擬議。吾恐欲發出一二萬萬已非易事。而後患已不可收拾矣。此其為道。孰得而孰失哉。

要之欲行不換紙幣。其最緊要之節目。在變債務國之地位。使暫立於債權國之地位。非此則紙幣之法價末由保持。今日之中國。有何術以變此地位。舍外債無他矣。既已借得外債。則何苦不利用之以直布兌換制度。而冒險以行不換。何為者。復次欲行不換紙幣。其所賴以存者在幣制。其發行機關在銀行。此二者不舉。一切無可言。

今定幣制。實應行金本位。卽不得已。亦必須行虛金本位。然欲行之。非注意於調節國際匯兌不能爲功。凡此固非仰外債焉不可也。卽在欲創之中央銀行使一面爲發行紙幣之機關。一面爲吸蓄現款之機關。亦非仰外債焉不可也。無外債則並不換紙幣而不能發。既得外債則又可以布兌換制度。而冒險以行不換又何爲也。吾黨所以不主張不換紙幣者在是。願國民熟思之。

中國道德之大原

自二十年來。所謂新學新政者。流衍入中國。然而他人所資爲興國之具。在我受之。幾無一不爲亡國之媒。朔南遷地。橘枳易性。庸俗熟視無睹。硜硜者以趨新爲詬病。而憂深思遠之士。獨探原於人心風俗之微。以謂惟甘受和。惟白受采。由今之道。無變今之俗。雖有聖智。不能以善治也。其孤憤軼度者。甚則謂吾種性實劣下。以此卑鄙闒冗之人。決不能競存於物競劇烈之世。嗒然坐聽其陵夷而已。其不忍天下溺而思援之者。則或引申宋明大哲之遺訓。欲持嚴格以繩正末俗。或則闡揚佛耶諸敎之宗風。欲憑他力以蕩滌瑕穢。今之論世者。其大指蓋不出此諸途已。

吾以爲吾國人之種性。其不如人之處甚多。吾固承之而不必深爲諱也。然而人各有短長。人性有然。國性亦然。吾之所蘊積。亦實有優異之點。爲他族所莫能逮者。吾又安可以自蔑。天下事理。觀因固可以知果。觀果亦可以知因。吾種性果劣下。而不適於自存。則宜淪胥之日久矣。然數千年前與我並建之國。至今無一存者。或閱百數十歲而滅。或閱千數百歲而滅。中間迭興迭仆。不可數計。其赫赫然有名於時者。率皆新造耳。而吾獨自羲軒肇構以來。繼繼繩繩。不失舊物。以迄於茲。自非有一種善美之精神。深入乎全國人之心中。而主宰之綱維之者。其安能結集之堅强若彼。而持續之經久若此乎。夫既已有此精神。以爲國家過去繼續成立之基。即可用此精神。以爲國家將來滋長發榮之具。謂吾國民根性劣敗。而懼終不免於淘汰者。實杞人之憂耳。然而今日泯棼之象。其明示人以可驚可痛者。既日接觸於耳目。則狷潔之士。靄然抱無涯之慼。亦固其所也。顧吾以爲當一社會之與他社會相接構。緣夫制度文物之錯綜嬗受。而思想根本不免隨而搖動。其人民彷徨歧路。莫知所適。其游離分子之浮動於表面者。恆極一時之險象。以吾所睹聞東西各國。其不歷此關厄而能自躋於高明者蓋寡。若其結果之美惡。則視其根器所憑藉之深淺厚薄以爲斷。譬諸體幹充强者。服瞑眩之藥。適以已疾而增健。百丈之潭。千里之湖。爲風飆所激。或浪沫洶亂。或淖泥浮溢。不數日而澄湛之性自若也。國民既有一種特異之國性。以界他國而自立於大地。其養成之也。固非短時間少數人所能有功。其毀壞之也。亦非短時間少數人所能爲力。而生其間者。苟常有人焉發揚淬厲之。以增美釋回。則自能緝熙以著光晶。而不然者。則積漸墮落。歷若干歲月而次第失其所以自立之道耳。古今萬國興替之林。罔不由是。而以吾所見之中國。則實有堅强善美之國性。顚撲不破。而今日正有待於發揚淬厲者也。

今之言道德者。或主提倡公德。或主策勵私德。或主維持舊德。或主輸進新德。其言固未嘗不各明一義。然吾以爲公私新舊之界。固不易判明。亦不必强生分別。自主觀之動機言之。凡德皆私德也。自客觀影響所及言之。凡德皆公德也。德必有本。何新非舊。德貴時中。何舊非新。惟既欲以德牖民。則擇塗當求簡易。宋明諸哲之訓。所以教人爲聖賢也。盡國人而聖賢之。豈非大善。而無如事實上萬不可致。恐未能造就聖賢。先已遺棄庸衆。故窮理盡性之譚。正誼明道之旨。君子以之自律。而不以責人也。佛耶宗教之言。西哲倫理之學。非不微妙直捷纖悉周備。然義由外鑠。受用實難。吾以爲道德最高之本體。固一切人類社會所從同也。至其具象的觀念。及其衍生之條目。則因時而異。因地而異。甲社會之人與乙社會之人。甲時代之人與乙時代之人。其所謂道德者時或不能以相喻。（例如吾國以婦人再醮爲不德西人不爾西人以男子置妾爲不德吾國不爾類此者不一而足）要之凡一社會必有其所公認之道德信條。由先天的遺傳與後天的薰染。深入乎人人之腦海。而與俱化。如是然後分子與分子之間。聯鎖鞏固。而社會之生命。得以永續。一舊信條失其效力。而別有一新信條與之代興。則社會現象生一大變化焉。（其爲進化爲退化且勿論）若新信條涵養未熟。廣被未周。而舊信條先已破棄。則社會淈棼之象立見。夫信條千百而搖動其一二。或未甚爲病也。若一切信條所從出之總根本。亦牽率而搖動。則社會之紐殆潰矣。何也。積久相傳之教義。既不足以範圍乎人心。於是是非無標準。善惡無定名。社會全失其制裁力。分子游離而不相攝。現狀之險。胡可思議。於斯時也。而所謂識時憂世之士。或睹他社會現狀之善美。推原其所以致此之由。而知其有彼之所謂道德者存。於是欲將彼之道德信條。移植於我以自淑。豈知信條之爲物。內發於心。而非可以假之於外。爲千萬人所共同構現。而絕非一二人所咄嗟造成。徵引外鑠之新說。以欲挽內陷之人心。卽云補救。爲力已微。而徒煽懷疑之燄。益增歧路之亡。甚非所以清本源而植基於不壞也。吾嘗察吾國多數人之心理。有三種觀念焉。由數千年之遺傳薰染所搆成。定爲一切道德所從出。而社會賴之以維持不敝者。謹略發明之。以資身教言教之君子審擇焉。

一曰報恩。報恩之義。各國教祖哲人。莫不稱道。至其鄭重深切。未有若吾中國者也。凡筦一國人心之樞者。必在其宗教。宗教精神所表示。恆託於其所崇奉之神。世界各國宗教。無論爲多神教爲一神教爲無神教。要之其崇奉之動機。起於爲自身求福利者什八九。古代印度埃及希臘羅馬諸國所祀之神或爲能降福於己者或爲能降禍於己者或爲司情愛者或爲助戰伐者無論天神人鬼物魅皆含此意耶教尊天可謂深探其本然所用爲勸導者仍以祈福免禍之意爲多也獨吾中國一切祀事皆以報恩之一義貫通乎其間。故曰夫禮者反本報始不忘其初也。又曰有功德於民者則祀之。祖先之祀無論矣。自天地山川。社稷農蠶門霤井竈雨師風伯先聖先師歷代帝王賢臣名將循吏神醫大匠。凡列於大祀常祀者。皆以其有德於民或能爲民捍難者也。下至迎貓迎虎。有類於埃希蠻俗之獸教。然亦皆取義於祈報。與彼都精神絕不相蒙。西人動誚我以多神。謂在教界未爲進化。殊不知我之敎義。以報恩之一大原則爲之主宰。恩我者多。而報不容以不偏。此祀事所由日滋也。既本此原則以立敎義。故以此敎義衍成禮俗制成法律。於以構造社會而維持之發達之。其所以能聯屬全國人使之若連環相綴而不可解者。此其最强有力之主因也。是故恩增於家庭。報先於父母。推父母所恩而及兄弟。推父母之父母所恩而及從兄弟。如是遞推。衍爲宗族。宗族者中國社會成立一最有力之要素。而至今尚恃之以爲社會之幹者也。又念乎非有國家則吾無所託以存活也。故報國之義重焉。然古代國家統治權集於君主。國家抽象而難明。君主具體而易識。於是有忠君之義。然我國之所謂忠君。非對於君主一自然人之資格而行其忠。乃對於其爲國家統治者之資格而行其忠。此其義在經傳者數見不鮮也。故君主不能盡其對於國家之職務。卽認爲已失統治國家之資格。而人民忠之之義務。立卽消滅。故曰殘賊之人謂之一夫。聞誅一夫未聞弒君。手足腹心草芥寇讎之喻。皆自報恩來也。至於所以報社會之恩者。爲義亦至周洽。故對於先哲明德。其崇拜服從之念極强。而不敢輕有所議。雖思想進步。未嘗不緣此而小凝滯。然其所以能養成國性如此其深固者。亦賴是也。其在並時人則朋友之交。列爲五倫之一。而所以結合者亦恆在恩義。一飯必報。許友以死。我國人常有此美德。他國莫能逮也。要而論之。中國一切道德。無不以報恩爲動機。所謂倫常。所謂名教。皆本於是。夫人之生於世也。無論聰明才智若何絕特。終不能無所待於外而以自立。其能生育長成。得飲食衣服居處。有智識才藝。捍災禦患。安居樂業。無一不受環吾身外者之賜。其直接間接以恩我者。無量無極。古昔之人。與並世之人。皆恩我者也。國家與社會。深恩於無形者也。人若能以受恩必報之信條。常印篆於心目中。則一切道德上之義務。皆若有以鞭辟乎其後。而行之亦親切有味。此義在今世歐美之倫理學者。未嘗不大聲疾呼。思以厲末俗。而爲效蓋寡。蓋報恩之義。未深入人心也。吾國則數千年以此爲教。其有受恩而背忘者。勢且不齒於社會。而無以自存。故西人有孝於親。悌於長。恤故舊。死長上者。共推爲懿德。在我則庸行而已。吾國人抱此信念。故常能以義務思想。克權利思想。所謂正誼不謀利。明道不計功。非必賢哲始能服膺也。鄉黨自好者。恆由之而不自知。蓋彼常覺有待報之恩。苟吾仔肩。黽勉沒齒而未遑卽安也。夫絕對的箇人主義。吾國人所從不解也。無論何人。皆有其所深恩摯愛者。而視之殆與己同體。故歐美之國家。以個人爲其單位。而吾國不爾也。夫報恩之義。所以聯屬現社會與過去之社會。使生固結之關係者。爲力最偉焉。吾國所以能綿歷數千年。使國性深入而鞏建者。皆恃此也。而今則此種思想。若漸已動搖。而減其效力。其猶能賡續發揮光大與否。則國家存亡之所攸決也。

二曰明分。記稱春秋以道名分。荀子稱度量分界。恆言指各安本分者。謂之良民。中庸述君子之德。則曰素位而行。不願乎外。分也。位也。所以定民志而理天秩。我國德教所尊論也。而或者疑定分則顯懸階級。與平等之義不相容。安分則畸於保守。與進取之義尤相戾。殊不知平等云者。謂法律之下無特權已耳。若夫人類天然之不平等。斷非以他力所能劃除。孟子不云乎。物之不齊。物之情也。或相倍蓰。或相什伯。或相千萬。比而同之。是亂天下。

故全社會之人各如其量以盡其性。天下之平乃莫過是也。夫治亂之名。果何自名耶。有秩序。有倫脊。斯謂之治。無焉斯謂之亂。欲一國中常有秩序倫脊。則非明分之義深入人心焉。固不可也。分也者分也。言政治者重分權。言學問者重分科。言生計者重分業。凡一社會必賴多數人之共同協力。乃能生存發達。全社會中所必須之職務。無限無量。而一一皆待社會之箇人分任之。人人各審其分之所在。而各自盡其分內之職。斯社會之發榮滋長無有已時。苟人人不安於其本分。而日相率以希冀於非分。勢必至盡荒其天職。而以互相侵軼爲事。則社會之紐絕矣。夫人類貴有向上心。苟其無焉。則社會將凝滯不進。安分之念太強。則向上之機自少。此固無容爲諱者也。雖然。向上心與僥倖心異。向上心爲萬善所歸。而僥倖心實萬惡所集。吾前年曾爲一文登諸國風報題曰「僥倖與秩序」彼文之意在指陳當日之時弊與本文異撰然其言有足相發明者今節錄以供參考（前略）「民之爲道也才智相什則卑下之伯則畏憚之千則役萬則僕自然之符也故在治世其爲十人長者必其有以長於十人者也爲百人長者必其有以長於百人者也爲千萬億兆人長者必其有以長於千萬億兆人者也夫必有以長於人然後長人則居人」而不以爲泰人有所長於我然後長我則爲之下而不敢怨社會所以能大小相維各率其職者胥恃此也是故人有爲一官之長而我爲之屬也人有爲一業之主而我爲之從也必其人之學識有以優於我也否則其才略有以優於我也否則其閱歷有以優於我也否則其忠勤任事積之既久而有以爲人所敬信也我而歆其地位而欲進而與之並也則亦惟夙夜孜孜思所以濬吾學識廣吾才略厚吾閱歷或積吾忠勤以蘄人敬信而已舍此更無他途可以自致（中略）夫是以一國中公私上下無不舉之職而人皆淬厲向上無已時今也不然人人皆竊竊私議曰若某某者猶可以爲軍機大臣則亦誰不可以爲軍機大臣若某某者猶可以爲倘侍督撫則亦誰不可以爲倘侍督撫若某某者猶可以爲各重要局所各大公司之總辦則亦誰不可以爲總辦吾始以爲凡地位居我上者其聰明才力歷練必有以逾於我者夷考其實則不過與我等耳或反乃不如我似此而欲生其敬服之心焉決不可得也與我等者或反不如我者而反居我上欲人人皆安其遇而忠其職焉決不可得也求其故而不得則曰是命耳運耳此種種迷信之所由生也夫命與運則常在不可知之數者也彼命運能如是安知吾命運不能如是於是人人生非分之求此僥倖心所由生也吾先哲有言自求多福在我而已西哲亦言人恆立於其所欲立之地此最鞭辟近裏之言也若夫迷信命運者則異是以謂命運常能制我而非我所得自爲也於是乎委心以聽諸制我者則倚賴根性所由生也倚賴人則常畏人畏人則惟勢利是視而所以詔瀆者無所不用其極此寡廉鮮恥之風所由生也夫在治安之國學焉然後受其事能焉然後居其職無學無能則終身爲人役人亦孰敢不自勉今也不然不知兵而任兵不知農而任農不知法而任理不知敎育而任敎育不寧惟是一人之身今日治兵明日司農又明日司理司敎育不寧惟是一人之身同時治兵同時司農司理司敎育在其人曾不聞以不勝爲患而舉國亦視爲固然莫之怪也是故執途人而命之割雞則謙讓未遑者什而八九何也以吾未學操刀吾患不能也執途人而命之爲宰相爲大將軍爲方鎭爲監司守令則夫人而敢承何也舉國人共以此爲不學而能者也夫既已盡人不學而能則吾卽學焉而所能之有以加於彼者幾何卽有加於彼曾不足以爲吾身之輕重然則吾之厲於學徒自苦耳此不學之風所由生也無所謂職故無所謂溺職無所謂事故無所謂債事無所謂紀故無所謂干紀人人各自適其私而已此不尊重法度之習所由生也不學而可以能溺職債事干紀而可以無罪則人亦何必忠於厥職故相率縱情於飲食男女絲竹博弈此荒嬉怠惰之習所由生也荒嬉怠惰恆苦不給則必求自進其地位而地位之所以進不恃學不恃能不恃忠職守法而別有所恃則鑽營奔競之所由生也人人皆鑽營奔競而有限之地位終不能盡應其所求不得不排他人以自伸此陰險傾軋之所由生也傾軋不得則嫉妒之所由生也嫉妒心之初起則以施諸與己偪處者而已及其蒸爲習尙而惡根性深入於人心則凡見人之有一技者必媢惡之其立身行己稍有殊於流俗者則視若九世之仇必屠殺之而始爲快屠殺之不必其有利於己也當前適意而已此涼薄狠毒之風所由生也稍自好者稍有技能者稍忠於職務者終已不能自存於社會則亦惟頽然以自放此厭世思想之所由生也賢者既末由潔其身能者既末由用其長馴善者既末由安其業相與皇皇惴惴不知安身立命於何所彼寡廉鮮恥鑽營奔競嫉妒傾軋者流其用盡心血所得儻來之地位亦不知被人攙奪之當在何時其皇皇惴惴常若不自保則亦無以異於人也舉國中無賢無不肖無貴無賤無貧無富而皆同此心理常若泛舟中流不知所屆此全社會杌隉不寧之象所由生也」（後略）右文與本題之旨無甚關係但欲極言僥倖心所演生之弊以證明明分之爲美德故節錄之如右著者識

全社會皆習於僥倖。則人人失其安身立命之地。社會之基礎安得而不動搖。夫我國近年來受種種惡潮所簸蕩。士大夫之習於僥倖者滔滔皆是。今日橫流之禍。半坐是焉。猶幸明分之義。數千年來深入人心。而國之石民。咸守此以爲淑身處世之正則。上流社會之惡習。其影響不甚波及於國民全體。故政治雖極泯棼之象。而社會之綱維。不至盡弛。蓋吾國中高等無業游民之一階級。（指官吏及近世所謂政客）其與一般善良之國民。聯屬本非甚密。而其惡空氣之傳染。尚非甚速也。英儒巴爾遜所著國民性情論。嘗比較德法兩國人種之長短。謂法國常厭棄其現在之地位。而馳騖其理想之地位。理想之地位未可必得。而現在之地位先喪失焉。德人反是。常憑藉其現在之地位。以求漸進於其理想之地位。故得寸得尺。日計不足而月計有餘也。由此觀之。得失之林。可以覩矣。詩曰。天生蒸民。有物有則。民之秉彝。好是懿德。夫分也者物之則也。吾國倫常之教。凡以定分。凡以正則也。而社會之組織。所以能强固緻密摶之不散者。正賴此矣。

三曰慮後。社會學家論民族文野之差。以謂將來之觀念深者則其文明程度高。將來之觀念薄者則其文明程度下。斯言若信。則我國文明程度與歐美人孰愈。此亦一問題也。我國最尊現實主義者也。而又最重將來。夫各國之教祖。固未有不以將來爲教者矣。然其所謂將來者。對於現世而言來世也。其爲道與現社會不相屬。我國教義所謂將來。則社會聯鎖之將來也。孟子曰。不孝有三。無後爲大。易曰。積善之家。必有餘慶。積不善之家。必有餘殃。經典傳記中陳義類此者。不知凡幾。國人習而不察焉。以爲是迂論無關宏旨也。而不知社會所以能永續而滋益盛大者。其樞機實繫於是。我國人惟以服膺斯義之故。常覺對於將來之社會負莫大之義務。苟放棄此義務。即爲罪惡所歸。夫人之生於世也。其受過去現在社會之恩我者。無量無極。我受之而求所以增益之以詒諸方來。天下最貴之天職。莫過是也。近世進化論者之說。謂凡動物善於增殖保育其種者則必繁榮。否則必絕滅。百年以來。歐美所謂文明國者。爲「現在快樂主義」所汨沒。不顧其後者什而八九。人口產率銳減。言政治言生計者皆以此爲一大問題。就中法國尤甚。識者謂循此演算。不及百年。法之亡可立而待也。美國亦然。移來之民雖日增。而固有之民則日減。故盧斯福倡新人口論。反瑪爾莎士之說而謀所以助長也。要之今日歐西社會受病最深者。一曰個人主義。二曰現在快樂主義。兩者相合。於是其人大率以有家爲累。以慮後爲迂。故多數勞傭之民。一來復之所入。必以休沐日盡散之然後快。牧民者日以勤儉貯蓄相勸勉。莫之或聽也。私兒日多。受不良之教育者徧地皆是。法令如毛。莫之能閑也。於是彼中憂世之士。欲大昌家族主義以救其末流。近十年來。此類名著汗牛充棟。然滔滔之勢。云胡可挽。我國則二千年來此義爲全國人民心目中所同具。縱一日之樂以貽後顧之憂。稍自好者不爲也。不寧惟是。天道因果之義。深入人心。謂善不善不報於其身。將報於其子孫。一般人民有所勸有所懾。乃日遷善去惡而不自知也。此亦社會所以維繫於不敝之一大原因也。

以上三義。驟視之若卑卑不足道。然一切道德之條目。實皆自茲出焉。有報恩之義。故能使現在社會與過去社會相聯屬。有慮後之義。故能使現在社會與將來社會相聯屬。有明分之義。故能使現在社會至賾而不可亂。至動而不可惡也。三義立而三世備矣。孔子稱庸德之行。庸言之謹。此三者洵庸德之極軌乎哉。本乎人性之自然。愚夫愚婦皆所與能。而雖有聖智。或終身由之而不能盡。譬猶布帛菽粟。習焉不覺其可貴。而含生必於茲託命焉。之三義者。不學而知。不慮而能。而我國所以能數千年立於大地。經無量喪亂而不失其國性者。皆賴是也。是故正心誠意之談。窮理盡性之旨。少數士君子所以自厲也。比較宗教之學。探研哲理之業。又教育家所以廣益而集善也。然其力皆不能普及於凡民。故其效亦不能大裨於國家。獨乃根此三義而衍之爲倫常。蒸之爲習尙。深入乎人心。而莫之敢犯。國家所以與天地長久者。於是乎在。抑吾聞之。凡一事物之成立也。必有其體段。斷鳧續鶴。則兩生俱戕。紫鳳天吳。則一章不就。一國之道德。必有其彼此相維之具。廢其一而其他亦往往不能以獨存。一國之信仰。國人恆終身由之而不知其道。一懷疑焉。而根柢或自茲壞也。故吾願世之以德教爲己任者。毋騖玄遠之談。毋銜新奇之說。毋養一指而遺肩背。毋厭家雞而羨野鶩。實吾先民所率由之庸德而發揮光大之。編爲教科。播諸講社。而當立法行政之軸者。尤本此精義以出政治施教令。以匡教育所不逮。而先後之。則民德之蒸蒸。豈其難矣。

政策與政治機關

自啓超之歸國也。當局諸賢乃至在野士大夫。多殷殷然以政策垂詢。若外交政策也。若軍事政策也。若教育政策也。若公債租稅銀行貨幣政策也。若農業工業商業政策也。若交通政策也。若籌邊移民政策也。以啓超之譾陋。且久去國。而瞢於近情。固率然未有以應也。顧嘗以爲政策也者。非標幟之以爲名高爲觀美也。非直以供報館之僉載。學子之聚訟也。將期於行焉。且行之非以爲兒戲也。非欲暫動而還休也。非欲指鹿以爲馬也。必且綜核焉。必且貫徹焉。然則政策之良惡。之適否。之巧拙。且當後論。其第一著當先問曾否已有可以實行此政策之主體。曾否已有可以實行此政策之機關。有病夫於此。而爲之商榷醫方。此方能治此病與否。夫孰謂不當亟亟研究者。然使此病人自始未有服藥之決心焉。或其親族委而去之。莫爲主持焉。或其親族事雜言龐。無一人有決擇用方之專權焉。或喜作聰明。信醫不過。而私自加減焉。或僕役檢藥。盜錢竄易。而主人莫能覺焉。甚或僕役抗不肯檢。檢矣而不肯煎。主人不能指揮焉。又或藥爐藥椀乃至薪炭一切未備。而莫能置。莫能給焉。數者有一於此。固不可以語於治病。數者咸備。五尺之童知病之不治矣。非病果不治也。無與治之者也。而羣醫乃呶呶焉論症論藥。嘔心以評之。攘臂以爭之。豈非譫囈。吾以爲在今日之中國而言政策。得毋類是。

試任舉一例以明之。例如貨幣。金主位一政策也。銀主位亦一政策也。兩政策孰適孰否。其間誠有大容商榷之餘地。然必欲鑄某種幣若干而立可以鑄出焉。欲禁偷減摻雜贗造而立可以禁焉。欲推行新幣則其力立足以推行焉。欲收銷舊幣則其力立足以收銷焉。欲發兌換券則其力立足以發焉。欲伸縮幣量調劑供求而其力皆立足以致焉。夫如是然後幣制政策庶始有可言也。夫如是則是國家有改革幣制能力與否之問題。而非幣制金主位與銀主位孰優之問題也。彼歐美日本諸國固皆嘗以金主位銀主位等問題費多少人士多少時日之討論。然彼其國家固皆具有改革幣制之能力者也。故討論之結果則舉而措之。斯討論爲不虛也。若中國則何有焉。自前清之末而改革幣制論已囂然矣。語政策者亦不知其幾輩矣。然而政府自始未嘗有改革幣制之決心也。自始未嘗知幣制之爲何物也。隨聲附和以言改革則欲於改革中圖私利已耳。若欲綜核焉而使彼私利不可得。則彼且將羣起反對。藉令不反對矣。實心施行矣。而其令曾不能行於其所屬吏也。所屬吏梗令亂法。彼曾不能察也。雖察亦不能禁也。人民有梗令亂法者。羣吏之不能察不能禁。亦猶是也。處此等政府之下。而乃相與呶呶焉論金銀主位之得失。嘔心以評之。攘臂以爭之。自非狂愚譫囈。安得有是。貨幣政策有然。其他政策亦何莫不然。前清如是。今日又何嘗不如是。夫在今日而語政策。實不知從何說起也。

吾以爲語政策則易易耳。犖犖諸大政。其因革之跡爲百年來舉世諸國所同經歷。成敗利鈍。粲然具在也。後起之國。師資愈富。法鑒愈瑩。前此諸國迂折之路。可勿由也。前此諸國誤覆之轍。可勿蹈也。其原則爲萬國所宜同遵者。則舉而措之已耳。其緣國情之異同而施行手段不得不稍示差別者。斟酌損益爲道亦非甚艱也。就令有兩反對之政策。於此各持一是。而要之既名曰政策。則不能絕對的有利而無病。亦不能絕對的有病而無利。任擇其一。無不可也。即誤擇拙劣之政策。行焉而不可通。但使行之者有至誠惻怛之心。則不遠而復。亦未必遽禍天下也。顧所最當記憶者。必有政治然後可以言政策。必有國家有政府然後可以言政治。今日中國果有國家耶。有政府耶。有政治耶。此則當待我當局諸賢與在朝士大夫憑良心以判定之。若鄙人則非惟不敢言。抑亦不忍言也。政策譬則猶食單也。有庖人焉。有膳室焉。有食具焉。有治饌之金錢焉。乃擇食單諸品之適於口者。按而索之。以次而進之。至易易耳。而不然者。過門大嚼。雖食單爛熟胸中。曾何裨於充飢者。夫在今日之中國而言政策。則枵腹流涎以誦食單之類也。

當晚清時代。而庶政之待舉者。不知凡幾也。嘵嘵然與之論政策者。不知幾何輩也。即鄙人亦此輩中之一人也。然而徒爲是嘵嘵也。彼其時雖號稱有國家。而實未嘗有國家也。號稱有政府。而實未嘗有政府。號稱有政治。而實未嘗有政治也。凡廁身於國家機關之人。皆借此機關以求達其私目的。而於國家之公目的。未或一人過問也。一切政治。非以合行國家之職務。而以分賦私人之權利也。有建一政策者。則衣食於國家之人。色然而喜曰。吾衣食有賴矣。聚無量數人以審查討議此政策。不知幾何歲月。而行與不行不必問也。及其行之。則又改頭換面。削趾適履。務便於咕囁國髓以自肥其軀也。於是無論何種政策。其病國之禍。皆烈於洪水猛獸。而談政策者。亦安得不分其罪。有清坐是之故。其祉則既屋矣。而民國實承。今民國之政治現象。以視晚清有以異乎。無以異乎。此則一方面待當局諸賢之自省。一方面待全國人民之自省。吾誠不敢言。亦不忍言也。夫晚清政治雖曰腐敗乎。然其內外相維。上下相屬之形式猶在也。故閣部所欲行者。得以下諸督撫。督撫所欲行者。得以下諸州縣。其有梗命。得而黜之。其有骫法。得而罰之也。以故政府不得人。斯亦已耳。苟其得人。則據此成規以號令焉。風草之勢。抑至順也。今也不然。屬吏非長官所能黜陟也。各省非中央所能指揮也。政府之令。不出於國門。方伯之威。不行於屬郡。守令之命。不逮於吏胥。且勿論今之尸各種機關者。其人才爲何如。就令得一二賢者居高明之地。而行政系統。破壞既盡。雖有良法美意。亦孰與舉之。而孰令推行之者。故在今日而論各種具體的政策。其迂遠

而不切於事實空衍而不能適愜乎人人心中所急欲要求以視晚清時代殆倍蓰焉欲語政策者不可不於此三致意焉耳

吾之爲此義非敢漫爲無責任之言以抨擊政府也又非左袒政府而爲之解嘲也吾知國中多數人士聞吾言者必將曰今之政治誰司其樞非總統耶非國務院耶一年以來成績已可概見循此不變則吾國亦永不能入於商權政策之時代已耳此即吾前者所謂親族委棄病人不爲主持藥方之說也

吾又知政府中人聞吾言者必將曰吾非不欲實行各種良政策非不欲預備所以行之之具然受種種牽掣無從著手也此即吾前者所謂親族事雜言厖無一人有用方專權之說也吾以爲此兩說者皆是也而皆非也平心論之一國安危興替其功罪決非某部分人所得專其責任決非某部分人所得諉責人嚴而責己恕此流俗之恆情而自好之君子必不爾也今之政府其舉措種種不能與時勢之要求相應國民之不慊焉宜也然環觀政府以外之人其言論行事能有以逾於今政府者幾何易人以當斯局自信成績能遠優於今者幾何傳曰有諸己然後求諸人無諸己然後非諸人吾以爲今政府誠可責然責政府之人其予人以可責之道者亦正多耳至於政府執種種口實以爲卸責之地則於事理上於道義上皆非所宜出夫一國之事舉國中無一人無責任固也然其所應負責任之分量決非平等人民惟厭晚清政治之腐敗乃共締造此民國而託諸政府諸公之手諸公亦既已受任而不辭夫豈自始不知其難而今日猥可以難自諉也夫吾所以極言今日不可以語於政策者豈其欲朝野上下從此不復語政策亦欲探其本以求解決各種政策共同之先決問題已耳

先決問題維何一曰人二曰機關有適當之機關而無適當之人政策不能舉也有適當之人而無適當之機關

政策猶之不能舉也。樹人之計。期以百年。若謂今日中國。雖有適當之機關而無可以運用此機關之人。此其評判得當與否。吾固不敢臆斷。顧吾以爲若承認此評判爲得當。則吾儕惟有瞑目束手。坐待豆剖瓜分後受他族之統治。無復爲嘵嘵然言國家言政治也。吾竊觀我國歷史上之陳蹟。及現今之氣象。復以他國百數十年前新舊遞嬗時代之狀態對鑑之。而深信我國人政治能力。並非遠不若人。其所以萎悴極於今日者。強半實由機關之朽壞不適使然。蓋帝政時代之政治機關。其一部分由歷史上積經驗以演進。適合於吾國情。而又不背學理上之原則者。固未嘗無。其他部分與時勢不相容。按諸今世國家之通則。宜置而未置。宜廢而未廢者。抑亦不少。此一部分以廢置失當。故已足令全國人民。失其對於今世政治之活動力。而所謂善良之一部分。又以積久而生惰力性。若機器之銹窳。而失其用也。故國民凡入於此等政治機關之中者。惟狡黠私曲。乃能生存。而奇才異能。終無自表見。國民儳焉不能一日安於此等政治狀態之下。此革命所由起也。革命之結果。則易舊機關而置新機關。易置誠宜也。而所置之新機關。不過取他國所有者。倉卒移植之。其他國置此機關有何等作用。未深察也。而所移植者又非采自一國。甲國采若干焉。乙國采若干焉。而甲國與乙國制度之精神。有無衝突。是否可以冶諸一鑪。未深問也。甚則他國未嘗前聞之制。而以意附益之。其於學理上事實上可通與否。未深計也。天吳紫鳳。馬勃牛溲。樊然並陳。不成片段。若夫舊機關之不適時勢。而爲新政梗者。或以積重太久而不能革也。其適合於國情而當留保者。則席破壞之潮而蕩然幾無復存。即存矣。亦幾全失其力。坐是之故。國中京外大小各種政治機關。無論爲固有者爲新設者。而皆窮於運用。此所以政治現象日趨敗壞。而致國民儳然不可終日也。循此不變。勢必使國人之政治能力澌滅以盡。政治興味頹然不復能自振。譬猶終歲處暗室者。目力全失其用也。則由機關問題影響更及於人才問題矣。機關與人俱敝。而謂國家尚能有政治。吾未之前聞。夫既無政治。則又安復有國家哉。故吾謂一切政策。皆非今日所亟亟。而惟求所以建設此可以行諸政策之適當機關。爲最亟亟也。然則建設此機關。當期成於何時耶。當由何人直接負建設之責耶。曰、是當分別言之。有憲法上之機關有行政上之機關。憲法上之機關。爲一次的建設。其期成在國會議定憲法之時。直接負責者爲將來之國會議員及各政黨中堅人物。行政上之機關。爲繼續的建設。隨時建設。隨時期成。直接負責者爲當時之政府官吏。夫在今日。一方面緣憲法上之機關未臻美善。而又不能擅改也。故人民有時當爲政府恕諒。而不容漫援吾說爲無責任之抨擊。一方面緣行政上之機關朽窳敗壞。有可以立時改革者。而未嘗改革也。故政府當知責任所歸。而亦不許漫援吾說以自解嘲。果人民與政府共明斯義。則導吾國以入於政治常軌。以進於可談政策之時代。又豈難矣哉。

專設憲法案起草機關議

制定憲法。爲民國建設第一大業。國中有識之士。咸思汲汲研究。爲草案之預備。可謂知本矣。顧吾以爲起草機關完善與否。於憲法內容關係綦重。國會組織法第二十條云「民國憲法案之起草。由兩院各於議員內選出同數之委員行之」竊謂似於愼重憲法之義。有所未盡。故敢徵他國之成例。案事理之得失。與國人一商搉之。吾以爲將來制定憲法。其最當致意者有六事。

一　起草員不宜過多。以免言庬事雜。陷於築室道謀之弊。

二　草案未成時。宜堅守祕密。毋使受他力之劫持。以紊系統。

三　宜將國中最有學識經驗之人。網羅於起草員中。使專心致志。為有價值之討論。以止於至善。

四　宜聘請東西公法學大家數人為顧問。以收集思廣益之效。（此條必須與否尚容商榷吾則謂得此較善耳）

五　起草員不可有絲毫黨派之意見雜乎其間。庶不致有所偏蔽。

六　草案宜早日期成。使議會得早一日議定。正式政府即得早一日成立。

以上六義。若所陳不謬。則國會選舉委員起草與專設機關起草。孰得孰失。可得而論也。（第一）人數多寡問題。用國會委員制與用專設機關制。似無甚關係。然國會兩院合計將八九百人。為此空前絕後之大法案。選起草委員。在勢恐不能太少。若選全員十分之一。已嫌其多矣。（第二）我國人守祕密之德甚弱。專設機關非謂遂能防不密之弊。然較諸在國會公開集議之地。聚多數人以為之。其得慎密也較易。（第三）國會今方在選舉中。人物如何。原難逆料。就中人才薈蔚。固不待言。然謂一國中適於編纂憲法之人。能盡萃於國會。正恐未必。或有現任行政官者。或有在地方議會者。亦有不願投身政界者。今為國家制萬年不敝之根本法。似不宜限於一機關之人士。以隘其途。且國會初開。萬幾待決。議員日為他種問題勞其神智。其於起草憲法之事。亦恐有所不專矣。（第四）國會委員會聘外人以為顧問。雖未始不可。然總覺於國會威嚴。不無稍褻。專設機關則毫不為病也。（第五）國會為政黨劇競之場。選舉委員。勢不能不雜以政黨之臭味。委員會成立後。政黨分野。亦終難消滅。究其極也。必至各黨各製一草案。各以授諸其本黨所屬之委員。相持不下。於是以組織國家根本問題。供政略之作用。而學理之辨難。乃以感情亂之。其結果或致歷久不能脫稿。或牽合遷就。不成系統。貽毒國家。豈有涯涘。此最可懼也。專設機關。得不黨之人較易。即與黨派有關係之人。尅制其黨派心亦較易。且聚不黨之人與各黨院內院外最優秀之人於一堂。共此大業。日相接洽討論。感情自能日融。其間接有造於將來政界者。抑又多矣。（第六）一年以來。在臨時政府期內。政務進行。種種不便。盡人而知之矣。即於友邦承認。亦不無影響焉。然正式政府成立。必須在正式總統選定之後。而總統若何選舉。須俟憲法之規定。若憲法由國會委員起草。計國會之召集。最早亦須在三月。以如此重要之委員會。恐非俟議員出席三分之二以上不能選舉。計時當在四五月之交。起草時間。最少須經三個月。草案成立。則已七八月矣。其議定時間。恐亦須費一兩月。如是則非九月十月間。憲法不能頒布。若憲法所規定選舉總統機關。委諸國會。則選舉尚可迅速執行。萬一更有繁難之手續。則恐直至歲暮。而正式總統尚難出現。是臨時期限。坐此加長一年。當今風雨漂搖之際。何以堪此。專設機關。苟國人多數贊同。一月內便可成立。人少職專。兩月內可望成案。則國會召集伊始。即可逐條開議。及法定人數既足。即可表決。略計必可省半年之時日。而國家之受賜。已多矣。以上所舉六義。皆足以證明國會委員起草之不適。六義之中。第四義理由最弱。第一第二義理由亦非甚強。其第三義第五義第六義。則實於國家之安危榮悴。有莫大關係焉。願愛國之君子。平心察之。

美國之憲法草案。作始於一七八七年五月十四日。五閱月而告成。其起草五十五人。告成時署名於案尾者三十九人。若華盛頓。若富蘭克令。若哈彌兒頓。若遮化遜。皆與焉。均一時之望也。而其人皆在當時聯合公會議員以外。（聯合公會者當日之臨時國會也）當起草期間。絕對守祕密。以免羣言之淆聽。及全案經國民投票通過後。哈彌兒頓以手加額曰。「吾今乃可以即安矣。」言其事之險而艱也。後此史家之論世者。僉謂美國當時苟非特設此機關。妙選人才以專任之。則此種美妙完備之憲法。終不可得見。何也。當時美國中央權與州權之爭。國權與個人權之爭。至極劇烈。若以憲法草案委諸尋常公會之集議。勢必羣言殽亂。莫執其咎。恐歷久而不能成。成亦無足觀也已。惟其萃全國耆英於一堂。各誓剷除一切私見。捧赤心以爲國家荷此艱鉅。故能宏遠猷而有譽於天下也。先進國之成績若是。吾何爲勿師之。

大抵立法之業。評隲得失。則稍有常識之人類多能焉。立案起草。非有專門學識專門技術之人。不能適任也。譬諸構廈繪圖式者。必賴專門建築家。若評圖式之良否而商略修改。則夫人而知之矣。普通法規且然。而憲法則其尤宜鄭重者也。彼英之不文憲法無論已。若德日比等國。其草制憲法時。皆特設機關。與美同符。法國第三次共和憲法。猝定於干戈之際。王黨帝黨民黨各懷私見。因陋就簡。由當時之國會制定之。後此種種障礙。補救不遑。（美人羅威爾所著歐洲大陸各國政府及政黨一書極論此事）此眞近世政治得失之林也。故吾謂以國會爲議定憲法機關。誠屬天經地義。並起草之役而責之。在理固可通。而事實上未得謂盡善也。

專設機關之不可以已既若是。然則此機關當何塗之從而發生乎。此最困難之問題也。吾請假定數法。評其當否。

第一法　由臨時大總統副總統指定。

第二法　由臨時參議院選定。

第三法　由各省都督及議會會同薦任。

第四法　由各大政黨本部協議薦任。

第五法　兼采以上諸法糅合成之。

第一法何如。此其形式精神皆與君主國之欽定憲法無異。其不可行不待言也。第二法何如。以此權委諸正式國會。猶嫌其險。專委諸臨時參議院。益不足以服人矣。第三法何如。此美國之成例也。美爲聯邦。其各州實爲組成國家之單位。義固當爾。我全效之。似亦有所未安。第四法何如。政黨協議推薦。爲緩和將來之衝突起見。頗有效力。亦未嘗不可以得人。然政黨非國家法定機關。斷無可以由彼而生出他種法定機關之理。第五法何如。曰、是或可行。然尚須有斟酌損益者。

今擬設一法定機關。名曰民國憲法起草委員會。約以四五十名之委員組織成之。其取得委員資格之方法。由大總統副總統各指定三人。由參議院在本院議員中選舉三人或五人。各省薦選每省二人。其薦選之法。由都督指薦三人。提出省議會。省議會於三人中選認二人。其所選認二人中。必須有一人非本省籍貫者。曷爲由都督指薦。取簡易也。曷爲由省議會選認。避專擅也。曷爲必須有一人非本省籍貫。一以豁省界。二以便得人也。由各大政黨已有本部在京師。其本部成立在一個月以前者。每黨選一人。呈請國務院咨送。曷爲限以京師本部。且核成立時日。懸標準以防濫也。曷爲呈請咨送。成乎法律行爲也。若用此法組織。使各方面所推之人。無一重複。則當得五十餘人。與美國當時人數略相等。然竊以爲雖有重複。亦不必相避。令各方面各以自由意志推其所信任之人。但得二三十人。已可集事。此非貴榮不求添也。若能由此而得適當人物。以締構此洪範。然後由神聖明哲之國會議定之。則國家前途之慶。何以加焉。

此議若有一得可采。則首當著手者。在修正國會組織法之第二十條。而別議定一民國憲法起草委員會條例以代之。此則參議員諸君之責也。

省制問題

近兩月來之立法事業。當以省制問題爲最重要矣。而政府所草之案凡有三。

第一案　於都督之外別設省尹。由中央簡任。專管民政。省尹與省議會對待。省議會有彈劾省尹之權。

第二案　於都督之外別設省總監與省總董。總監爲國家地方行政長官。由中央簡任。總董爲地方自治團體長。由省議會選舉。

第三案　暫存省總監。縮小其職權。不認爲自治團體。於省之下別置道。道有知事。有議會。有總董。知事爲國家地方行政長官。由中央簡任。總董爲地方自治團體長。由道議會選舉。

右第一案已提出參議院。院議未決。而政府撤回。第二案由法制局擬定。移交國務院。院議否決。故未提出參議院。第三案則今正提出院議。在討論中也。竊意茲事體大。於國家組織全體攸關。實爲國家根本法之一種。宜與議院法等同附屬於憲法。臨時參議院有權議決此法案與否。尚屬一問題。但今既交院議。故吾亦欲貢其所見。以資世論之參考云。

政府於一月之內。迭制三案。朝令夕改。步驟凌亂。即此一端。既已難逃責備。其第一案則幾欲毀單一國體以爲聯邦國體。其第二案則爲無理取鬧之三頭政治。爲弊視前清之督撫同城尤甚。其第三案即彼所名爲虛三級制者。將以爲廢省置道之過渡。較進步矣。而其中仍多敷衍轇轕不適國情之處。今得綜而論之。

欲解決此問題其應商略者有七。

甲　軍區是否應與行政區域同一若同一能否舉軍民分治之實。

乙　省爲行政區域是否失之太廣。

丙　省是否應認爲地方自治團體。

丁　省議會在事實上能否遽行裁撤未裁前其職權當何若。

戊　所謂虛三級制者是否爲廢省置道過渡適宜之辦法。

己　地方行政長官與地方自治團體長對峙之制是否合理可行。

庚　地方自治團體長是否必須由本地方人民選舉。

右甲乙丙丁戊五項吾將別爲文論之今先論己庚二項。

第一　論一地域中不宜以官治自治兩機關對峙。

法制局第二案以省總監與省總董並峙而復益之以都督成爲鹵莽滅裂之三頭政治國務院反對之宜也而第三案所謂虛三級制者其道知事與道總董對峙如故微聞倡議之人乃取範於普國之 Oberpresident 與 Landes director 東人譯爲州知事與州長者也我國是否宜采此制是否不得不采此制此極有研究價值之一問題也考各國凡地方行政區域與地方自治團體同在一地域範圍內者皆以設一機關兼行兩種事務爲原則而其法系復分二派英美派則以地方自治團體長之資格而兼司國家之地方行政也其地位由市民選舉得之歐陸派除最低級團體如英美制外其高級者則皆以國家地方行政長官之資格兼理地方團體事務

者也。其地位由中央簡任得之。惟普國之州。則於一地域中分設兩機關。各事其事。一由簡任。一由民選。此唯一之例外也。普國所以創此奇制之故。全由歷史上沿革而來。蓋普本沿封建采地之舊。向來地方行政。皆掌於大地主之手。及一八七二年格尼斯德草定地方制度。畫定國家地方行政與自治團體行政之權限。其屬於國家行政之一部分。中央監督極嚴。大地主弗堪也。咸思去其職。而本自治團體之事務。又以利害關係太密。故而不能舍。於是畫分爲兩。使大地主繼續其舊事務之一部分。其他一部分。則以新任之官僚代之。彼所以演成此奇制者。其動機非由人民之爭權。而實由人民之讓權也。我國本無此歷史。而強襲其蹟。得毋有效顰之誚乎。兩機關同設於一地域中。權限最易生衝突。其敝也。必至互相對抗。而彼此皆一事不能辦。卽欲強爲畫淸。而事實終不可致。何也。凡辦一事。恆必與他事相附麗相牽涉。欲求絕對的獨立而不可得也。況如該第三案所列舉道知事之從事務二十一項。幾已舉本道自治團體應執行之事務。盡括於其中矣。則道總董復有何事可辦。而虛設此職何爲也。旣已設之。則必與道知事常爭權限。此取亂之道也。故竊以爲無論最高區域爲省爲道。要不宜別設一民選之總董。以與簡任之省尹道知事相對峙。若慮自治團體事務之廢弛也。有議會以議決之。有參事會以輔助匡救之。苟如是。是亦足矣。是故以采歐陸派之原則爲最適。而參用普國之例外。實無謂也。

第二　論高級地方行政官吏不宜由民選。尤不宜限於本籍人。

政府所以忽采普制擬設總董者。以國中一小部分人士。主張地方官吏當由民選。政府知其不可。而又不敢批其逆鱗。故別設此一機關以搪塞之云爾。政府之不主民選。其用意何在。非吾所知。顧吾亦反對民選之一人也。吾之所以反對民選者。一方面爲國家組織計。一方面爲地方吏治計。其爲國家組織計者。謂民選之結果。或致破國家之統一。此義於拙著「中國立國大方針」篇中既略言之。然聞者或將疑爲有所私愛於今之中央政府而爲之道地也。今請更從地方吏治上窮極民選之利病。以祛其惑。願主張民選者平心察之。

第一義　吾以爲中國今日情形。凡官吏必須由考試授職。積資推升。始可以舉澄清吏治之實也。敷奏以言。明試以功。三載考績。黜陟幽明。此種命吏之法。本由吾國首先發明。直至近世各國乃相仿效。即以最尊選政之美國。自一八九二年改正文官任用令後。亦已變易其一部分矣。疇昔日耳曼人條頓人皆起於小部落。積數百年。累部落以成國。其所成之國。亦不過當我數州縣耳。而中含部落無數。其部落漸變爲國家權力下之一自治團體。而舊痕猶儼然存也。（美國鄉鎮在殖民時各成聚落與古代部落發達次序正同）故公舉本部落之人以辦本部落之事。而其人大率皆名譽職。只盡義務。別無報酬。然此種制度。今惟行之於最低級之自治團體耳。其稍高級之自治團體。已多不復適用此原則。此其故何耶。(一)今世行政。日趨複雜。當其局者。率須有特殊之智識特殊之技術。（所謂特殊者非超羣之謂也專門之謂耳他種之智識技術雖極長而或不宜於作官亦猶作官之智識技術雖極長而或不宜於理髮不宜於製靴也）故凡任官吏公吏之人。率不能一面自執其固有之職業。而一面以餘力旁及公職也。（今各國低級之地方自治行政公吏尚大半皆如是）於是行政漸變爲一種專業。而官吏公吏漸變爲一種專職。此種專業專職。既爲國家所必需。國家自必設法直接間接以養成之。既養成之。則必當謀所以竟其用。必當有一貫之系統。一定之程式。以爲進退官吏之標準。故其性質與名譽職絕異。名譽職但有消極的資格而已足。專業專職之官吏。更須有積極的資格而始可任。夫所謂特殊智識特殊技術者。必試驗而始能得其程度也。且必歷以事。然後知其適用之能力何如也。故既認爲一種專業。則凡執此專業之人。必試以學而信其及格。試以事而信其勝任。夫然後授之職也。而此種試驗之標準。宜別設專門機關。或託之上級機關。而公衆選舉。決非能得其眞。譬諸一公司。其公司分科執事之人。與夫各地之支店長。必以由總司理察材錄用。較易得人。而或者乃謂股東公擧。乃易得人。實謬想也。(二)具備此種特殊智識特殊技術之人。非能各地方皆有也。又非一地方所有。適足以供一地方之用也。或一縣之大。而無一人焉。或一縣之大。而有千數百人焉。若限選本縣之人以辦本縣之事。其不得一人之縣。不能借才於異地。勢必以不及格者充數而已。其有千數百人之縣。公職不敷分配。而其人又不能自效於他縣。則棄材徧地焉。夫棄材且勿論。而人浮於事。則爭奪傾軋必起。而政象亦日泯棼耳。兩者皆非爲地得人之道也。(三)此種特殊智識特殊技術。以閱歷愈深。操練愈熟。則愈能發揮淬厲其所長。必其人有不失此業之劵也。(謂不犯法不溺職則不失此業耳)然後安心以奉職焉。且必緣此而可以望地位之日高也。然後爲向上心所驅而益忠於厥事焉。今其地位既從選擧而得。次期能否當選。無一定之保障也。而選擧之力。不能使之升轉獎勵。無自得施焉。故惟議員及鄉市之公職。得兼營他業。而以公職爲兼差者。宜用選擧。其稍高級之官吏公吏。應認爲專業專職者。選擧決非宜也。(四)低級自治體之公職。既以名譽職爲原則。有特務而無特權。則人之爭。就此職者。乃爲義務心所驅。而非爲權利心所驅。故弊不至因緣而生也。今高級官吏之地位。既示人以極可歆其權。復能憑藉之以罔無窮之私利。則欲得者必衆矣。夫惟始之以試驗。繼之以積資。使人人共知夫非有相當之資格。則此地位決不能得也。則自能銷其非分之望。而息其無謂之爭。公衆選擧。決非所以語於斯也。(五)凡行政貴有系統。內外相維。指臂相使。然後治理乃有可言也。質言之。則必長官有黜陟賞罰僚屬之權。庶可以語於吏治。若官吏之地位。由人民選擧而得。則長官安從而進退之者。行政系統。斷截麻木。何以爲治。號令不能風行草偃。雖有極良之政策。猶之具文耳。雖使管葛執政。而紀綱之不肅如故也。且行政官吏。其執行之成績。不容不負責任。此天下之通義也。而糾問彼責任者。宜一乎。宜多乎。宜在上級機關乎。宜在對峙機關乎。此最不可不熟審也。今地方長官既由民選。則糾問其責任者。自當屬於民選之地方議會。則試問其措施之得失。尙許中央政府一過問否。若許其過問。則地方長官一方面對於中央政府而負責任。一方面對於地方議會而負責任。兩姑之間難爲婦。其戇者疲於因應。百事束手。其黠者時而借此方面以抵制彼方面。時而借彼方面以抵制此方面。鬼蜮變幻。而結局乃最適於營其私利耳。若竟不許中央過問耶。其利害之影響於國權統一者何若。姑勿深論。卽以地方吏治計。則長官雖有不率職者。而政府不能任其咎。卽理想的責任內閣成立。而其能造福於全國人民者。蓋亦鮮耳。若夫每一易人。必須更選。迭代之際。動費時日。而行政機關。遂悉停滯。此又其弊之顯著者矣。綜此諸義。故惟最低級之自治行政。其公吏可由選舉。爲其職務簡而不必有特殊之學識技術也。爲其無甚權利可爭也。爲其職務之性質與中央政府聯屬不甚切密。不必嚴重指揮也。若我國之一省。則比歐洲一國焉。卽一道亦比德意志聯邦之一邦焉。爲之長官者。非有相當之學識技能。而復加之以甚深之操練閱歷。安足以善治。夫吾非敢謂簡任之必能得此等人也。亦非謂選舉之必不能得此等人也。但他日所以得之之道。則簡任較易而選舉實難。此則可以種種事理證明之。安可誣也。更質言之。則文官任用令。文官分限令。文官懲戒令等。實行政法之骨幹。政務所以能貫注於全國。胥賴是焉。而人民選舉地方長官。則與此精神不相容。而使此諸種法令不能適用者也。吾所以反對選舉制者。此其一大理由也。

第二義　吾以爲今日中國情形。凡地方官吏。不宜專用本籍人。不寧惟是。且以能多用他籍人爲善。夫主張選舉制者。其初意固非必專限於選本籍人也。然既已行選舉制。其結果必至非本籍人不能候選。不能當選。此又事實之不可避者也。於是乎本籍與他籍孰適之問題。乃相緣而起。夫此本何足成爲問題者。然在我國。則自昔固嘗爲久懸始決之問題。至今又成爲新起待決之問題也。其在漢世。郡國曹掾諸職。皆限用境內人士。其有借才異地。須請命中央。得其特許。六朝唐宋以來。士外參用。及明則限南北。明之中葉始著迴避省籍之例。乃直至晚淸。沿爲定制。明淸之制。不勝其敝。昔賢論之詳矣。卽不佞亦抨擊此制之一人也。乃由今思之。竊歎凡一制度之因革。必有其不得已之故。未易執純理以爲論定也。大抵吾國社會習俗。有與西人不同者數事。而迴避省籍之例。卽緣此發生。西人家族體甚小。期功以上。視同陌路。我國反之。人人皆有莫大之宗族。益附之以姻戚。西人貴自立。賤倚賴。雖有宗族姻戚。不相爲謀也。我國則一人宦達。待而舉火者數百。受者若素。而施者以爲美談。西人公私之界甚明。無所謂情面。故無所用其破除。而中國人則未足以語於斯也。西人久爲法治國。所謂地方豪猾。無自發生。而我國之爲政者。則以不得罪於巨室爲難能也。坐此數因。故我國人從政於本籍。其不便之點滋多。而其弊亦較外籍服官者爲尤難防制。坐此數因。故迴避本籍之制。雖非有何等積極的作用。然未嘗無消極的作用也。今若選舉而限以本籍。則弊之因緣而生者略可得指焉。本籍無相當之人物。終不能借材異地。必至以下駟濫竽。一也。任職者爲家族姻戚所纏繞。末由破除情面。政界愈增混濁。二也。地位由議會得來。事事仰議會鼻息。將以議事機關壓倒執行機關。而一事不能舉廢。三也。其黠者則與議會相狼狽。能使議會日趨腐敗。失其作用。四也。舉之者率爲地方豪强。故決不敢爲摧抑豪强之舉。有敢爲者。則決不能安其位。而吏治無從整頓。五也。政黨之爭。延及地方行政。各國懸爲厲戒。選舉限於本籍。此弊愈積愈甚。馴至地方人士。日生惡感。爭意見而事不舉。六也。在今日之中國。決無眞選舉。無眞選舉。益無眞人物。七也。稍自好之人。決不肯出而爭選舉。而要職將盡落於僉壬豪猾之手。八也。此八弊者。或咸備焉。或見五六焉。或見二三焉。要之皆與選舉制相緣而生之弊。在今日之中國。萬不能免者也。夫主張選舉制者。豈非欲爲地方得人乎哉。信若此。則何取焉。

今之主張選舉制者。言選舉都督或省長耳。未嘗及於州縣也。雖然。古諺不云乎。城中好高髻。四方高一尺。今省民以未得選省長之權。故爭選省長。及其得之。則州縣民亦必以未得選州縣長之權。而復爭選州縣長。此理所當然。亦勢所必至也。彼時將拒之耶。則按諸法理衡諸事勢。無一而可通。謂高級自治體公吏必須由民選。而低級自治體公吏反可以不由民選。此成何理由者。謂上級地方行政長官不當由中央任命。而下級地方行政長官反須由上級地方行政長官任命。此成何理由者。各州縣公民據此以發難。則政府與省長皆無術以拒之也明矣。信如是也。則省長亦何復一事能辦者。信如是也。則內外之維全裂。長屬之系盡破。省自爲政。道自爲政。縣自爲政。鄉自爲政。我中國分爲百千之土司耳。復何國家之可言。嗚呼。愛國君子。其愼毋出此亡國之言哉。

難者曰。吾子極言選舉制之弊。謂其不能得人。然則簡任遂可以無弊而得人乎。曰、是安敢言。政哲有云。政治無絕對之美。吾國二千年來行簡任制。而良二千石之見於史傳者。曾幾人哉。雖然。但使得良政府以立乎中央。而各地方官經試驗授職。積資望遷升。則其於得人之道較易。此安可誣者。故國民亦惟宜注全力以求得中央之良政府而已。且行簡任制者。不得人則已耳。苟得其人。則固可以善其治。行選舉制者。不得人固勿論。卽得人。亦事事束縛。而一切不能有爲也。誠有愛本地方之心。則何必以愛之者賊之哉。

吾於茲事所懷尙多。他日當更論之。今姑止於此。

中國立國大方針

天相中國。共和聿成。詩有之。周雖舊邦。其命維新。我國雖曰五千年古國乎。然疇昔憔悴於專制政體之下。國家重要機關。一切未備。而所以運用此機關者。又無道以得人。以嚴格的國家學衡之。雖謂我國自始未成國焉可耳。吾知愛國君子聞吾此言。其或艴然怒。然而無怒也。我國數千年教義習慣。由國家等而下之。則地方思想、宗族思想、個人思想甚發達焉。由國家等而上之。則世界思想甚發達焉。吾國人稱禹域爲天下。純是世界思想。而獨於中間之一階級曰國家者。則於其性質若未甚領解。於其設施若不得塗徑。以故發育濡滯而至今未能成形。此疇昔所處地位使然。無足怪也。積儆叢慝。極於晚清。上下杌隉。儳然不可終日。仁人志士乃忍苦痛以從事於革命。革命成功之捷。所以能冠千古軼五洲者。其原因雖多端。而國家組織不完全。則諸因之總因也。譬諸破漏霉朽之老屋。非破壞後則建設末由得施。故革命事業。實應乎時代之要求。洽乎人人心理之所同然。是以不驚匕鬯而有今日也。亦惟以此故。而知人人渴望完全國家之出現。渴望新國家之組織。若大旱之待雲霓。夫破壞者。爲建設而破壞。非爲破壞而破壞也。故破壞不過其手段。而建設乃其目的。有手段而無目的。不可也。以手段爲目的。更不可也。今破壞之事則告終矣。而建設之業。前途遐哉邈焉。還觀夫國中杌隉不安之象。視疇昔有加無已也。淺躁者謳歌告成。識時者殷憂方始。危急存亡。千鈞一髮。繫於今日。本會同人非敢云有知也。而匹夫之責。未忍自棄。欲集衆思以求共濟。易曰正其本萬事理。失之毫釐。謬以千里。夫非先定一立國大方針。則一切建設將何所麗。此所以不揣檮昧。欲提出此大問題以與國人一商榷也。

一　世界的國家

物競公例，惟適乃存，適者何，順應於外界以發育其本能是已，有史以來，國於世界者，何翅萬數，而今也巋然尚存者僅數十國焉，爛然有聲光者，僅數國焉，夫興廢至無常，而盛衰不中立，彼夫澌滅以去者，皆與世界趨勢不相適而見淘汰者也，其奄奄僅存，而無聲光可表見者，又日即於淘汰之列者也，今代時勢之遷進，月異而歲不同，稍一凝滯，動則陵夷，故有國有家者，恆兢兢焉，內策而外應，若恐不及，然則今日世界作何趨勢，我國在世界現居何等位置，將來所以順應之以謀決勝於外競者，其道何由，此我國民所當常目在之而無敢荒豫者也，以吾黨所見得四義焉。

第一　今世界以國家為本位，凡一切人類動作，皆以國家分子之資格而動作者也，近世社會學家言謂國家為宇宙間最高團體國家之下有家族團體部落團體宗族團體等皆為國家成立之過渡者也國家之上有國際團體則國家與國家之交涉也故世界上團體進化以國家為極軌此說果為中庸之眞理與否，雖未敢知，而現今時代思潮，實畸於此，雖有大力，莫之能外也，故人民能建設完全國家者，則日以榮，其不能者，則日以悴，夫國家如何而始為完全，其分子調和，其結合緻密，能持久而不渙者，斯可謂完全也已矣，今夫物質至稀鬆者為氣體，一吹盪即散矣，稍進為液體，控摶由人焉，更進為固體，尤堅貞者若金玉之屬，則顚撲不破也，國家進化之狀態，大略類是，有僅能為氣體的結合者，不旋踵而澌滅，有僅能為液體的結合者，雖倖存而不競焉，其眞能為固體的結合，堅貞若金玉者，全世界　國而已，吾國之粗具國家形質也，遠在當代列强之前，彼晳種方出沒叢箐，毳衣湩飲，我之制度文物，既粲然矣，然彼則三百年來，一日千里，我則二千年間，凝滯不前，遂乃主客殊形強弱易位。今試問凡國家所不可缺之機關。吾國曾已備乎。即現有之機關。能謂之爲國家而設置。爲國家而活動乎。試觀各先進國國家與國民聯屬何如。而我則何如。試觀各先進國中央與地方指臂之相使頭目之相捍何如。而我則何如。試觀各先進國母國與藩屬交互之補助何如。而我則何如。質而言之。則今世各國所以得稱爲國家者。舉其特徵以求諸我。其可見者。殆什無二三也。夫人而於人類之本色有所缺。時曰不具之人。國而於國家之特徵有所缺。時曰不具之國。嗚呼。我其當之矣。夫曷爲立國數千年而猶以不具聞。則專制之毒實梗之。固也。然專制固爲一最大原因。顧謂此外無他原因焉。吾未敢承。今專制則既去矣。自今以往。遂能取得完全國家資格與否。此實全世界人所未能決答之疑問也。個人主義昌。其妨國家成立者一。地方感情勝。其妨國家成立者二。少數威燄張。其妨國家成立者三。公共信條破。其妨國家成立者四。無秩序之自由。其妨國家成立者五。無系統之平等。其妨國家成立者六。無意識之排外。其妨國家成立者七。無計畫之改革。其妨國家成立者八。凡此之類。皆憂時君子所夙知而熟慮。然所以將順匡救之道。盡人所能爲。而又盡人所不能獨爲。何以故。以此權此責在國民全體故。夫我國民果有組織完全國家之能力與否。今正在試驗中。無論何人。不能武斷也。然我國民果有組織完全國家之意思與否。吾蓋猶未能無疑。是則在吾國民察世界大勢而知所決耳。

第二　今世界惟大國爲能生存。昔盧梭之著民約論也。謂眞自由之國家。民數不可逾二萬。蓋以個人幸福爲前提。而嫉國家機關之相逼。未始不持之有故。言之成理也。曾不思國苟不競。個人幸福將安所麗。而小國之不能競於大國。又事理之至易睹也。我國有一派政客。謂中國所以積弱。由於地廣大荒而不治。故宜將現在境土劃分爲若干小國。使之各自爲政。然後徐布聯邦制度。甚者謂競爭爲進化之母。我國徒以大一統故。進步凝滯。

故宜使各省獨立互競，中央羈縻受成足矣。又或謂藩屬邊徼，鞭長不及，徒爲外交紛爭之導線，不如聽其獨立，猶省煩累。此種讆言，雖非甚有勢力，然當此國本動搖之際，野心者流本日思因利乘便，復有偏頗之學說以揚其瀾，則不祥之事實，遂將發現。觀於近日各省之擁兵自重，而民選都督之問題喧豗日甚，履霜堅冰，爲兆已見。而屬土之昌言獨立，國人若熟視無睹，又其顯證矣。殊不知此種思想，正與世界大勢相逆行，揆諸天演公例，此直自求劣敗而已。近四五百年間，世界政局變遷雖賾，而其間有一最顯著之公共現象焉，則合併小國以成大國是已。歐洲昔在封建割據之世，今英法奧普諸國境內，畫分無數采地，多者逾十萬，少者亦千數百。食采之羣后，與君主俱南面而治，中央權力所及，不出京畿。至十六七紀之交，英法奧首行削藩集權之策，故先迭興定霸焉。逮十九紀，瑞士德意皆感分立力薄之病，相率膠合以爲聯邦，其間不知經幾許波折，非至於鵠而不止也。美國者，其民俗最尊自由樂平等，故於政權之集中，恆有所不慊，天性然也。然且由多數獨立之都市而聯以爲州，由多數獨立之州而聯以爲國。（參觀第三節論强有力之政府項下之第二段附註）今彼中識者，猶竊竊然以聯邦結合力弱爲病也。卽東鄰之日本，亦以厲行廢藩置縣，得有今日。夫列强之所以固結於內者，莫不由分而合，以植基於勿壞，既若是矣。猶以爲未足，日思拓土於外，此互攫殖民地之政策所由起也。英著先鞭，既大告成功矣。近以各屬土與母國聯鎖太散漫也，倡所謂關稅同盟者，所謂殖民地議會者，所謂大英帝國主義者，務欲摶之爲一丸。德國亦然，倡所謂大德意志民族主義。民族主義者，欲擴張其聯邦範圍，若荷蘭、若瑞士、若奧匈之一部分，皆其所眈眈也。美國亦然，始焉專以金錢易領土，坐得數萬里，近倡全美會議，北盡加拿大，南煦墨西哥及中美南美諸國。若日本之縣琉球，攫臺灣，併朝鮮，涎滿洲，又其最近而共睹者也。卽以積弱如奧大利，猶併坡赫二州。蕞爾若比利時，猶私公果此亦一二年來世界大事稍治國聞者所能悉也夫各國之所以汲汲於內聯而外略以務自廣其土宇者果何故乎其一則以今日爲軍容平和時代（日本所謂武裝的和平）非有大兵力不足以自固其圉而非衆民廣土無力以負荷歲增之軍費其二各國競行保護政策所謂關稅戰爭者日益劇烈非有廣土不能備物產有事將坐爲敵窘其三今文明各國莫患乎人滿非有廣土無以爲尾閭外此原因雖尚多而茲三者其尤重者也我國地兼二帶民糅五族泱泱大風匪假外求天然資格舉世莫吾媲也而論者乃或欲效顰美國剖之爲若干獨立小邦使各自爲政彼美國沿歷史上已成之局不得已而以此爲過渡我何歆焉人方務合羣小以爲一大我乃思剖一大以爲羣小夢想倒顚寧復過此各省獨立其邊瘠之省財政安出欲求中國各部分平均發育云胡可致人私其省國中舉大政需大費亦復何賴且各省既不願受節制於中央府廳州縣又豈其願受節制於省勢必將紛絮破碎返於部落政治而已夫論者之說吾固知其決難實行也然既有此說已足以使國家統治權之行使隨在生障而導民國以分裂之漸是故辨之不可不早辨也若夫漠視藩屬則全出於偸惰苶弱之惡根性珠崖坐捐古今同慨人方不惜賭國命以爭片壤我乃以半國之業而視若弁髦乎他日內治稍理國力稍充安能不求地方未盡之區以爲人口資本之尾閭既失而思復之勞費幾何而願望又安見克遂則何如維繫於今日之爲得計也

第三　今世界以平和爲職志傳有之狡焉思啓封疆以利社稷者何國蔑有謂列强無謀人之心五尺之童知其誕也顧雖日日謀人而又未嘗不日日以平和爲鵠此其故有二焉一則所謀在壟斷生計上利益平和破則生計界蒙其害也二則連鷄幷棲以卽安平和破則均勢之局變也故列强之愛平和非飾詞也理勢然也而今

後之中國。實爲全世界人心目所集注。故世界平和戰亂之機。惟中國筦之。使中國而不自爲破壞平和之導火線也。則列强固可以拱手聽我所爲。而不然者。則彼爲自衛起見。固不得不出於非常之舉。而藉詞以逞野心者。更無論矣。然則今後之中國。果不至自爲破壞平和之導火線乎。噫。吾固難言之。各軍政府軍政分府。動則恃功假名。驕淫橫恣。拂逆輿情。草菅民命。怨毒所積。甚於晚淸。勢必釀成第二次革命。此其一。就令不爾。而擁兵自重。致中央末由施政。舉國華離破碎。相閱無已。此其二。就令各顧大義。咸思解兵柄以屬中央。而數十萬未經訓練之民兵。無從遣散。譁變日告。舉國騷然。此其三。就令遣散計畫。次第實行。而本屬游民。匪歸隴畝。散在草澤。煽脅災黎。易成流寇。以召糜爛。此其四。各省自舉都督。意氣相陵。姦人乘之。操戈同室。此其五。行政官吏。絕無政治上之智識。不守立憲國之信條。敎令被封駁而不知引咎。議會彈劾國人唾罵而不以爲恥。猶覥然戀祿位。甚則嚴刑峻法以監謗。致使監督機關成爲虛設。國民欲糾正之而無其道。勢必出於第二次革命。此其六。承亂後財政之窘。竭澤而漁以求彌縫。民救死不贍。鋌而走險。此其七。政府威信不立。無以羈縻藩屬。一二强鄰乘之。均勢驟破。牽一髮而全身動。此其八。數者有一於此。則必以吾國之擾亂。延致世界之擾亂。夫吾國之擾亂。不得曰吾作之惟吾自受之也。吾國爲列强資本及物品之尾閭久矣。擾亂亙歲月。試思其損失之波及於人國者何若。人之求平和將以樂其業也。業之不保。彼將入而自保之。能協商而各得所欲。固善也。卽不能。而列强間緣我構衅。恐亦非所得避。蓋彼忍一時之苦痛。以爲永遠和平之代價也。不幸而事至於此。則我國遂淪重淵矣。彼中桀者之言曰。「世界者。全世界人之世界也。惟種人之能有所貢獻於世界之文明者。宜有統治權。若乃擁地不自治。以辜地力暴天賜者。甚且常造亂因爲亂階。以波累世界者。時曰劣種。優種殄滅劣種以自養。如人之捕蝗蝻以饗鷄豕其天職也。」嗚呼此語也。吾聞之稔矣。五洲橫目之倫。其殄絕於此主義之下者。既不知凡幾。彼蓋嘗久欲以此施諸我而未敢也。蓋未審我之果爲劣種焉否也。故以亡淸之無道也如彼。而猶能苟安。逮義軍之興。而袖手以觀我所爲。吾種之爲優爲劣。今其試驗中矣。能建設一完全之國家。以立於平和之世界。夫然後可以爲世界之主人。而不然者。非吾之所忍言也。

第四　今世界惟占優勝於生計界者爲能安榮。英儒斯賓塞有言。「古代爲軍政社會。凡一切產業上設施。皆以爲發達軍事之補助。今世爲產業社會。凡一切軍事上設施。皆爲保護產業之補助。」斯言諒矣。故國家之榮悴消長。惟於國民生計競爭之勝敗決之。夫既曰國民生計。則必合全國民以成一生計主體。非藉國家之力以綰其樞焉。固不可矣。於是乎生計上之侵略。與生計上之防衛。遂爲全球政治家旰食相角之最大問題。當其染指伊始。動則曰個人交際。於國年無與也。動則曰生計現象。於政治無與也。然立夫個人之後者。莫不有國家。個人先登。國家必從之。而生計現象與政治現象。常刻不可離。故凡爲生計上之隸屬國。不久必變爲政治上之隸屬國。我國今日政治上獨立之資格。雖稍損矣。然未足深爲病也。若乃生計上之獨立。殆已岌岌乎未由維持。（一）治生之業。素爲士夫所輕蔑。全國號稱秀異之民。皆坐食分利。以涸富源。致全國寖成乾癟。（二）自百年前世界產業革命以來。風潮愈盪愈烈。影響既襲掩我國。而全國夢夢。殆莫或知有此事。而所以因應之者更無論。（三）凡生計上之後進國。惟恃保護政策。以養萌蘖而圖滋長。我國稅權之回復。不知何時。坐視外勢壓逼。窮於策救。（四）國民企業能力缺乏已甚。以競於外。未及交綏。勝負已見。（五）資本涸竭。仰給於敵。運用失當。益以自窘。（六）財政紊亂。日剝稅源。國庫增收至微。而人民生產業之機緣。茲大窒。上下交敝。自取滅亡。（七）恃外債爲生活。而外債皆以補行政軍費之不足。償還計畫虛懸無着。飲酖止渴。圖濟一時。財政根柢愈搖。債主干涉將迫。(八)列强投資競爭。相猜相排。應付一誤。四面見挾。外交上之葛藤。政治上之險象。或由此生。(九)各省獨立。罔不患貧。列强乘隙。餂以近利。一入其彀。則政治上之勢力範圍。愈益確定。(十)藩徼離畔。仰給外資。均勢一破。他邦效尤。凡此之類。其動機起於生計。而影響必及於政治。補救之法。治本治標。不容缺一。要之非有世界的眼光與世界的手腕。不足以排萬難而奠大基也。

二　保育政策

欲使我國進爲世界的國家。此非可以坐而致也。必謀所以促進之者。於是保育政策尙焉。何謂保育政策。對放任政策言之也。（保育政策或稱爲干涉政策以干涉二字失其本意且不典故易今名）放任與保育。孰爲善政。古今中西政論家。各持一是。久成爲懸而未決之大問題。其在中國。莊子稱聞在宥天下。未聞治天下。此放任論之代表也。孔子稱道之以政。齊之以刑。道之以德。齊之以禮。孟子稱保民若保赤子。又稱以善養人。此保育論之代表也。泰西諸邦。論爭尤劇。放任之效。著於希臘。（希臘斯巴達實主保育政策今擧其大凡耳）保育之績。顯於羅馬。洎近世史之初元。國家主義漸昌。英法奧普。皆緣保育以致盛强。然行之太過。流爲干涉。其道大觳。若束溼薪。洎十八紀末。則有盧梭福祿特爾斯密亞丹之徒。起而矯之。洽乎人心之所同然。學說所播。政治上生計上之革命。相踵而起。當十九紀之前半。放任論殆披靡一世。物極必反。道窮則變。國際競爭。既日劇。徒放任不足以爲治。於是保育主義復驟昌。德日行之以霸於東西。各國相率效尤。凡所立法。多畸於此。其極也。至產出所謂社會主義者。務殺私權以資公益。其視百年前之學說。適相反矣。

此兩種政策嬗興之大凡也。聞諸過猶不及。而眞理恆出於執中。極端之放任與極端之保育。非特利不勝其敝也。而事勢固有所不得行。故偏持一說以爲楬櫫。非政之善者也。雖然。政治之用。凡以救時而已。審理固貴擇中庸。及其施於有政。則恆必熟審本國之歷史及其現狀。與夫外界之情實。而謀所以因應之。則於此兩義者。不能不有所畸重。亦自然之數也。孔子不云乎。政寬則民慢。慢則濟之以猛。猛則民殘。殘則濟之以寬。所濟適於時宜。斯國家之福爾。吾黨則謂今日之中國。宜采保育政策以爲治者也。請言其理。

第一　持放任論者。曰、凡爲人謀者。恆不如自爲謀之周也。人各有心思耳目。雖降材不同。而其自謀樂利則無不同。人人各竭其才。各得所欲。分之爲個人之樂利。合之即全國之樂利。國家雖極愛民。然事事而代之謀。恆不能如其分。所謂助苗長而使苗槁。代大匠斲傷其手也。斯固然矣。雖然。凡人之既成年也。則一切能自淑而無所待於人。當其孩稚之時。非怙恃父母之顧復。何以遂其生。謂顧復爲多事。盡人知其不然矣。惟國民亦然。國家保育之分際。當以國民發達之程度爲衡。發達在幼稚之域者。其所需保育之事愈多。愈進焉則其事愈減。而後此保育遞減之率。恆視前此所已施之保育爲反比例。歐美各國。百年前之政術。所以畸於放任者。彼蓋自十三四紀以來。經數百年保育之功。而今乃始享其成也。今曰吾國民程度幼稚。聞者必艴然怒。然試平心觀察事實。而持以與先進國比較。其果能徒作大言以自慢乎。試觀晚清僞立憲時代。我國民自治事業何如。試觀革命以來。我國民自治事業又何如。（所謂自治者非專指地方團體之自治並個人之協同生活言之我國民於兩者習慣皆未養成也）蓋無論在政治上。在生計上。其種種設施。類多不能自舉。而必有待於國家之督率。此情實之章章不可掩者也。大抵我國民程度。與日本維新時代相距非遠。日本惟善用保育政策。以有今日。而自今以往。猶著著向此方針以進行。則我之擇術。可以思矣。

第二　抑不徒在程度幼稚之國爲然也。據歐美百年來經驗之結果。則個人自治與國家保育。宜同時駢進。劃出範圍。而於範圍內各務擴張其分度。不相妨也。適相濟也。蓋國家之目的。在使人各應於其本能。以各自求得其圓滿之樂利。而緣歷史沿革與事會之遭際。則國中恆生出特別階級。占種種優勝之地位。而此階級以外之人遂末由發揮其天才。故百年前學者。以謂自由競爭。兩者遂底於平。最近二三十年。乃知絕對的自由競爭。適以資豪強兼并之利器。多數之民。反不能得均等機會以自樹立。故必賴有一種最高之權力。立乎一般人民之上。抑強扶弱。匡其泰甚者。以誘掖其不逮者。然後個人能力。乃得以平等發揮而無所閡。比年來歐美各國之立法。大率本此精神也。故保育論能奪放任論之席而代興。實此之由。夫在諸先進國且然。而況於我國之今日乎。

第三　今茲爲國與國競之世。各國人民之與他國人民交涉也。不專以個人資格。而恆恃國家盾乎其後。多數事業。絕對的爲個人之力所不能舉。必依賴於國家。其次者亦必須國家爲之整備機關。以資人民之利用。若關稅之保護。特別國產之獎勵。貨幣之統一。金融機關之設置。調劑發明技術之示範。改良交通機關之配置擴張。工場之整理。移民之輸送保障。高等教育之普及。大都市之建設。凡此之類。疇昔以爲宜放任之。使人民自爲謀者。今乃知放任之結果。勢必至廢而不舉。卽舉矣而利必不能溥。故其權步步集於國家。國家職務之範圍。乃日以恢。非侵人民之自由也。必如是乃能助之長也。此類事業。（前文所列者未盡什一不過舉其概耳凡歐美各國數十年前委諸人民自由辦理今則攬歸國家辦理或國家與個人協同辦理或雖許人民辦理而國家立特別法以管轄扶助之者皆屬此類）我國將來國家干涉之程度及其種類。當以何爲標準。此屬於具體的問題。不能概括論斷。要之方針必畸於干涉。此萬國之通義。而亦我國之所莫能外也。

第四　今我國民流至貴之血以求共和。凡以除專制也。共和成立以後。一般國民理想。動則以脫政府羈勒。多得自由行動。謂爲共和正義。驟語以保育政策。慮無不瞋目相視。指爲與共和精神相反。殊不知我國過去之政治歷史。與歐洲百年前之政治歷史本大異。歐洲前此侯封敎會憑勢怙權。荼毒其民。殆同草芥。彼民之不自由。乃眞不自由也。其間有誼辟賢相。以國利民福爲念者。則皆採極端的保育政策。事無洪纖。動則干涉。其意或至美。然行之太過。若東溼薪矣。十八世紀末之革命。乘其極敝而爆發。故非放任無以蘇民困也。吾國異是。吾國政治之敝。不在煩苛而在廢弛。夫煩苛者。專制之結果。而廢弛者。放任之結果也。緣專制之結果而得革命。則革命後當藥之以放任。歐洲是也。緣放任之結果而得革命。則革命後當藥之以保育。吾國是也。若以放任承放任。是無異以水濟水。廢弛之後。又廢弛焉。國其能國乎。平心論之。我國二千年來。人民所缺憾者。在公權之狹隘耳。若夫私權。則固比較的具足。以視今之文明國。蓋無媿色。雖其間未能得確實之保障。易被侵蝕。要亦中央政治廢弛之結果。非法意本然也。故自由平等之大義。在百年前歐洲。洵爲起死聖藥。而在我國實不甚應於病源。何則。此既我所固有。不待今茲之革命而始能得也。我國之敝。乃緣當政治之衝者。懵然不知國家目的爲何物。國家固有之職務。不能假手於其機關以實踐之。人民進無所怙恃。則不得不退而各自爲謀。各自爲謀而無董率之者。則步伐勢不能齊整。散漫無紀。終不能胳合以成一體。公共心日以消乏。而公共事業遂無一能舉。其對於國家也。覺其所能翼覆我者至有限。坐是國家與身家之聯鎖至弱。而濃摯之愛情末由發生。晚淸時代之國情民俗。豈不如是耶。夫以國家機關不盡責任之故。致人民與國家關係日疎。人民與國家之關係旣疎。則益坐視國家機關之失職。而不思匡正。卽偶思匡正。而亦無實力。且不能持久。目的未貫徹。而遽消沮苟安矣。卽如今茲之革命。謂種族革命之目的。已完全貫徹。誠哉其然。以云政治革命之告成。其前途蓋邈乎遠矣。夫革命之職志本以政治方面爲主。以種族方面爲輔。及其成功。則彼方面甚易。而此方面乃大難者。無他故焉。實由人民與國家關係之薄弱。致之人民與國家關係曷爲薄弱。凡未行保育政策之國。其結果應如是也。夫今後之中國。勢必須藉政治之力。將國民打成一丸。以競於外。將使全國民如一軍隊之軍士。如一學校之學生。夫然後國家之形成。而國際上乃得占一位置。若純以放任爲治。則此願將何日能遂也。

第五　夫我國積數千年之惰力性。以有今日。雖微今次革命。已不得不務行保育政策。以求起衰矣。革命以後。抑更甚焉。今次革命。由表面觀之。則政治革命種族革命而已。若深探其微。則思想革命。實其原動力也。蓋數千年公共之信條。將次第破棄。而數千年社會組織之基礎。將翻根柢而動搖。夫殭腐之信條。與夫不適時勢之社會組織。苟長此因而不革。則如淤血積於心臟。徒滋病源。革之誠是也。然嬗代之時間太促。發動之力太劇。則全社會之秩序破。非亟有道以維繫之。而社會且將自滅。今夫風盛怒於土囊之口。則拔木發屋焉。今夫水受火力至沸點以上。則其分子搖離飛動。若益薪不已。勢必盡變爲氣質。以散盪於空中。而無復滴水之存。革命時代國中分子。正與釜中沸水同一情狀者也。又如脫韁之馬。折柁之舟。非銜勒而維繫之。則匪直不能利用。而反滋害。法國革命之慘酷。皆坐是也。而最後之結局。乃至復返於專制。亦坐是也。況吾中國承數千年腐敗社會之末流。而今茲之破壞。又多假手於桀黠之輩。風潮所盪。險象胡底。今既已見端矣。雖首事諸君子。其有遠識者。猶不免痛心疾首。謂結果反其所期。而良懦之民。惶駭怨嗟。又無論矣。大抵今日大患。在全國民距心力發動太盛。而向心力失其權衡。非惟政治上爲然也。即道德習俗。莫不皆然。無以節之。必至社會性全然澌滅。何以爲國。今之語救時者。必曰回復秩序。夫有形之秩序與一時之秩序。則政府成立後。漸次解散軍隊。隨時救濟市場。斯亦可云回復矣。至於無形之秩序與繼續之秩序。則非涵養新信條。建設新社會組織。無以致之。而下手之方。則首在舉整齊嚴肅之政治以範鑄斯民。保育政策之精神。如斯而已。

第六　吾前所謂雖微革命猶當行保育政策者。理想之言耳。保育政策。必以能得良政府爲前提。今茲革命之後。能否遂得良政府雖未可知。而在亡清之季。良政府決無自發生。事理之易睹者也。故在彼時而昌言保育政策。適足以資汚吏之口實。助專制之淫燄。今政體丕變。萬象昭蘇。後此可以得良政府之機會甚多。在國民之自擇而已。故保育政策。在彼時非所宜言。而今日乃可以有言也。

三　强有力之政府

以放任爲治者。政府之職簡。以保育爲治者其職繁。以放任爲治者。政府之責輕。以保育爲治者其責重。理繁務而荷重責。非强有力焉固不可矣。所謂强有力之政府者有二義。一則對於地方而言。中央地方之權。由中央賦予者。政府之强有力者也。中央之權由地方賦予者。其非强有力者也。中央能實行監督權於地方者。其强有力者也。而不然者。其非强有力者也。二則對於立法府而言。行政府行政府人員。自立法府出。而與立法府融爲一體者。其最强有力者也。雖非自立法府出。而能得立法府多數之後援者。其次强有力者也。與立法府劃然對峙。而於立法事業。絲毫不能參與者。其非强有力者也。並行政事業。猶須仰立法府之鼻息者。其最非强有力者也。政府之能否强有力。視乎人物之運用者十之三。繫乎憲典所規定者十之七。人物運用當如何。則政治論之問題也。次節更揭權之憲典規定當如何。則立法論之問題也。請於本節先陳其概。

第一　今世界最大之共和國厥惟美國而美國憲法則於限制中央政府之權力最留意者也我國人歆其治績之美動欲師法之固無足怪雖然當美國建國前後其國情蓋與我有大異(一)其時放任政策之學說正盛行美人深入心中而因以著爲成法在彼時固適與時代思潮相應行之自宜有效今日時移事易美猶病諸而況於我(二)美之建國以清敎徒爲中堅當其在英而自治習慣固所夙具移殖以後養之又數百年譬諸成年壯夫不假提抱政府恭己而治足矣我國久困專制之下政治本能屈而不申自治習慣養之無素强思效顰安見其可(三)美之十三州自獨立以前早已成爲具體而微之十三國其與母國英倫之政府關係本甚淺薄質而言之美國當屬英時代直可謂數百年間未嘗有中央政府也及既獨立則此十三州之民亦仍舊貫以安其堵而已故獨立後六年間不舉總統不置政府而能晏然行所無事其人民仰賴政府之事至簡卽此可見故政府雖脆薄無害於國家之存立我國則二千年一統專制雖曰前此政府放棄責任未嘗親民然恃一政府以維持一國自昔已然與美相衡適得其反(四)美始建國人數僅三百餘萬適足比我一二府州不待龐大之政府已足爲治我國合五大族四萬萬人以成國政務之簡要繁重相去懸絕(五)美國斗處新大陸超然於歐洲國際團體之外其建國伊始與人無爭固無論矣卽後此世界大勢日就變遷而彼猶爲門羅主義所保障不自投於國競之旋渦專務休養生息蓄力待時夫目的旣不在外競矣若乃內治之事則其民習於自治毋勞政府代謀故政府職權不妨減殺固其所也我國今方爲列强競爭之目的物終已不克閉關自守而又安能人自爲戰故所望於强有力之政府者對內所關猶小而對外所關乃鉅也明夫此五義則美國立法之本意非我所能效顰章章明甚夫美人之務減殺中央政權不過襲過去之理想耳至今日而機兆已一變盧斯福氏所倡新國家

主義。卽其代表也。我國在今日。而猶思踵彼百年前之陳跡。抑可謂不識時務矣。

第二 就理論上言之。我之不能效美。既已若彼。按諸事實上。抑又甚焉。美國立國之基礎。與普通國家。則由人民個人組織之而已。獨美國組成國家之分子則有二。其一爲人民。其二卽各州也。故美國之最高機關權。常須此兩種分子協同行使之。觀其改正憲法之權限。而最易見也。改正憲法爲國家最高權發動之尤顯著者美國則發案權議決權皆須經人民之多數與州之多數兩重手續並重質而言之。則聯邦國與單一國。其組織之根柢。蓋有萬不能相師者。於是政論家或爲之說曰。我國欲得完全共和。宜先采聯邦制度。雖然。吾以此爲實不成問題也。凡政治現象。根於歷史上事實者恆什八九。而理想所構成者什不得一二。卽欲以理想構成之。亦必此理想深入人心。廣被於全社會。漸成爲事實。然後據此事實爲基址。而新現象乃得發生。此非期以極綿遠之歲月不能爲功也。美國各州成爲具體而微之一國。實四百年歷史上之事實。絕非自離英獨立後而始發生。又不徒各州爲然也。卽各都市各鎭鄉。亦莫不早成爲具體而微之一國。故語美國國家發達之順序。實濫觴於都市鎭鄉的組織。徐進爲州的組織。更徐進爲國家的組織。其間歷程蓋數百年。而至今尙在進行中也。參觀附注是故非先有各都市鎭鄉獨立之事實。無從聯之以爲州。非先有各州獨立之事實。無從聯之以爲國。我國國家發達之歷程。則正反是。夫以數千年一統之國。當此外競極劇之世。乃欲剖分之爲無數小國。而徐謀結合於將來。無論其與時勢相反。非政策之所宜出也。參觀第一段世界的國家項下之第二條就令政策宜出於此。而事實上果克致乎。試問我國現在諸省。果能如美國前此諸州。各早具獨立國家之形否耶。彼聯邦之下。復有聯邦。拾級以進。而植基乃以不壞。我國其有此本來之基礎否耶。兩者皆自無而之有。其成立所需時日當幾何。據吾黨所見。以我國今日之人才與財力。惟有通力合作。酌盈劑虛。建設一健全之中央政府。俟此政府鞏固之後。藉其力以發達各地方。庶幾有濟。今於事實上所本無之聯邦制度。而欲以理想使之發生。是無異蒸沙求飯。必不可得之數也。

（附注）美國先有地方獨立體。然後聯之以爲州。州之獨立體既成。然後更聯之以爲國。此徵諸新英倫各州而最易見也。疇昔新英倫海岸獨立殖民地極多。數在蒲林摩士 Plymouth 則有蒲林摩士殖民地。其附近之沙林 Salem 及查里斯頓 Charleston 則別有瑪沙基棱殖民地。Massaahusetts 此諸地之南。當今之羅特島地方。Rhode Island 則有不滿於瑪沙基棱政府之人。別創普孜摩士、Portsmouth 紐勃特、New-port 蒲羅威丹士、Providence 等殖民地。康匿的卡特河 Connecticut River 畔。別有後瑪沙基棱移來之人。建設哈佛、Hartford 溫梭、Windsor 威沙佛特、Wethersfield 等殖民地。康匿的卡特河口。有直接從英國移來之民。建設賽布樂 Saybrook 殖民地。河之西岸。又別有紐哈溫 New Haven 殖民地。凡此等殖民地。皆自有憲法。自有立法部。自有行政部。殆純然各成一小國家之型。其後則蒲林摩士合於瑪沙基棱。普孜摩士紐勃特蒲羅威丹士爲羅特島之一部分。紐哈溫合於康匿的卡特。以漸而成爲今日之州治。此其大較也。自餘各州之成立。率多類是。而當其聯合伊始。亦不過各殖民都會之同盟體耳。其形狀略如一八一五至一八六六年之德意志聯邦。專列舉極少數事項。相約共同行動。其他一切政務。皆各自獨立辦理。且初時恆不免互懷猜忌。慮同盟體權力太張。則損各都會之獨立。雖已成州治後。猶然質言之。則懼以州權侵市權。而力加節制也。其後由州而進聯爲國。亦復如是。往往務減殺國權。以保障州權。其憲法之精神。蓋畸於此。蓋歷史上之觀念。深入人心也。其後共和合衆兩大政黨。一以鞏固國權爲的。一以保障州權爲的。至南北戰爭後。而國權論日得勢力。至今猶日日向此鵠以進行。美士數百年來。政界變遷之大勢略如此。觀此可知美之聯邦事業。非自戰英獨立後而始發生。亦非緣戰英獨立而遂完成。前此已日日進行。自今仍進行未已。而我國過去之事實。曾有一焉與彼相類否耶。願國民慎思之。

第三　各省自選都督問題。前文既屢以爲言。而於其利害關係。辨析尙若未盡。夫中央政府之能否强有力。此問題實其鈐鍵也。今請更從種種方面揚榷之。

（甲）就憲法上觀察。行省果居何等位置乎。

（子）行省果屬一種半獨立國。爲組成聯邦之基礎乎。抑僅屬國家領土內之一區劃乎。

（丑）行省果純爲地方自治團體乎。抑純爲國家行政區域乎。將又兼兩者之性質而有之乎。

（乙）就行政法上觀察。都督果有何等職權乎。

（寅）都督主軍政乎。主民政乎。抑兩者兼乎。

（卯）都督權限。一如前淸之督撫乎。抑有變更乎。若有變更。其條項如何。與彼對峙之省議會。其權限又如何。

（丙）就政治論上觀察。何種公職宜由民選。何種不宜由民選乎。

今試合此諸問題錯綜硏究之。使行省果爲一種半獨立國。如美國各州也。則都督之地位。恰如中央之總統。總統既由民選。都督應事同一律。且中央之大獨立國。本由地方之半獨立國所構成。各半獨立國方且應行使國家之最高權。以宰制中央。安有聽中央易置其首長之理。信如是也。則都督之應由民選。直一言決耳。然我國於理論上事實上皆不能採聯邦制度。既如前所云云。則民選論之根據。已潰其半。次所當研究者。則行省果純爲自治團體乎。抑純爲國家行政區域乎。其在前清時代。蓋純爲一行政區域而已。（前清頒府廳州縣城鎮鄉自治制而於省制獨闕如據法理言之蓋未嘗認爲自治團體卽諮議局章程有稍認自治之痕跡然根據甚弱矣）則督撫應由中央任命。亦可一言決。雖然。行省爲一種地方團體。本屬歷史上之事實。他日制憲。殆不能不承認之。（若他日以公議變更行省區域則當別論）而其爲國家最高行政區域。亦屬歷史上之事實。非一時所能驟改。故行省以一體而兼兩資格。此問題所由滋也。據美國之制。凡一切地方團體。無上級下級之別。其公職皆由民選。以極端的共和主義言之。似非此不足以貫徹其精神。雖然。此亦惟美制爲然耳。美之中央州政府。（美國之州乃一半獨立國其性質與英法等國之地方政廳絕殊故凡言美國地方制度皆指州以下諸級團體言之不能以州廁乎其間而其州政府亦通稱爲中央政府）立法權雖頗强。而行政權則甚弱。蓋州之成立。本由地方團體聯合組織之。因果所演。無怪其然也。自餘各國。則雖同爲地方團體。而權務大生差別。最下級者。自治範圍最寬。而中央監督最簡。愈高級者。自治範圍愈狹。而中央監督愈嚴。故團體公職。其下級者以選民充之。其高級者恆以命吏攝之。此原則非徒行於君主國而已。夫法蘭西固共和名國也。彼其自治制分三級。最低級曰邑聚。Commune 其長吏由民選。次高級曰郡。Arrondissement 最高級曰州。Department 其長吏皆經民政部長選定。而大總統任命之。未聞於共和精神有所破壞也。而行政之整肅。常過於美。彼其立法之意。果安在乎。蓋各級之地方團體。同時兼爲各級之行政區域。此諸國通例也。以地方團體論。其領域愈狹者。其域內人民利害關係愈密。域內人物相知最悉。選任易得適材。愈高級者領域愈廣。利害關係愈疏。相知愈不周。公選得人與否。蓋難言之。以行政區域論。下級團體雖常兼辦中央所委任之事項。然不過簿書期會。盡人而能。愈高級者政務愈繁。不得不多予官吏以自由裁量之餘地。且地域既廣。則其施政之結果。

直接影響於域內人民利害者反少。以其不親民也而間接影響於全國或鄰境者反多。以其政務多屬犖犖大端動與鄰境或全國有關涉也是故由中央有經驗之政治家爲地擇人得才較易也。況都督權限今尚未有明文規定不知其專司民政耶抑兼司軍政耶。如曰兼司軍政也則吾偏考各國先例未聞有以軍職委諸人民公選者也。如曰專司民政也則試問當此大難未平之時代。都督果能不與聞軍事焉否也。夫前清督撫無獨立之監督機關與之對峙。故易專恣以爲民病。自今以往省議會之權力必日擴張。此種杞憂當亦可稍殺矣。故據吾黨所見謂都督不宜由民選。其理由有十。都督職權廣漠其施政之結果。動爲全國利害所關。故其地位非一省所宜獨私。若由省民公選。將使都督效忠於省之念厚。而效忠於國之念薄。其不宜者一。政務須由數省會同辦理者甚多各省自擧都督各都督政見未必能從同。或恐此疆彼界。不能戮力。一蹈前清之弊。而要政因以不擧。其不宜者二。不特此也。彼政權既受諸省民。非中央政府所得黜陟。苟其與國務諸長不同政見。則雖政府之命亦可以不奉。全國政策無所統一。其不宜者三。政府號令既不能行於各省。雖有失政亦得所藉口。所謂責任內閣終於有名無實。其不宜者四。民選都督之局既成。民選府廳州縣長官之議必相繼而起。城中高髻四方一尺。理有固然。勢亦難禁。將使全國行政部長屬關係一切破壞。指臂之使無靈。破碎之局胡底。其不宜者五。吾黨所主張謂僅城鎮鄉長吏當由選擧耳州縣以上皆由任命此法國制也選擧不可太數。數則民厭。在久施憲政之國猶然。而況我之新造乎。今我民上之既須選擧大總統及國會兩院議員。下之既須選擧城鎮鄉議員及其公吏。中之復須選擧府州縣會議員省會議員。若更責以選擧行政官。非直勞費且增騷動。積久生厭。將成具文。終與民選本意相乖。其不宜者六。若曰由省議會選擧可以省事。是將使行政部全隸屬於立法部。違悖立憲政治之最大原則。其不宜者七。政權既分中央力薄。種種要緊問題。多非中央所能解決。政治運動。自不能不分趨於各省。馴致地方黨派發生。而健全政黨。不能自存。其不宜者八。夫使果出於正當之選舉。猶可言也。萬一爲一二野心家所用。或假武力或用詭道。得少數投票而自卽眞。則非徒戾於共和精神。乃反得寡人專制。甚則植黨相爭。全省糜爛。不祥更莫甚焉。夫民國成立曾幾何時。而此種惡現象既屢見不一見矣。其不宜者九。況都督以牧民之職而兼領兵。當此全國鼎沸之時。苟相率不受中央節制。則唐末方鎮之禍立見。而國遂以亡。其不宜者十。坐是之故。吾黨絕對的反對民選都督之制。謂其與民國之統一不相容。原夫倡民選論者之本意。豈非慮中央任命不能得人乎哉。夫自頃中央所任命之人。誠有不愜輿望者。民之憤爭。固無足怪。雖然民選之遂能得人與否。良亦難言。據政治學家之恆言。則謂立法部人員宜於公選者也。行政部人員。不甚宜於公選者也。合議機關人員宜於公選者也。獨裁機關人員不甚宜於公選者也。然此姑勿深論。今欲完民國建設之業。必以能得良中央政府爲前提。中央政府誠良。則國民當開心見誠。以信任之。豈可於其用人行政有所掣肘焉。中央政府而不良。則雖各省得一二賢都督。於大局亦胡濟者。夫都督而任用非人。則是政府不良之一表徵也。爲國民者。亦務監督之使卽於良已耳。否則排而去之。使良者代興已耳。若懲於一時之不良。而剝奪其最重要之用人權。則是因噎廢食。見近而忘遠也。其不良之結果及於全國者若何。壹不過問。而惟求本省得一良都督。是舍本齊末也。以愛鄉心壓愛國心也。吾於二者皆無取焉耳。夫都督如何而後能得人。此政治論之問題也。都督之地位應由何塗發生。此立法論之問題也。今國人每將此二字併爲一談。此持論所以多蔽也。

案本編名爲中國立國大方針。意在提綱挈領。爲抽象的研究。其各種具體的問題。蓋所未遑。此段專就民選

都督一事立論絮絮數千言實與全節文體不相應但以此問題今方喧於國中而民國統一之業能成與否繫於此者至鉅故破例而詳說之

第四　前淸之季童騃親貴僉猾顯宦假中央集權之名以恣威福而饜賄賂於是此語漸爲世詬病至今愛國之士猶往往聞而掩耳於是有謂宜倡地方分權論以爲補救者不知集權與分權實相屬的名辭非相對的名辭也今世完全之國家無不務行極鞏固之集權制者同時亦無不務行極縷析之分權制者蓋政務之種類性質不同其宜集焉者則集之惟恐不堅其宜分焉者則分之惟恐不細以言夫集則集之於唯一之中央政府以言夫分則分之於無量數之城鎭鄉兩極端同時駢行不相妨也適相濟也我國人之言集權分權者則與此異不過京師與各省爭權而已夫分權之本意凡以慮中央行政之不能逮下而以團體自治補所不逮也分中央之權而集諸行省其逮下之效幾何我一省之幅員人口動抵歐洲一二國以省爲權力之中心點是得名爲分權矣乎吾黨極端主張唯一最高政府之集權同時又極端主張下級自治團體之分權若夫介於兩間之行省壅權制度則滿淸所以致亡吾國所以不競實由於此竊願建設民國者勿蹈其轍也

第五　前四條所論中央與地方之關係也而政府能强有力與否尤有一問題焉則其與國會之關係何如是已推原各國立憲政治之發生皆以裁抑行政部之專恣爲其動機此孟德斯鳩三權鼎立之說所由倡也美國建國卽嚴格的適用此主義故行政部人員絕不許列席於立法部立法部之發案權絕不許行政部過問其所以防弊者洵周矣雖然法案之爲物非他政策之現於具體者而已行政部不能有發案權是明不許行政部得建樹一政策也故據嚴正法理以論美國制度則一切政治計畫全自國會兩院出大總統及國務長不過奉令

承教一高等之胥吏耳。夫政治計畫。由少數有經驗之士當機立斷。與由多數程度不齊之人築室道謀。爲道孰愈。計畫之人卽爲實行之人。與計畫者爲一人。而實行者又別爲一人。爲道孰愈。此不待智者而決也。他事且勿論。卽如豫算案者。一年間施政之準繩也。凡百政策。皆表現於其上。歐洲國民。辨政府政策之善惡。皆於是乎察之。而美國則國會調製。政府不得與聞。政府欲舉某政。而國會所製預算案。無此政費。政府不能議舉也。國會既以某種政費列於預算。政府認爲無益。或有弊。不能議革也。所施之政。爲福國利民耶。抑蠹國病民耶。功罪皆在國會。而於政府無與。由外而觀之。則美國之國務員。但得奉公守法。樸愿勤愼之輩。當之已足。無取夫卓越之才能通博之學識老練之閱歷也。然揆諸實際。此安可者。於是乎遁於法之外。以濟法之窮。其國務員雖不能列席於兩院。而常出沒於兩院之各種委員會。政府雖無發案權。而各委員會所發案。什九皆先與政府協議。甚則直由政府授意也。此種現象。爲良爲惡。姑勿深論。然揆諸百年前制定憲法者之本意。則既大相左矣。何也。彼本欲樹一堅壁。峻拒行政部人員。毋使得闌入立法部。以相侵軼。今則事實正反其所期也。然以此罪兩部人員之骫法可乎。曰、不可。蓋事勢萬不得不爾爾。非是則一政不能舉。而國家將不能生存也。夫天下安有以立法行政兩機關使之若尹邢之避面。若冰炭之殊器。而可以爲治者哉。故美國人雖緣猜忌行政部之故。欲立此法以束縛之。然目的終不能達。徒生出兩種惡果。（其一）則政治責任無所歸。其有失政。以責國會耶。國會非直接當施政之衝。不任受也。以責政府耶。政府非出謀發慮之人。不任受也。（其二）政府與國會。外則各不相謀。內則私相交涉。舍堂堂旗鼓之論爭。爲囁嚅耳語之協商。夫以美國重要政務。多分掌於各州。中央施政之範圍至狹。故雖束縛馳驟若是。而不甚爲病也。又以彼其人政治思想極發達。政治能力極具足。政治道德亦比較優美。故憲

典所規定雖有疵纇猶能善用之以增美釋回而不至於法內益滋弊也若乃國情與美相反者而妄欲效顰吾誠不知其可也

第六　立法行政兩部絕對分離之弊既若是矣若專務以立法部掣肘行政部干涉其用人權爲弊抑更甚焉若我國現行制度內閣總理須由立法部選舉閣員須經立法部一一承認此實最奇異之制度萬國所未聞也必欲强求其例則惟瑞士之聯邦參議院庶幾近之該院以七議員組織而成卽爲七部之長而此議員則國會兩院合議選舉者也瑞士所以特創此制者緣彼國不置大總統（七議員中互選一人爲議長使之對外代表一國或卽强指此議長爲大總統其實非也）無任命之主體各部長官無從發生不得已而以玆事委諸兩院若在其他之共和國人民既選舉一大總統矣大總統掌行政權既明著於憲法矣則輔助總統行政之人當由總統選擇任命此不易之事理也美國當初制憲法時亦曾有提議閣員須由國會選舉者哈彌兒頓力駁之議遂中止其現行憲法第二章第二節雖有大總統經元老院同意以任命官吏一語然實際未嘗以施諸閣員惟約翰遜任總統時（一八六五年）元老院曾一提議旋亦中止至於法國則由大總統命總理大臣組織內閣組織既成立卽任命與英制無異此其立法之意可得而言也（一）其人苟非爲人民所信任則必不舉爲總統既舉爲總統而委以行政全權是承認其有行政能力也何獨於其知人之明而疑之（二）若如美制則國會議員之地位與大總統之地位同受之於人民各分職掌而無高下之別不容以國會侵制總統之自由意思（三）美制閣員對於總統負責任若由國會選舉將非總統所能御（四）若如法制則總統擁虛號而內閣操實權內閣既對國會負責任其有失職國會隨時可彈劾以去之無勞先行選舉（五）且內閣所負之責任連帶責任也若閣員一一由國會選舉政見何能從同以不同政見之人

而使之負連帶責任於理不通(六)選舉總理已嫌枝節若既以其人爲堪任總理而舉定之矣而復疑其所組織之閣員不能得人而必一一投票檢察之則舉此總理何爲者(七)凡任事者惟有全權乃能負責總理所認爲材能優越可襄治理者不得國會承認則末由引與共事他日政務叢脞國會糾問彼將有所藉口(八)總理既由國會選舉閣員復經國會承認此無異國會保證此內閣爲良內閣也夫既已保證之於前而旋或糾問彈劾之於後同一機關翻雲覆雨揆諸理論寧得云當果爾者則內閣雖有失政而國會已失其問責之資格不寧惟是國會以知人不明選舉失當故反須自引責以謝國民是欲張國會之權而反以削之也要之國會選認閣員之制實與責任內閣之原則不能相容揆諸先例既各國所無衡以學理復一無可取徒使立法行政兩部轇轕日滋甚則互相利用以遂私圖釀成一種極怪惡之政治習慣以毒國家此吾黨所爲惴惴也（政黨政治既發達則總理大臣及其閣員事實上與由國會選任無異但以成法條文勠定之則大不可此制本萬國所無有之則自晚清之十九條憲法信條始彼時義軍既起軍人以此示威要挾實非希其能實行後此南京參議對於唐氏內閣襲用此制實爲無謂將來制定憲法萬不可復列此條也）

要而論之國家之置政府非以爲美觀也將以治事焉故人民之對於政府也宜委任之不宜掣肘之宜責成之不宜猜忌之必號令能行於全國然後可責以統籌大局必政策能自由選擇然後可以評其得失焉必用人有全權內部組織成一系統然後可以觀後效也此無論在何國莫不有然況我國承歷年廢弛之餘國家威信久已墜地重以新丁破壞之後秩序全破國家結合力至薄弱儳焉若不可終日者耶故建設强有力之中央政府實今日時勢最大之要求稍有常識者諒所同認也

四　政黨內閣

難者曰。如吾子言。欲假政府以大權。使行所謂保育政策者。政府而得人。斯誠善矣。若其不得人。則豈非爲虎傅翼。益以荼毒吾民。將使人民雖欲各竭其才。謀一部分之發達。亦且被壓抑於政府萬能主義之下。而無所用力。則國家其殆矣。且自軍興以來。南北臨時政府。亦既兩度成立矣。其人物爲何如。其舉措爲何如。亦幸而其權力不充。政令之直接及於民者。爲效至薄耳。而不然者。民將不自聊其生。而國家可以斷送於其手。今者統一政府雖建耳。而就其人物以測其將來之舉措。其能示異於前者幾何。如吾子言。幾欲舉全國命脈。託諸此輩。一旦鼎折餗覆。後事云胡可問。且以今日全國人才論之。其能勝此大任者。曾有幾人。吾實不敢言。準此以談。則吾子所持論。殆以國爲孤注。福利未可期。而危險先莫甚焉。應之曰。美國前大總統盧斯福之演說。常以「善而强」Good and strong 之語。號於衆。吾之所謂强。亦指善而强者。以立言耳。夫吾固言之矣。今後建設之業。必以能得良政府爲前提。如其能得良政府也。固當畀之以廣大鞏固之權。使之得盡其才。以爲國宣力。如其不得也。則雖遇事牽制之。而其所能補救者幾何。彼晚清之軍機處及各部。試以之與今世各立憲國內閣比較。權力豈能逮人什之一。而稔惡則既若彼矣。故謂脆薄之政府。不能病民。吾有以明其決不然也。然以行病民之政則有餘。以行利民之政則不足。故其道爲兩失也。晚清是也。今世立憲國。反是。政府而良也。則一切利民之政。可藉手以悉舉焉。若不良。又自有道焉以易置之。而別獲良者。而病民之政。終末由妄施。故其道爲兩得也。夫國家某種機關。應有某種權限。此自爲一問題。應以何種人物掌何種機關。與夫當由何道以得適當之人物。此又別爲一問題將暫時的人物與永久的機關併爲一譚持論未有能通者也今慮中央政府之不得人也而務減殺其權則亦應慮地方長官之不得人而務減殺地方之權又應慮國會議員之不得人而務減殺國會之權信如是也則國家設諸機關果何爲者夫現在巍然尸政府之位者誰敢謂其適才吾國人因於機關與個人性質見之不瑩見有持論主張中央權者則疑爲受中央某人之指使見有持論主張地方權者又疑爲受地方某人之指使而言論家亦不免蹈此弊現在身居政府黨之地位者則往往猜忌民權現在身居民黨地位者則往往猜忌政府權此皆大不可也吾黨今純然立於民黨地位與現政府絕無關係此志皎然可矢天日然極力主張強有力之中央政府者凡以國家爲前提謂非是不足以救國耳因恐國人誤會則於吾輩所持論不能平心討論以得正確之判斷故輒贅數言於此而環顧時流其眞可以託國者四萬萬人中不一二睹此亦事實之無足爲諱者也雖然寧能以未得其人而停止機關之作用乎寧能以國中無人而借材異地乎是故患現政府不良則亦講求所以產出良政府之法已耳患現在之人不足以組織良政府則亦設法養成足以組織良政府之人已耳語至於此則已非復立法論之範圍而入於政治論之範圍則政黨政治能確立與否健全之政黨能發生與否實國家存亡絕續之所攸決也吾請暢發斯大義以結茲篇

第一　何謂政黨內閣

夫完全之政黨內閣全世界中惟一英國而已其政治習慣上確守之原則有三焉

（一）非國會議員不能爲內閣員

（二）內閣必由國會下院多數黨之領袖組織之

（三）內閣失多數於下院得解散下院但再選舉若仍失多數則例卽辭職

此政黨政治之極軌也若國中無絕大政黨不能以一黨獨制下院之過半數則或兩黨以上相提攜而要以能

得下院多數之贊同爲歸。亦稱之曰「準政黨內閣」（此種內閣本不足稱爲政黨內閣也而有爲之說者曰政黨雖多然其對於一政治問題所以表示其意見者不外兩法曰贊成曰反對而已故自國會議場觀之無論何時皆只見有贊否兩黨之動作則雖謂恆只存兩黨可也。不過英美等國其兩黨之狀態爲固定的自餘各國多黨并立者對於各別問題而贊否常有異動其狀態爲不定的耳故亦可謂之準政黨內閣也）在完全政黨內閣之國。閣會常爲一體。國會對於內閣。無所庸其監督也。在準政黨內閣之國。則國會所以監督內閣者至嚴重。其通行之手段有四。（一）否決政府法案。（二）拒絕課稅。（三）不信任投票。（四）彈劾審判。此四者苟行之得宜。亦比較的能常得良政府。今請條論此兩種內閣之優點。

第二　政黨內閣之善

其一　立憲政體之發生。本由人民憤行政部之專橫。而思別設一機關以裁制之。卽國會是也。無論何國。當民權發軔伊始。國會蓋未嘗不挾敵意以臨政府。而政府亦恆挾敵意以應國會。夫國家之有政府國會兩機關。如車之雙輪。鳥之兩翼。苟常相敵而不相爲用。其非國家之福也明矣。內閣既由國會之多數黨組織而成。則內閣卽爲國會之指導者。而國會卽爲內閣之擁護者。何也。國會之意見由多數黨宰制之。而多數黨之黨員咸聽命於其首領。而其首領卽閣員也。閣員不過以一黨首領之資格指導其本黨耳。而事實上卽無異於指導全院。院中多數黨之議員。亦不過一黨員之資格擁護本黨首領耳。而事實上卽無異於擁護內閣。故內閣與國會。永無相猜相鬩之時。夫是之謂閣會一體。問一國最高權何在。謂之在國會也可。謂之在內閣也亦無不可。何也。彼內閣者。實則國會過半數議員所互選而成之一種行政委員會耳。更質言之。則本將使立法部過半數議員共當行政之衝。徒以人多不便。故由彼輩自選其尤以爲代表耳。夫國會過半數議員。卽代表全國過半數民意者也。而內閣員則直接代表國會過半數。而間接代表國民過半數者也。得代表國會過半數之人。而舉全國國命以託之。雖有失其亦鮮矣。故英人之諺曰「國會權力無所不能。其有不能。則除是強男女使易體耳。」此言夫國會權之無上也。而與國會合體之內閣。其權亦與之爲無上。故在今世界中數強有力之政府。則未有能比英國者也。而推原其故。則皆出於政黨內閣之賜。英之政體所以獨出冠時。蓋坐是也。

其二　內閣權力之偉大既若是。萬一利用國會多數之後援以恣行秕政。將若之何。然而不能也。議員任期一定。閱數年輒改選焉。內閣如有失政。則改選之時。政府黨勢力必墜。而過半數爲敵黨所制矣。且不必待改選時也。任期中之補缺選舉。最足覘朝野兩黨盈虛消息之機。內閣而爲民所厭。則隨時可以失多數而不獲安其位。徵諸英國近三十年來內閣交迭史而至易見也。內閣誠有無上之權。而其權實受諸國會。國會誠有無上之權。而其權實受諸國民。是則無上權仍恆存於多數國民之手也。故政黨內閣者。民權之極軌也。

其三　且政黨內閣之萬不能爲惡者更有一原因焉。凡其人能爲一大政黨之首領者。不特學識才略優異而已。即道德亦必有以過人。此非有他道焉以致之也。蓋自然淘汰之結果使然。蓋政黨者非個人所能私有也。政黨首領之地位。非個人所能自薦也。僉壬之人。傀野之夫。多數黨員豈肯戴之爲首領者。則其人在黨中決不能占地位。若以一政黨而戴此輩爲首領。黨勢何從發達。則其黨在國中決不能占地位。其黨既能制多數於國會而組織內閣矣。其人既爲此黨所推而列於閣員矣。則決無或行秕政以病國殃民者。非必不肯行。實不敢行也。今有桀黠巧佞之夫。於此不愛國不愛黨。惟自愛其功名富貴。流品之下。斯極矣。然既已託生於政黨內閣之國。苟欲得政權。勢不得不投入一大黨。欲在此大黨中占重要位置。勢不得不效忠於黨。而斷不敢以一己之行爲．損全黨之名譽．既代表一黨爲閣員．而濫行秕政．則或致其黨失信用於國中．或致一己失信用於國中．二者有一於此．則功名富貴悉虛矣．故雖有不愛國不愛黨之人．而不敢爲惡．而上焉者更無論也．故行政黨內閣之國．不饜輿望之政府．雖時或有之．賈民怨毒之政府．則斷無有也．

其四　然則政黨內閣亦有疵纇乎、曰有一焉．則多數壓少數是已．凡政黨未有不以利國福民爲職志者也．然有一政策於此．甲黨曰此國利民福也．乙黨曰此非國利民福也．各皆持之有故．言之成理．則眞利福究安在．無以決之．決之於多數．然多數與全體非同物也．多數國民所謂利福．與全體國民之利福．其範圍斷不能脗合甚明也．故彼部分之利福．必爲此部分之利福所犧牲．此政黨內閣所不能免也．雖然．此顧安可得避者．昔人詩云．耕田欲雨刈欲晴．去者順風來者怨．縱有全能之政府．固未由每人而悅之矣．而在非政黨內閣．則常以少數者之利福．犧牲多數者之利福．甚或以個人之利福犧牲全體之利福．以視政黨內閣之徇多數．其失之不更遠耶．夫政治無絕對之美．若政黨內閣者．雖不無小疵．然自有人類以來所發明政術．固未有其比也．

其五　政黨內閣之妙用．全在其富於彈力性．故任其自然進行．自能發生出一種功用．以自彌其缺點．請言其理．兩黨各標一反對之政見．而各自謂國利民福．此疑於甲是者乙必非．乙是者甲必非矣．而不知兩皆是焉．國利民福本多端．且其道恆相反而相成．譬諸寒暑．皆足資生．而四時之運．成功者退．故凡國中有健全之兩政黨者．任行一黨之政策．皆必其有利於國家者也．然天下雖有大利之事．終不能無小害與之相緣．一政策行之既久．非變通無以盡利．而幡然豹變．有節操之政治家所不肯出也．於斯時也．民心亦漸厭舊貫．思易新謀議院中在野黨之勢力必日加增及其確制多數則知窮而思變之時至矣於是行內閣交迭以一新政界之壁壘俾他種福國利民之政策得以設施故甲黨與乙黨代興而國利民福進一步焉及乙黨與甲黨代興而國利民福又進一步焉如是相引以至無窮治之所以蒸蒸也夫非政黨內閣則安得有此

其六　完全之政黨內閣非先有健全之兩大政黨則不能成立故惟英專美他國則皆學焉而未能至不得已而有所謂準政黨內閣者出準政黨內閣所以不如完全政黨內閣者（一）既不能以一黨獨制多數於國會則組織內閣者欲得厚援不得不聯合數黨一內閣而有數黨黨員其結合決不鞏固（二）雖或專以一黨組織內閣而欲政綱見容於國會終不能不擇數黨以與提攜既與提攜則不能不採用其政見欲將複雜之政見治爲一爐實非易易其敝也或成爲無主義無方針之內閣（三）本非一黨而臨時聯合欲其始終爲我聲援談何容易故每一問題發生輒須分別與各黨交涉交涉不調則反對斯起國會中各分子與我或即或離曾無一定內閣常處漂搖動生交迭（四）內閣自審其地位若此也勢不得不自詘以容悅他黨雖有確信之黨見亦不敢強硬主張（五）其桀黠者或弄陰謀以行操縱或藉苞苴以植私援其敝也能使議員之品格日降政界之空氣日腐綜而論之則此種內閣其惡影響之及於內閣自身者二曰交迭頻繁致機關失繼續性曰彌縫結合致機關不能强有力其惡影響之及於國會者亦二曰事雜言厖議員易流於浮動曰縱橫捭闔議員易導於腐敗以之與完全政黨內閣比較得失相去不啻霄壤矣然當代立憲諸國除英國外强半皆在此狀態之中非以此自安欲進焉而未能至也然諸國所以猶能維持於不敝者則以此種政治現象雖不能得强有力之良政府而專橫腐敗之惡政府亦無從發生也夫立志貴取法乎上我國將來政治自當以行

完全政黨內閣爲究竟然。茲固非可以理想求以高談獲也。全視乎政黨發育之狀態何如。若未能驟如所期。則漸以準政黨內閣爲過渡。亦慰情聊勝耳。

其七　若夫不黨內閣之制度則吾國殆萬不可行。夫不黨內閣者何。質言之。則無責任內閣而已。當代諸國中蓋亦有行此而致富强者。德與美其代表也。德爲君主國且其國家之組織及其歷史之嬗衍皆與我大異。其非我所能效顰既無待辯美國所以行此制者待以墨守三權分立說。不許政府員列席發案於國會。謂將以保立法權之獨立也。不許政府從國會黨派之消長以爲進退。謂將以保行政權之獨立也。此其拘墟已甚。彼中大政治家大學者夙以爲病矣。然所以不害其國家之發達者。一由彼爲聯邦國政務之屬於中央政府者本有限。二由於盎格魯撒遜人種。其於政治上蓋有特別之天才。無論何種制度皆能神而明之以完其用。故於大西洋東岸建設一有責任政黨內閣之大君主國。同時於其西岸建設一無責任不黨內閣之大共和國而皆聲光爛然爲世所宗。若他國人則豈易致焉。彼中美南美之共和國。凡二十有一皆蒙美國之鄰者也。而棼亂陵夷則既若彼矣。大抵以共和國而行不黨內閣制。其弊有三(一)閣員爲總統私人而總統任期有定總統一日在位則閣員一日得庇。雖橫恣汚瀆民莫如何。(二)民不堪命之時怨毒必集於總統任期中之總統非革命不能去之也。故人民欲易政府勢必出於革命。(三)總統及其閣員之地位太示人以可歆。故每當改選總統時不惜假武力以相爭。國中騷亂無已時。由此言之美制之不易效。而我國之尤不宜效。至易見矣。今者國是略定設總理大臣建責任內閣。殆成不易之局。此段所論殆不復成問題。聊因所感一及之耳。

第三　建設政黨內閣之預備

我國非采政黨內閣制。無以善治。此殆國中稍有識者所共喻。無待吾黨詞費也。然茲事言之似易。行之綦難。欲行之有功。須具備種種條件。排除種種障礙。非賡續預備焉不可也。故吾更願有言。

其一　確立政治信條　專制國有專制國之政治信條焉。立憲君主國與共和國又各各有其信條焉。我國由五千年之專制一躍而進於共和。舊信條橫亙胸中。新信條未嘗熏受。欲求新政體之圓滿發達。難矣。立憲共和國應守之信條非一。舉其最重要而為我國人所最易犯者。得四事焉。政治信條者由政治習慣涵養而成非由法律拘束力而生也故不必以憲法規定之然其影響之及於政治者效力更强於憲法

（一）　內閣必須以政見相同之人組織之。　完全政黨內閣。全閣員必同出一黨。今卽未能語於是。而或聯合數黨。或汲引不黨之人。要必先彼此交換政見。確已相同。然後可以共事。蓋內閣本為合議機關。而閣員互負連帶責任。安有糅淆不相屬之人。漫取備員。若以無腔之曲陳庭懸以骨董之羹登俎豆者哉。我國前此各部院。非有系統的組織。其長官各各媚茲天子以取光寵而已。其心目中無此種信條也。亦宜。今儼然共和矣。吾不知其理想之進於前者幾何。然徵諸近事。吾蓋疑之。

（二）　政府所提議案不能通過於國會之時。及國會彈劾政府或為不信任投票之時。則或解散國會。或政府辭職。二者必居一。　在完全政黨內閣之國。不必待此等事實出現。政府但自審已失國會多數。卽退避賢路矣。今卽未能語於是。若吾所舉信條云云。更安可以不確守。夫立憲政治之精神。不過使人民無須流血革命。而得去其所厭惡之惡政府。迎其所願望之良政府而已。而此信條則其最大之保障也。是故政府遇國會之反對。苟其確有所自信。則解散國會。以訴諸民選。而不然者。則潔身而去。若乃既不敢解散以犯

衆怒又戀祿位而不自引決隱忍相持厚顏充耳則國會變爲裝飾品全失其本來之作用人民欲別得良政府舍用武更無他途彼晚淸諸臣所以待資政院者實如此亦卽其自取滅亡之最大原因也若今後共和政府而不改此度則吾恐天之未厭亂也

(三) 選舉須嚴尊公式　共和國以人民全體爲國家最高機關而選舉者則民意之所由表示也故必有眞選舉然後有眞民意有眞民意然後謂之眞共和我國民久馴專制選舉之事夙非所習自晚淸時代各民選機關其成立已多不如法甚至有以異地一電而得都督以個人差遣而充議員其他一切軍民重職由密室十數票而得之者更比比然也夫當軍興之際人心未定機關未備一時權宜諒非得已而開此惡例已足爲民國紀元之汚點倘此後仍循而不革則國家一切公職全委諸少數桀夫壬人私相授受變爲寡人專制政治而已何共和之與有故選舉恪遵公式一義實民國生命所攸繫非此信條銘刻於全國人民心坎中則政界之曙光末由現也

(四) 會議須禁用武力　共和政體既建國家之意思行爲什九皆由會議決定之會議何以可貴以其人人得自由發表意見人人得自由審擇表決而已既有此種自由然後以少數服從多數則會議之結果庶得稱爲民意之反映共和精神在是政黨內閣之根本觀念亦在是矣我國人自昔不慣用會議制度會議之結果率不外服從強者在疇昔則顯宦豪紳出言莫違軍興以來則代以手槍炸彈稍聞異論攘臂輒試雖今昔情狀不同而其以少數壓多數則一也侵害他人自由意思使之服從強權則一也率此無變則一切合議機關適足爲豪強稔惡之護符反不如暴君汚吏之專制猶得爲衆人指目而有所憚也昔法國革

命之際狄郎的士黨占大多數於議會山嶽黨不逮其四之一而緣蠻力制勝之結果卒成恐怖時代此種惡習若瀰漫政黨則政黨政治其永無萌芽之日也

以上四端不過舉其重者自餘尙多不遑縷述卽以此四者論凡共和國民皆視之若宗教上之信條神聖不可侵犯其有侵犯得與天下共擊之我國民能如是則共和基礎庶粗立矣

其二　釐正政黨觀念　兩月以來政黨之興若雨後筍此誠應於時代之要求極可喜之一種新現象也夫將來政治之改良與否一係乎政黨發育之狀態如何而政黨之爲物實吾國前此所未有我國民於其性質及其作用尙多昧焉非先釐正此觀念則健全之政黨恐末由見也

（一）當排除僞政黨　僞政黨有二一曰官僚勢利之集合二曰祕密結社政黨之爲物以政治上公共之目的而結合者也官僚勢利之集合不過借此以達個人之目的而別無所謂公共目的者存故不得謂之政黨政黨之爲物以正大光明之手段相競爭者也祕密結社雖或含有政治上公共目的而手段不詭於正故亦不得謂之政黨此二種者在憲政修明之國皆以不適而不能生存終必歸於劣敗之數若此種黨派能生存則其政治可觀者寡矣而我國今日之黨派尙多由此兩種蛻化而來苟當事者思想不遷則政黨發達之前途蓋邈乎遠也

（二）勿以卑劣手段妨他黨之行動　政黨者各自從其所信以代表一部分之國利民福者也吾固言之矣國利民福非一端往往相反而相成故甲黨持一政策指爲國利民福乙黨持一正反對之政策而亦指爲國利民福實則各皆代表國利民福之一部分而不能賅其全而取舍於輕重相權之間則莫如各明一

義往復辨難。發揮無餘蘊。以聽國民之抉擇。政黨功用。全在於是。故有一異政見之黨與己黨相對峙。實治黨事者所最宜歡迎也。而或者昧公私之界。挾主奴之見。欲以一黨壟斷政權。而妒他黨之持其後。公戰不敵。則運陰險手段以摧鋤之。或造蜚語以中傷。或作個人之攻擊。此等於村嫗惡口射工含沙。黨員而有此劣根性。其黨決不能發達。國民而有此劣根性。其國決不能發達也。

（三）宜防小黨分裂　欲行完全政黨政治。必以國中兩大政黨對峙為前提。英美之政所以獨秀於世界者。凡以此耳。若法若奧。則以小黨分裂太甚之故。致使內閣一歲數更迭。政界華離。而國以不競。此稍治國聞者所能知也。大抵一國之政治問題。雖日出不窮。而政治家所討論抉擇之方針。略有定式。或主漸進。或主急進。或務規遠大。或務固根基。誠能為系統的研究。則無不可以一主義貫諸問題。其偶有一二事之鑿枘。則棄小異而取大同足矣。故論政黨之本性。則兩黨對峙。乃其正軌。而小黨分立。不過其病徵耳。法奧等國之破碎為多數小黨也。各有其特異之原因焉。例如法則有舊朝數家之王黨。有貴族黨。有僧侶黨。有工黨。其真在民主主義之下。純以政爭為目的者。亦不過兩三大黨而已。例如奧則各州各異其種族語言宗教地方黨之發達。固其所也。至我國則絕無階級種族宗教諸畛域。蒙回藏雖未能同化。然其影響不及於政黨。至易見也。凡他國可以釀成小黨分裂之惡因。我皆幸而無之。今者諸黨並起。觀其政綱。大體皆相一致。其必須分立之理由。殆無可見。所以暫時演此割據狀態者。徒以個人之聯絡關係未成熟耳。夫小黨分立。必非國家之福明也。而政黨之為物。又以政見為本位。而非以個人為本位者也。我國將來政黨。欲併合諸小黨。使兩大黨對峙。若英美為事實至順。亦在愛國君子自為之耳。

其三　牖進國民程度　以上皆言夫政府之構造與政黨之發育也。然共和之根柢實在國民。苟國民程度不適於共和。則政府與政黨。亦何所麗以建設者。今漫然曰國民程度不足。聞者慮無不色然怒。雖然吾固不敢侮國民。抑亦安敢徒諛國民。夫我國民所特長者固甚多。而獨至於躬親政治。則非所習。此固不能爲諱也。抑國民程度之牖進。誠非一朝一夕可致。然孟子不云乎。猶七年之病求三年之艾。苟爲不畜。終身不得。我國政界前途之希望。惟視政黨內閣之能否成立。然政黨內閣。其最健之後援實在國民。非有健全之國民。安得有健全之政黨。非有健全之政黨。安得有健全政黨內閣。然則爲國家計。爲政黨計。舍訓練國民何以哉。此眞政客之偉大責任也。吾今未能道其詳。請言其旨。

（一）　輸進國民政治常識　今吾儕儼然共和國民矣。然試執途人而問之曰。何謂共和。恐能置對者千萬人而不得一也。豈惟齊民。卽號稱通學解事之士君子。其有眞知灼見者。慮亦罕耳。其大多數鄉曲之民。視之若一姓鼎革。羣雄力征。一切於己無與。其稍耳食一二者。則謂共和既建。無復官吏可以臨我。無復法紀可以範我。卽進而觀首事戮力諸賢。亦率謂行共和之政。得絕對的自由平等。而後此幸福遂無涯涘矣。由此等思想演之。勢惟有陷全國於無政府。而更何幸福之能致者。今欲使全國民稍具共和國民之資格。使其優異者能自效於共和之建設。且勿責以精粹之學識與卓絕之技能也。而於國家之性質如何。作用如何。國民與國家之關係如何。其責任如何。共和政府之形態如何。其所以異於疇昔之專制者如何。世界大勢如何。我國現時所處地位如何。將來所希望之地位如何。諸如此類。非日強聒於國民之側。使之浸淫領會。則雖有一二英傑。亦誰與共此國者。然若何而能使此種常識廣被於多數人。則政治家之責任也。

（二）引起國民政治興味　吾黨竊觀此次革命其前半期破壞事業國民對之若甚興會飆舉焉英傑之士不必論乃至兒童走卒販夫牧豎莫不思毁家糜軀加入革命運動然後卽安抑何壯也及至後半期建設事業國民對之乃若索然意盡其無識者謂可酣臥以待太平其有識者則惟咨嗟於來日之難若無所爲計夫昔之所以毁家糜軀以從事革命者豈非以惡政府之毒我乎哉既以憤惡政府故而革命則革命後當亟思何術使惡政府永不能復現然去一惡政府得一惡政府則安之若素也又何儣也此無他故焉蓋多數人民未嘗知政府之良惡其樞紐全繫於吾身吾若不許其爲惡則彼固未有能爲惡者人人不知己身與政治現象有爾許關係故興味無自發生也聞諸泰西某哲學家之言曰凡人治一事而有成功者必其對此事富於責任心與興味者也彼美國共和政治所以大成則亦由其人民對於政治上之責任心與對於政治上之興味皆加人一等耳夫如何而後能使人民起政治上之興味非深解政黨作用者不能導其竅也

（三）激厲人民政治道德　孟德斯鳩有言專制國所恃以維繫者在威力立憲國所恃以維繫者在名譽共和國所恃以維繫者在道德斯言諒矣我國數千年來社會上之道德常有以優於人獨至政治上之道德則每下愈况極於晚清而暗無復天日矣今民國受其敝非直不能廓清抑加甚焉蓋由全國人思想不以從政爲一種義務而視之爲一種權利此在專制時代猶能使國家儼然不可終日况共和政體之基礎更與此絶對不相容者哉苟率此以無變則國家機關長此供私人目的之用託國於政府而政府非國所能有也私人權利之目的物而已以監督政府之權託諸國會而國會非國所能有也亦私人權利之目的

物而已信如是也則一切機關皆成虛設而斤斤然商権於制度之得失者悉爲詞費矣然則匡救之亦有道乎曰是則在政黨員所以自厲者何如將來之中國其政權必在一二大政黨之手此稍有識者所能見及也此一二大政黨能以政治道德相激厲則凡國民之從政者雖欲不化之焉而不可得也

結論

以上所論以使中國進成世界的國家爲最大目的而保育政策則期成世界的國家之一手段也强有力之政府則實行保育政策之一手段也政黨內閣則求得强有力政府之一手段也而所以能循此種種手段以貫徹最高之目的者其事純繫於國民夫以兹事泛責諸全體國民殆茫然無下手之方倀倀乎若不得要領也雖然民之爲性也其多數平善者恆受少數秀異者所指導而與爲推移故無論何時何國其宰制一國之氣運而禍福之者恆在極少數人士此極少數人士果能以國家爲前提具備政治家之資格而常根據極强毅的政治責任心與極濃摯的政治興味黽勉進行則雖至危之局未有不能維持雖至遠之塗未有不能至止者也我國自政體丕變以來國民心理約可分二種其樂觀者流睹專制舊朝摧滅之易易也自咤爲冠古今軼萬國之大成功以謂自今以往吾事已畢晏坐以待黃金世界之湧現而已其悲觀者流則謂吾國數千年所以維繫國家之中心點從兹斷絕共和之禍烈於洪水猛獸自今以往惟束手以待陸沈吾以爲兩說俱失之者也民國現狀蜩唐沸羹事實章章不可掩蔽且今不過其見端耳危機之伏而未發者奚不知幾千萬以此自詡成功非全無心肝者安得有此言平心以談今兹民軍所以獲意外大捷非盡我所能自爲也而實緣敵之太不競質言之則非

我能亡前清。而前清實自亡也。前清曷爲自亡。彼其政治之狀態。實以不適而不能自存。天演淘汰之作用。固應如是也。今其既淘汰以去矣。與之代興者。或狀態一如其前。或雖易一新狀態。而不於適。天演界如故。則非久而旋襲其淘汰之轍。此事理之決無可避者也。今茲革命。雖曰種族革命與政治革命並行。然種族革命。其事爲具體的。訴諸感情足矣。故盡人能焉。合全國之力以赴之。遂以告圓滿之成功。政治革命。其事爲抽象的。必須根據於理解。非盡人所能喻也。故倀倀焉若無所著手。冥行擿埴。成功杳不知何日。夫種族革命。不過爲政治革命之一手段。若當此絕續之交。而政治革命終不得實現。則革命之初志。不其荒耶。今彼之自詡成功。而侈然謂天職爲已盡者。吾信其絕不知政治革命爲何物而已。若夫悲觀者流之說。睹此橫流。追原禍始。謂共和政體萬不能行於我國。至並以咎革命之非計。此其闇於事理。抑更甚焉。夫共和是否決不能行於我國。此非可以空言折人口也。必有待於他日之試驗。此勿深論。然問國家之敝。極於前清時代。不行政治革命。庸有幸乎。欲行政治革命。而不先之以種族革命。爲道果克致乎。今雖新政治之建設。茫乎未有端倪也。而數千年來惡政治之巢穴。爲國家進步之一大障物者。既已拔去。此後改良政治之餘地。較前爲寬。其機會較前爲多。其用力較前爲易。夫豈無新魔障之足以爲梗者。然其根據絕非如舊魔障之深遠。未足引爲病也。夫謂共和不能行於中國。則完全之君主立憲。其與共和相去一間耳。其基礎同託於國民。其運用同繫乎政黨。若我國民而終不能行共和政治也。則亦終不能行君主立憲政治。若是則吾洵劣種。宜永爲人役者也。既認爲可以行君主立憲之國民。自應認爲可以行共和之國民。聞諸眇不忘視。跛不忘履。雖審不能。猶當自勉。而況於我之挾持。本非無具者耶。夫今日我國以時勢所播盪。共和之局。則既定矣。雖有俊傑。又安能於共和制之外。而別得活國之途。若徒痛恨於共和制之

不適袖手觀其陸沈以幸吾言之中非直放棄責任抑其心蓋不可問焉矣夫爲政在人無論何種政體皆以國
民意力構造之而已我國果適於共和與否此非天之所能限我而惟在我之自求以吾所逆計則中國建設事
業能成與否惟繫於政黨政黨能健全發達與否惟繫於少數主持政黨之人此少數人者若不負責任與會啙
然則國家雖永茲沈淪可也而不然者毋謂力單滴溜可以穿石毋謂途遠微禽可以塡海是則吾黨所以自勉
而欲與國人共勉之者也